"十三五"江苏省高等学校重点教材(2018-1-070)

普通话口语
训练教程（修订版）

主　编　张颖炜　刘柏林
审　订　周远富

编　委　（以姓氏拼音为序）
　　　　蔡华祥　丰　竞　冯文婕　侯　超
　　　　黄　蓓　景　莹　刘柏林　刘相臣
　　　　马济萍　尹　玲　翟方曙　张颖炜

南京大学出版社

图书在版编目(CIP)数据

普通话口语训练教程/张颖炜,刘柏林主编. -- 2版(修订本). -- 南京：南京大学出版社,2020.7(2023.8重印)
ISBN 978-7-305-23474-3

Ⅰ.①普… Ⅱ.①张… ②刘… Ⅲ.①普通话-口语-教材 Ⅳ.①H193.2

中国版本图书馆CIP数据核字(2020)第106599号

出版发行	南京大学出版社
社　　址	南京市汉口路22号　邮　编　210093
出版人	王文军
书　　名	普通话口语训练教程
主　　编	张颖炜　刘柏林
责任编辑	刁晓静　　　　编辑热线　025-83592123
助理编辑	高　军
照　　排	南京南琳图文制作有限公司
印　　刷	南京百花彩色印刷广告制作有限责任公司
开　　本	787×1092　1/16　印张15.5　字数370千
版　　次	2020年7月第2版　2023年8月第4次印刷
ISBN 978-7-305-23474-3	
定　　价	39.80元

网址：http://www.njupco.com
官方微博：http://weibo.com/njupco
官方微信号：njupress
销售咨询热线：(025) 83594756

* 版权所有，侵权必究
* 凡购买南大版图书，如有印装质量问题，请与所购图书销售部门联系调换

前 言

语言是人类最重要的交际工具。在中国现代化建设的历史进程中,大力推广、积极普及全国通用的普通话,有利于消除语言隔阂、促进社会交往,对社会、政治、经济、文化建设和社会发展具有重要意义。推广普通话是我国的基本语言政策,从1956年国务院发出《关于推广普通话的指示》以来,我国推广普通话工作已走过半个多世纪的历程。1982年,《中华人民共和国宪法》规定"国家推广全国通用的普通话";1994年,国家颁布《关于开展普通话水平测试工作的决定》,推广普通话工作逐渐制度化、科学化、规范化;1997年国务院决定,自1998年起,每年9月的第三周为"全国推广普通话宣传周";2001年1月1日《中华人民共和国国家通用语言文字法》颁布施行,明确规定:"国家通用语言文字是普通话和规范汉字。"我国是一个多民族、多语言、多方言的人口大国,推广普及普通话有利于增进各民族各地区的交流,有利于维护国家统一,增强中华民族凝聚力。

《普通话口语训练教程》(修订版)针对普通话学习人员而编写。在原版八章的基础上,本次修订又新增了两章,全书共十章。从普通话水平测试角度,介绍了普通话语音基础知识、普通话声母的发音及辨正、普通话韵母的发音及辨正、普通话声调、普通话语流音变、普通话音节特点、普通话朗读和普通话口语表达的基本要求。从师范生教师技能训练的实际需要出发,增加了教师教学口语表达的相关内容,并在原朗读教学中增加了声音训练、气息训练、共鸣训练等方法的介绍。修订版也积极适应社会不同人群提升口语表达水平的需求,增加了"求职与应聘用语"的表达训练。

《普通话口语训练教程》(修订版)以贯彻《普通话水平测试实施纲要》为目标,吸收普通话实际教学中的经验和成果,围绕学习者学习普通话的重点与难点进行编写,着重阐述了普通话语音的特点、普通话朗读的要求和普通话表达技巧,并针对普通话水平测试设置了单音节字词、多音节词语的辨识练习与正音练习,是一本实用性很强的普通话学习指导用书,能全方位地提升学习者的口语表达水平。编写组成员均为多年从事普通话口语教学,具有较高理论水平和丰富教学经验的教师。

本教程为"'十三五'江苏省高等学校重点教材(修订)"立项建设成果。

由于编者水平有限,书中难免有疏忽、错误之处,恳请读者批评指正。

编 者
2020年2月

目 录

第一章 普通话基础知识 ·· 1
第一节 普通话概述 ·· 1
第二节 普通话语音系统知识 ·· 3
第三节 普通话水平测试 ·· 7

第二章 普通话声母 ·· 18
第一节 普通话声母发音 ·· 18
第二节 普通话声母辨正 ·· 22
第三节 普通话声母发音训练 ·· 26

第三章 普通话韵母 ·· 35
第一节 韵母的结构与分类 ··· 35
第二节 普通话韵母发音 ·· 36
第三节 普通话韵母辨正 ·· 46
第四节 普通话韵母发音训练 ·· 50
第五节 读音缺陷与读音错误 ·· 58

第四章 普通话声调 ·· 68
第一节 普通话声调发音 ·· 68
第二节 普通话声调辨正 ·· 69
第三节 普通话声调训练 ·· 72

第五章 普通话语流音变 ·· 76
第一节 变 调 ·· 76
第二节 轻 声 ·· 78
第三节 儿 化 ·· 80
第四节 语气词"啊"的音变 ·· 82
第五节 语流音变发音训练 ··· 83

第六章　普通话音节 ··· 96
第一节　普通话音节概况 ··· 96
第二节　普通话单音节字词发音训练 ··· 99
第三节　多音节词语的发音训练 ·· 109

第七章　普通话朗读 ··· 154
第一节　普通话朗读概述 ·· 154
第二节　朗读的技巧 ·· 157
第三节　不同体裁作品的朗读 ·· 168

第八章　命题说话 ·· 218
第一节　命题说话的要求 ·· 218
第二节　命题说话的话题分析 ·· 223

第九章　教师教学语言 ·· 229
第一节　教师教学语言及其特点 ··· 229
第二节　教育口语的基本类型及技巧 ··· 230
第三节　教学口语的基本类型及技巧 ··· 233

第十章　求职与应聘用语 ··· 235
第一节　求职应聘的前期准备 ·· 235
第二节　求职面试的应对技巧 ·· 236

第一章 普通话基础知识

第一节 普通话概述

一、什么是普通话

普通话既是现代汉民族共同语,在汉民族各方言区普遍通用,又是国家通用语言,在其他民族地区普遍使用。

普通话的具体含义是以北京语音为标准音,以北方话为基础方言,以典范的现代白话文著作为语法规范的现代汉民族共同语。

第一,"以北京语音为标准音",这是普通话的语音规范。共同语的语音通常以基础方言代表话的语音系统为标准。北京自13世纪以来,一直是全国政治、经济、文化中心,以北京语音为标准音,是历史发展的必然结果。但是,以北京语音为标准音,并不意味着北京话的任何语音成分都是标准音。北京话中的一些土音成分不能进入普通话,北京话中的异读也需要规范读音。

第二,"以北方话为基础方言",这是普通话的词汇规范。现代汉民族共同语在北方方言的基础上形成,北方方言词汇是共同语词汇的基础和主要来源。从13世纪开始,北方话词汇就随着官话和白话文学传播开来,成为白话文的基础。但是,普通话以北方方言为基础方言,并不意味着北方方言中的所有词语都是普通话的成分。事实上,北方方言内部差异也很大,例如北京人把"傍晚"说成"晚半晌",北方不少地区将"玉米"称为"棒子",将"肥皂"称为"胰子"等。所以,不能把所有北方话的词语都作为普通话的词语。普通话既要排除北方方言中的一些土语成分,也要有选择地吸收其他方言、古代汉语和外国语言中的词语,并不断创造新词语来丰富自己的词汇。

第三,"以典范的现代白话文著作为语法规范",这是普通话的语法规范。"白话文"是相对于"文言文"和"半文半白"的文章而言的;"现代白话文"是相对于"近代白话文"而言的,表现了汉语发展的最新阶段和最新状态;"典范"是相对于"一般"而言的,强调经得起推敲和社会公认。只有那些优秀的文学作品或学术论文、经过集体构思撰写修改而成的重要文件或论著才可以作为普通话的语法规范。

二、普通话与方言

方言是普通话的基础。普通话不是人造语言,其语音、词汇和语法都有所依据的方言基础。

普通话具有比方言更优越的地位。普通话是在北方方言的基础上发展起来的,它在方言之中,又在方言之上。"中国历史上的标准语是一种在很大程度上只用于书面交往的语言,它不同于一般老百姓所说的话。它的社会基础非常窄,只包括那些有缘受到相应教育的人。因此,标准语从一开始就有高人一等的优越地位。"[①]虽然普通话是在方言基础上产生的,但是"民族共同语"决定了它比方言具有更优越的地位。

汉语在历史的长河中没有分化为不同的语言,但由于各种原因、各种条件也形成了多种方言。汉语方言到底该分为几大类,至今学术界意见不一。以下七大类是大家公认的:

1. 北方方言

北方方言区包括长江以北地区,长江以南的镇江以西、九江以东的沿江地带,云、贵、川三省,湖北省大部(西南角除外),湖南省西北部以及广西省西北部。北方方言使用人口约占汉族总人口的73%。

2. 吴方言

吴方言区包括长江以南镇江以东地区(镇江不包括在内)、浙江省大部。吴方言使用人口约占汉族总人口的7.2%。

3. 赣方言

赣方言区包括江西省大部(东北沿江地带和南部除外)。赣方言使用人口约占汉族总人口的3.3%。

4. 湘方言

湘方言区就是湖南省(西北部除外)。湘方言使用人口约占汉族总人口的3.2%。

5. 客家方言

客家方言区包括广东省东部和北部、广西省东南部、福建省西部、江西省南部,以及湖南、四川少部分地区。客家方言使用人口约占汉族总人口的3.6%。

6. 闽方言

闽方言区包括福建省,台湾地区,海南省一部分,以及广东省潮安、汕头一带。闽方言使用人口约占汉族总人口的5.7%。

7. 粤方言

粤方言区包括广东省大部分地区,香港、澳门特别行政区以及广西壮族自治区的东南部。粤方言使用人口约占汉族总人口的4%。

不同方言之间的差别有大有小。总的来说,语音上的差别最大,其次是词汇,语法方面的差异最小。

就汉语来说,不同方言区的人,如果通过书面进行交际,都还不成问题,因为书面载体都是汉字;但口头交际,问题就比较大。一般来说,中国东南省份的方言比较复杂,不同方言区、不同地区的人口头交际的障碍要大一些;而广大的北方地区和西南地区,方言分歧相对来说比较小,不同地区的人彼此基本能进行口头交际。总的来说,方言的存在,给全民族的自由交际带来极大的不便,甚至造成不必要的麻烦。显然,为了使我们的社会能有

---

① 郭熙.中国社会语言学:增订本[M].杭州:浙江大学出版社,2004:71.

效地协调与运作,使我们社会的政治、经济、文化、科技等各方面能飞速发展,我们需要一种规范的、全体汉民族都能接受的现代汉民族共同语,即普通话。

普通话不能完全取代方言。"乡音"和"乡情"是密不可分的,方言在特定地区和特定人群中具有独特的表达作用和联系感情的作用。方言是地方文化的载体之一。在方言区推广普通话,并不是不许讲方言,更不是要消灭方言。推广普通话主要是为了消除不同方言造成的隔阂,以便于社会交际。

第二节 普通话语音系统知识

一、语音的性质

语音即语言的声音,是人的发音器官发出来的、能够表示一定意义的声音。它不同于自然界的各种声音,也区别于其他动物的声音。语音是语言的三要素(语音、词汇、语法)之一,是语言的物质外壳。

(一) 语音的生理属性

语音是人的发音器官协调运动的产物,发音器官及其活动决定着语音的区别。人体的发音器官由动力系统(肺和气管)、声源系统(喉和声带)和共鸣系统(声道)三个部分组成。

(二) 语音的物理属性

语音是由人的发音器官通过振动产生的,因而具有物理属性。每个声音片段都包含了音高、音强、音长和音色四个要素。

1. 音高

音高指声音的高低,取决于发音体发出声波的频率,在一定时间内振动快、频率高,声音就高;反之声音就低。语音的高低决定于声带的大小、长短、厚薄、松紧。一般而言,成年男性的音高要比女性和儿童低一个八度左右。汉语中不同的声调,也主要是音高变化造成的。

2. 音强

音强指声音的强弱,取决于发音体发出声波的振幅。声带振动幅度大,声音就强;反之,声音就弱。汉语中的语调与音强关系密切。

3. 音长

音长指声音的长短,取决于发音体振动的时间,声带振动的持续时间长,声音就长,反之则短。普通话里的上声和轻声与阴平、阳平、去声在音长方面有明显的不同。

4. 音色

音色指声音的特色和本质,也叫音质或音品。音色的差别主要取决于发音体振动所形成的音波波纹的曲折形式的不同。不同音色的产生主要有三个方面的因素:一是发音体的不同;二是发音方法的不同;三是共鸣器形状的不同。音色既可以区分不同的音素,也可以区分不同的声音色彩。

(三) 语音的社会属性

社会属性是语音的本质属性。在一种语言里,存在哪些音、表达什么样的意义都是约定俗成的。因此,语音可以表现出各自的系统性、鲜明的民族性和独特的地方性。

(四) 语音的心理属性

心理活动在发音过程中起着决定性作用。发音心理是指发音时大脑和与其联系的神经系统活动。发音要经过四个不同的心理阶段:一是大脑编码阶段;二是神经冲动阶段;三是信号传递阶段;四是发音器官发音阶段。在发音过程中,不仅需要大脑发出命令使发音器官产生动作,而且需要内部反馈系统和外部反馈系统随时监督发音状态。动觉反馈保证发音器官动作不偏离正确运动的监督控制过程;听觉反馈通过空气传导和骨传导两条通道来修正发音错误,与动觉反馈同时起监督作用,确保发音的准确。另外,心理状态也是直接影响发音的一个重要因素,积极愉快的心理状态会使发音流畅自如;消极紧张的心理状态会阻碍发音的顺畅。

二、语音单位

(一) 音素

音素是最小的语音单位。它是从音色的角度划分出来的。一个音节,如果按音色的不同去进一步划分,就会得到一个个最小的各有特色的单位,这就是音素。例如,"爸"(bà)从音色的角度可以划分出"b"和"a"两个不同的音素。"刊"(kān)可以划分出"k、a、n"三个音素。

音素可以分为辅音和元音两大类。辅音是气流经过口腔或咽头受阻碍而形成的音素,又叫子音。如 b、m、f、d、k、zh、s 等;元音是气流振动声带发出声音,经过口腔、咽头不受阻碍而形成的音素,又叫母音,如 a、o、e、i、u 等。

辅音和元音的主要区别有以下四点:

(1) 从受阻与否看:发辅音时,气流通过咽头、口腔的时候受到某个部位的阻碍;发元音时,气流通过咽头、口腔不受阻碍。这是元音和辅音最主要的区别。

(2) 从紧张程度看:发辅音时,发音器官成阻的部位特别紧张;发元音时,发音器官各部位保持均衡的紧张状态。

(3) 从气流强弱看:发辅音时,气流较强;发元音时,气流较弱。

(4) 从响亮度看:发辅音时,声带不一定振动,声音一般不响亮;发元音时,声带振动,声音比辅音响亮。

(二) 音节

音节是由音素构成的语音片段,是听话时自然感到的最小的语音单位。每发一个音节时,发音器官的肌肉,特别是喉部的肌肉都明显地紧张一下。每一次肌肉的紧张度增而复减,就形成一个音节。紧张几次就有几个音节。一个音节可以只有一个音素,如"a"(啊),也可以由几个音素合成,例如"Xī'ān"(西安)是两个音节,喉头肌肉有两次紧张。如改为一次紧张,念成 xian^{55},用汉字写下来,就成了"鲜"字,表示的是一个音节。一般来说,汉语一个音节用一个汉字来表示。儿化音节是例外,如"花儿"。

(三) 声母、韵母、声调

按照汉语音韵学传统的字音分析方法,把一个字音分成声母和韵母两段,把贯通整个声韵结构的音高型式叫声调。

声母,位于音节前段,主要由辅音构成。例如,在"好"(hǎo)这个音节里,辅音 h 就是它的辅音声母。有的音节,例如"爱"(ài)开头没有辅音,元音前头那部分就是零,习惯上叫作"零声母",就算是零声母音节。

声母和辅音不是一个概念。虽然声母由辅音充当,但有的辅音不做声母,只做韵尾,如"guāng"(光)中的 ng[ŋ]。辅音 n 既可做声母,也可做韵尾,如"nán"(南)中的两个辅音 n,在音节开头的是声母,在音节末尾的是韵尾。

韵母,位于音节的后段,由元音或元音加辅音构成。例如在"海"(hǎi)这个音节里,"ai"就是它的韵母。零声母音节,例如"欧"(ōu),它的韵母就是零声母后面的"ou"。不能把字音"ou"(欧)分成前后两段,把前段"o"叫声母。元音不能做声母,只能做韵母或韵母的构成成分。

但是韵母和元音不相等。韵母有的由单元音或复元音构成,如"tā(他)、xiā(瞎)、guài(怪)"中的"a、ia、uai";有的由元音带辅音构成,如"gān(甘)、gēng(耕)、guān(关)"中的"an、eng、uan"。

声调,指的是依附在声韵结构中具有区别意义作用的音高型式。例如"dǐ"(底)的音高,是先降到最低然后再升高上去,这种先降后升的音高变化格式,就是音节"底"(dǐ)的声调。

(四) 音位

音位是按语音的社会属性划分出来的,是一个语音系统中能够区别意义的最小的语音单位,也是按语音的辨义作用归纳出来的音类。社会属性是决定音位的重要依据。如果把"班"(bān)念成"潘"(pān)意思就变了,所以/p/和/pʰ/在普通话里可以区别意义,是两个不同的音位。

三、记音符号

为了给汉字注音和记录汉语语音,人们采用过多种记音方法,主要可分三大类:

第一,用汉字记音。以直音法和反切法为代表。直音法是用一个汉字给另一个汉字注音,如"厶,音司"。如果遇到没有同音字的情况,就无法注音,于是后来就用两个汉字给另一个汉字注音,这种注音方法叫反切法。比如"鲁,郎古切",就是用"郎"和"古"两个字拼出"鲁"字的发音。"郎"是反切上字,与被注音字"鲁"的声母相同,"古"是反切下字,与被注音字"鲁"的韵母和声调相同。

第二，用创制于五四运动前后的"注音符号"（最早称为"注音字母"）来记音。它在给汉字注音和推广"国语"方面起过很好的作用。（参看《汉语拼音方案》声母、韵母表中的注音符号。）

第三，用罗马字拼音字母来给汉字注音和记录汉语。这种注音方法有威妥玛式方案、国语罗马字拼音法式（简称"国罗"）、北方话拉丁化新文字（简称"北拉"）等，现在用《汉语拼音方案》。

此外，还可以用国际音标来记录汉语语音。下面介绍《汉语拼音方案》和国际音标。

(一) 汉语拼音方案

《汉语拼音方案》是在新中国成立不久后制订出来的。中国文字改革委员会（简称"文改会"）广泛收集各方面意见，于1956年2月拟订并公布了《汉语拼音方案（草案）》。这个草案经过全国政协和各界人士广泛讨论，又经国务院成立的汉语拼音方案审订委员会反复审议和多次修订，经国务院全体会议通过，最后在1958年2月由第一届全国人民代表大会批准作为正式方案公布推行。《汉语拼音方案》是在过去各种记音法的基础上发展起来的，是我国人民创制各种汉语记音与汉字注音法的经验总结。它比过去设计的各种记音法更为完善、优越，受到各界人士、广大群众的热烈欢迎，并得到联合国的认可和使用。1982年，国际标准化组织（ISO）开始采用《汉语拼音方案》。《中华人民共和国国家通用语言文字法》第18条规定："国家通用语言文字以《汉语拼音方案》作为拼写和注音工具，《汉语拼音方案》是中国人名地名和中文文献罗马字母拼写法的统一规范，并用于汉字不便或不能使用的领域。"

《汉语拼音方案》有下列用途：

1. 汉字的注音工具

汉字不是拼音文字，为了标记汉字的读音，人们曾采用直音法、反切法或注音字母（注音符号）。但是，这些注音法都有缺点。前两种要以认识大量汉字为基础，如果没有易识的音同或音近的字，就难以注音。注音符号曾起过一定的作用，但它并不完全是音素字母，注音不够准确，书写也不够方便。《汉语拼音方案》基本上克服了上述各种缺点，能够准确地给汉字注音。它采用国际上流行的拉丁字母，既容易为广大群众所掌握，又便于国际文化交流。

2. 普通话的拼写工具

推广普通话，是我国社会主义建设的需要，是国家统一和人民团结的需要。学习普通话，光靠口耳是不够的，必须有一套记音符号，以帮助教学，矫正读音。事实证明，《汉语拼音方案》正是推广普通话的有效工具。

此外，《汉语拼音方案》还可以作为我国各少数民族创制和改革文字的共同基础，用来帮助外国人学汉语，用来音译人名、地名和科学术语，以及用来编制索引和代号，等等。就计算机的汉字录入而言，最简便易学的输入法是拼音输入法，如全拼、双拼、智能ABC、拼音加加以及微软、QQ、搜狗、谷歌、紫光华宇等拼音输入法，而这些都需要使用者熟练掌握《汉语拼音方案》中的拼写规则。

(二) 国际音标

1886年,国际语音学会于英国伦敦成立。学会为了记录和研究人类的语音,在1888年制订了一套记音符号——国际音标。它共有一百多个符号,符合"一个符号一个音素,一个音素一个符号"的原则,至今已经过多次修订,最近的一次修订是2018年。由于国际音标的符号简明、科学、细致,各国学者都用它来记音。

第三节 普通话水平测试

一、普通话水平测试的名称、性质和方式

本测试定名为"普通话水平测试"(PUTONGHUA SHUIPING CESHI,缩写为PSC)。

普通话水平测试测查应试人的普通话规范程度、熟练程度,认定其普通话水平等级,并提供全国通用的普通话水平测试等级证书,属于标准参照性考试。

普通话水平测试以口试方式进行。

二、普通话水平测试的内容和范围

普通话水平测试的内容包括普通话语音、词汇和语法。

普通话水平测试的范围是国家测试机构编制的《普通话水平测试用普通话词语表》《普通话水平测试用普通话与方言词语对照表》《普通话水平测试用普通话与方言常见语法差异对照表》《普通话水平测试用朗读作品》《普通话水平测试用话题》。

三、普通话水平测试的试卷构成和评分标准

普通话水平测试试卷包括5个组成部分,满分为100分。

(一) 读单音节字词

100个音节,不含轻声、儿化音节,限时3.5分钟,共10分。

1. 目的

测查应试人声母、韵母、声调读音的标准程度。

2. 要求

(1) 100个音节中,70%选自《普通话水平测试用普通话词语表》"表一",30%选自"表二"。

(2) 100个音节中,每个声母出现次数一般不少于3次,每个韵母出现次数一般不少于2次,4个声调出现次数大致均衡。

(3) 音节的排列要避免同一测试要素连续出现。

3. 评分

(1) 语音错误,每个音节扣0.1分。

(2) 语音缺陷,每个音节扣 0.05 分。
(3) 超时 1 分钟以内,扣 0.5 分;超时 1 分钟以上(含 1 分钟),扣 1 分。

(二) 读多音节词语

100 个音节,限时 2.5 分钟,共 20 分。

1. 目的

测查应试人声母、韵母、声调和变调、轻声、儿化读音的标准程度。

2. 要求

(1) 词语的 70% 选自《普通话水平测试用普通话词语表》"表一",30% 选自"表二"。
(2) 声母、韵母、声调出现的次数与读单音节字词的要求相同。
(3) 上声与上声相连的词语不少于 3 个,上声与非上声相连的词语不少于 4 个,轻声不少于 3 个,儿化不少于 4 个(应为不同的儿化韵母)。
(4) 词语的排列要避免同一测试要素连续出现。

3. 评分

(1) 语音错误,每个音节扣 0.2 分。
(2) 语音缺陷,每个音节扣 0.1 分。
(3) 超时 1 分钟以内,扣 0.5 分;超时 1 分钟以上(含 1 分钟),扣 1 分。

(三) 选择判断

限时 3 分钟,共 10 分。

1. 词语判断(10 组)

(1) 目的:测查应试人掌握普通话词语的规范程度。
(2) 要求:根据《普通话水平测试用普通话与方言词语对照表》,列举 10 组普通话与方言意义相对应但说法不同的词语,由应试人判断并读出普通话的词语。
(3) 评分:判断错误,每组扣 0.25 分。

2. 量词、名词搭配(10 组)

(1) 目的:测查应试人掌握普通话量词和名词搭配的规范程度。
(2) 要求:根据《普通话水平测试用普通话与方言常见语法差异对照表》,列举 10 个名词和若干量词,由应试人搭配并读出符合普通话规范的 10 组名量短语。
(3) 评分:搭配错误,每组扣 0.5 分。

3. 语序或表达形式判断(5 组)

(1) 目的:测查应试人掌握普通话语法的规范程度。
(2) 要求:根据《普通话水平测试用普通话与方言常见语法差异对照表》,列举 5 组普通话和方言意义相对应,但语序或表达习惯不同的短语或短句,由应试人判断并读出符合普通话语法规范的表达形式。
(3) 评分:判断错误,每组扣 0.5 分。

选择判断合计超时1分钟以内,扣0.5分;超时1分钟以上(含1分钟),扣1分。答题时语音错误,每个音节扣0.1分;如判断错误已经扣分,不重复扣分。

(四) 朗读短文

朗读短文1篇,400个音节,限时4分钟,共30分。

1. 目的

测查应试人使用普通话朗读书面作品的水平。在测查声母、韵母、声调读音标准程度的同时,重点测查连读音变、停连、语调以及流畅程度。

2. 要求

(1) 短文从《普通话水平测试用朗读作品》中选取。
(2) 评分以朗读作品的前400个音节(不含标点符号和括注的音节)为限。

3. 评分

(1) 每错1个音节,扣0.1分;漏读或增读1个音节,扣0.1分。
(2) 声母或韵母的系统性语音缺陷,视程度扣0.5分、1分。
(3) 语调偏误,视程度扣0.5分、1分、2分。
(4) 停连不当,视程度扣0.5分、1分、2分。
(5) 朗读不流畅(包括回读),视程度扣0.5分、1分、2分。
(6) 超时扣1分。

(五) 命题说话

限时3分钟,共30分。

1. 目的

测查应试人在无文字凭借的情况下说普通话的水平,重点测查语音标准程度、词汇语法规范程度和自然流畅程度。

2. 要求

(1) 说话话题从《普通话水平测试用话题》中选取,由应试人从给定的2个话题中选定1个话题,连续说一段话。
(2) 应试人单向说话。如发现应试人有明显背稿、离题、说话难以继续等表现时,主试人应及时提示或引导。

3. 评分

(1) 语音标准程度,共20分。分六档:

一档:语音标准,或极少有失误。扣0分、0.5分、1分。
二档:语音错误在10次以下,有方音但不明显。扣1.5分、2分。
三档:语音错误在10次以下,但方音比较明显;或语音错误在10次~15次之间,有方音但不明显。扣3分、4分。
四档:语音错误在10次~15次之间,方音比较明显。扣5分、6分。

五档:语音错误超过15次,方音明显。扣7分、8分、9分。
六档:语音错误多,方音重。扣10分、11分、12分。
(2) 词汇、语法规范程度,共5分。分三档:
一档:词汇、语法规范。扣0分。
二档:词汇、语法偶有不规范的情况。扣0.5分、1分。
三档:词汇、语法屡有不规范的情况。扣2分、3分。
(3) 自然流畅程度,共5分。分三档:
一档:语言自然流畅。扣0分。
二档:语言基本流畅,口语化较差,有背稿子的表现。扣0.5分、1分。
三档:语言不连贯,语调生硬。扣2分、3分。

说话不足3分钟,酌情扣分:缺时1分钟以内(含1分钟),扣1分、2分、3分;缺时1分钟以上,扣4分、5分、6分;说话不满30秒(含30秒),本测试项成绩计为0分。

四、应试人普通话水平等级的确定

国家语言文字工作部门发布的《普通话水平测试等级标准》是确定应试人普通话水平等级的依据。测试机构根据应试人的测试成绩确定其普通话水平等级,由省、自治区、直辖市以上语言文字工作部门颁发相应的普通话水平测试等级证书。

普通话水平划分为三个级别,每个级别内划分两个等次。其中:
97分及其以上,为一级甲等;
92分及其以上但不足97分,为一级乙等;
87分及其以上但不足92分,为二级甲等;
80分及其以上但不足87分,为二级乙等;
70分及其以上但不足80分,为三级甲等;
60分及其以上但不足70分,为三级乙等。

说明:各省、自治区、直辖市语言文字工作部门可以根据测试对象或本地区的实际情况,决定是否免测"选择判断"测试项。如免测此项,"命题说话"测试项的分值由30分调整为40分。评分档次不变,具体分值调整如下:
(1) 语音标准程度的分值,由20分调整为25分。
一档:扣0分、1分、2分。
二档:扣3分、4分。
三档:扣5分、6分。
四档:扣7分、8分。
五档:扣9分、10分、11分。
六档:扣12分、13分、14分。
(2) 词汇、语法规范程度的分值,由5分调整为10分。
一档:扣0分。
二档:扣1分、2分。
三档:扣3分、4分。

(3) 自然流畅程度,仍为 5 分,各档分值不变。

五、计算机辅助普通话水平测试指导

(一) 组织机测报名阶段

(1) 应试人报名;
(2) 提供应试人信息;
(3) 应试人现场拍照;
(4) 核对应试人信息;
(5) 上传应试人信息;
(6) 设置报名与测试时间期限;
(7) 网络上传应试人信息;
(8) 打印准考证;
(9) 领取准考证。

(二) 布置考场与考务阶段

(1) 机测考场现场环境布置;
(2) 机测考场分区设置;
(3) 机测考区分布图公示;
(4) 机测分组人员公示;
(5) 机测相关考务工作;
(6) 计算机测试系统分组试题任务分配。

(三) 应试人备考阶段

(1) 应试人进入待测室等候点名;
(2) 应试人抽机位号和备考样题;
(3) 应试人进入备考室准备应试内容;
(4) 应试人进入指定的测试考场;
(5) 应试人戴好耳机准备测试;
(6) 应试人上机准备测试。

(四) 考点现场测试阶段

(1) 主考机现场分发测试试题;
(2) 应试人输入并核对考生信息;
(3) 计算机系统测试设备并调试音量;
(4) 应试人依照计算机给定的第一至三题所示文字,按要求读出测试内容;
(5) 应试人依照计算机给定的第四题两个题目,二选一,口头围绕题目表述相关内容;
(6) 应试人测试完毕摘下耳机离开测试现场;

(7) 机测系统自动对应试人第一至三题语料进行测评;
(8) 测试任务全部完成后上传考生已测语料包。

(五) 第四题打分阶段

(1) 设置第四题接收打分任务和参与打分的时限;
(2) 第四题打分任务分组分发;
(3) 普通话测试员接受打分任务;
(4) 普通话测试员开始对第四题进行背靠背打分,并在规定时间内完成任务;
(5) 对分数差异超过设定值的成绩进行复审;
(6) 最终确定成绩;
(7) 汇总成绩。

(六) 普通话水平测试等级证书办理阶段

(1) 网上确认成绩并打印证书;
(2) 报省级语言文字培训测试中心,对测试成绩表的有效性盖章确认;
(3) 报省语委办,核对成绩并在证书上盖章确认;
(4) 对达到合格等级的应试人发证。

(七) 计算机辅助普通话水平测试上机考试流程

本系统为国家普通话水平智能测评系统,其使用流程如下:

1. 登录机测页面

机测页面是由考试主机直接分发给应试考生的。考生只要戴好耳机,等待主机分发试题,即可出现考生的登录页面。智能测试软件启动之后,系统弹出佩带耳机的提示,请点击"下一步"按钮继续(见图1-1)。

图1-1 系统登录页面

2. 输入并核对考生信息

(1) 考生根据计算机提示,输入准考证号的后 4 位数字,输入完成后,点击"进入"按钮(见图 1-2)。

图 1-2　信息输入页面

(2) 信息确认:考生核对计算机屏幕自动显示的考生报名信息,如准确无误,点击"确认"按钮;如信息存在问题,点击"返回"按钮,重新输入(见图 1-3)。

图 1-3　信息核对页面

3. 系统试音

考生根据语音提示,以适中音量朗读计算机屏幕上的句子(见图 1-4)。

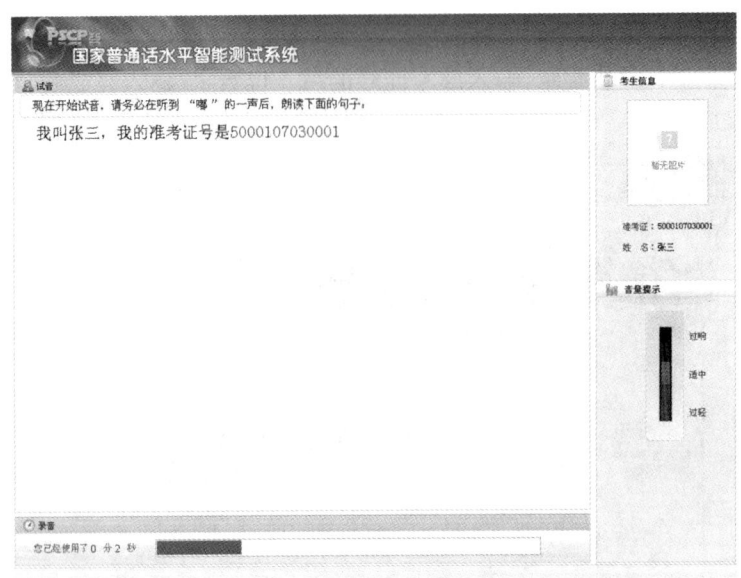

图 1-4　系统试音页面

4. 进行测试

第一题读单音节字词,是在有文字凭借的条件下对语音标准程度的测评,单音节词没有语境,因此要把声音发完整,读音要有动程,声调调值读音要到位,阴平、阳平声调调值高度要升到位,上声声调要读出曲折度,去声声调要降到位。

第一题朗读完毕后,请点击右下角"下一题"按钮,进入第二题测试页面(见图1-5)。

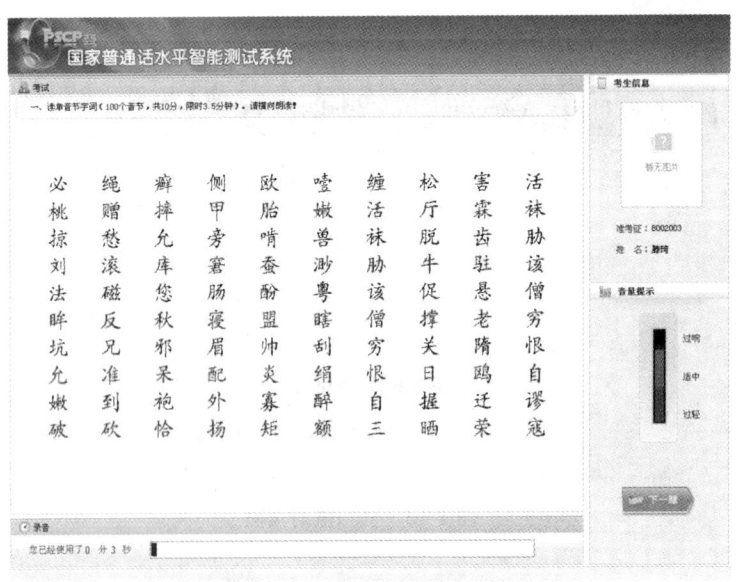

图 1-5　读单音节字词试题页面

第二题读多音节词语,要把一个词连起来读,不要把词分开读或一顿一顿地读。由于一个词的朗读会有相应的语流音变,因此本题考查的是在一定语境下的普通话标准程度。

其中包括上声与上声相连、上声与非上声相连,儿化韵、轻声词,词的重音与次重音等。

读完本题内容后,请点击右下角"下一题"按钮,进入第三题的页面(见图1-6)。

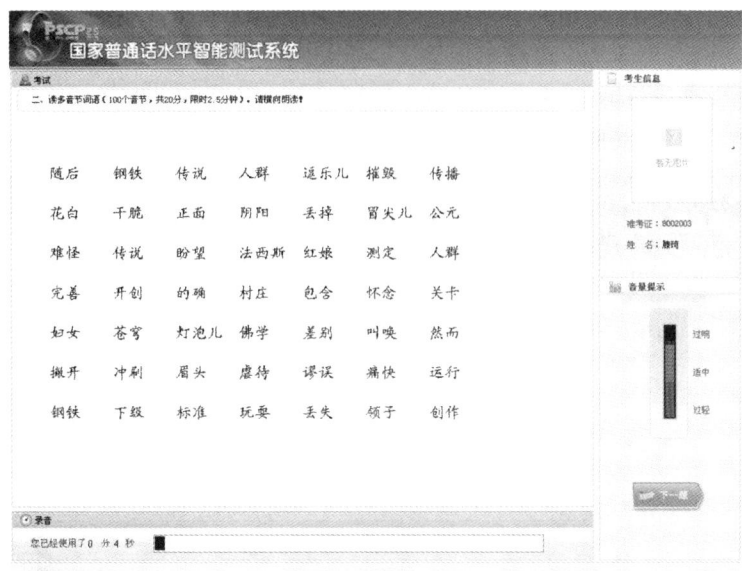

图1-6 读多音节词语试题页面

第三题朗读短文,要按短文后的提示音正确朗读。短文是具有语境的朗读材料,因此不要一个字一个字地读,也不要一个词一个词地读,要一句话一句话地朗读。注意不要回读,同时注意标点符号的停顿。

朗读完材料后,请点击右下角"下一题"按钮,进入第四题的页面(见图1-7)。

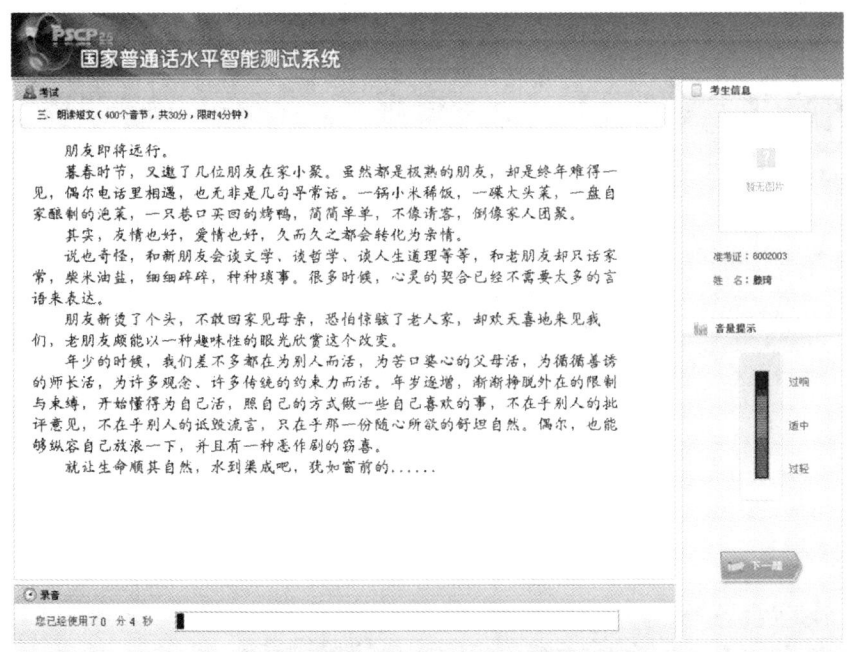

图1-7 朗读短文试题页面

第四题页面出现后,有2个题目供选择,考生不要点击题目,而是直接朗读出自己选中的题目,然后围绕话题说话。本题是对没有文字凭借的应试者语言能力的测评,因此考生不要写成书面作文,或使用网上出现的命题说话范文。这会被测试员认定为口语化差或雷同而扣除分数,导致考生成绩不理想。一定要围绕话题用自己的语言说话、聊天。命题说话时间要说满三分钟,即考生要注意查看屏幕下方的时间进度条是否运行结束,运行结束即为说满了三分钟(见图1-8)。

图1-8 命题说话试题页面

第四题测试结束,系统自动提交试卷。考生即可结束考试,离开考场(见图1-9)。

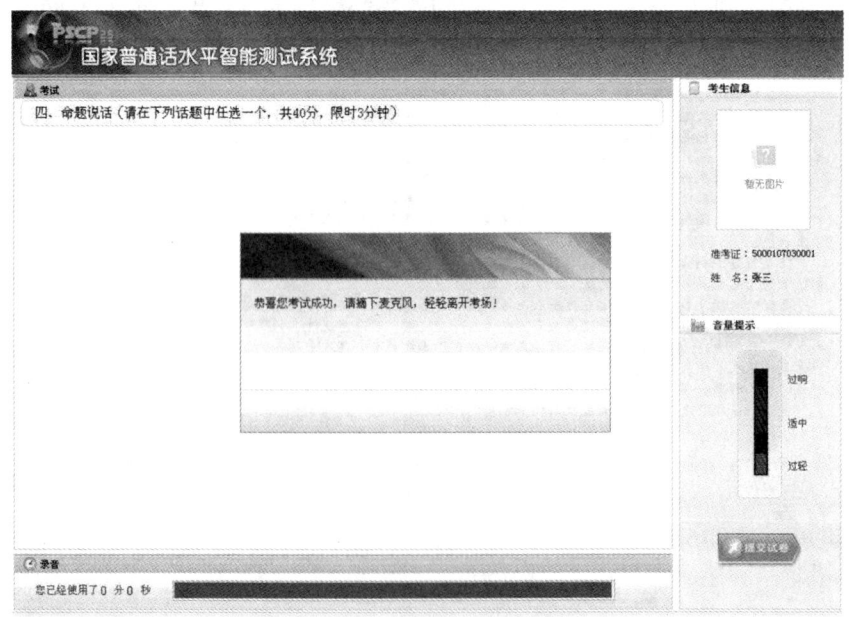

图1-9 普通话水平测试结束页面

考生在测试过程中应注意如下事项：

第一，每一题测试前系统都会有一段提示音，请在提示音"嘟"声结束后，再开始朗读。

第二，考试过程中，请以适中的音量答题。

第三，前三题读完后，请立即点击右下角"下一题"按钮，进入下一题测试；第四题要说满三分钟。

第四，考生测试时，尤其是第四题说话过程中不要说与话题无关的内容，或者不说话，以免出现成绩不高，甚至是0分的情况。

第二章　普通话声母

普通话的音节由声母、韵母和声调三部分组成。声母指音节开头的辅音,传统的名称叫"字头"。普通话有22个声母,其中21个辅音声母,即b、p、m、f、d、t、n、l、g、k、h、j、q、x、zh、ch、sh、r、z、c、s,1个零声母。零声母是指音节开头没有声母,由韵母和声调组成的音节,如"爱(ài)、移(yí)、五(wǔ)、遇(yù)"。辅音的特点是时程短(除擦音外)、音势弱,很容易受到干扰。一般来说,发音的准确度表现在声母上更多,声母是吐字准确清晰的基础,练习普通话发音,必须认真练习声母的发音,努力做到"咬得准、发得清",使整个音节完整、清晰。

第一节　普通话声母发音

声母是由辅音构成的,辅音发音时,气流经过口腔或鼻腔时要受到阻碍,通过克服阻碍而发出声音。因此,我们可以从两个方面来研究声母的发音:① 发音部位,即气流受到阻碍的部位。② 发音方法,即气流克服阻碍发出声音的方法。

一、声母的发音部位

普通话的声母按照发音部位分为七组:

1. 双唇音

由上唇和下唇构成阻碍而形成的音,有3个,是b、p、m。

2. 唇齿音

由上齿和下唇构成阻碍而形成的音,只有1个,是f。

3. 舌尖前音

由舌尖和上齿背构成阻碍而形成的音,有3个,是z、c、s。

4. 舌尖中音

由舌尖和上齿龈构成阻碍而形成的音,有4个,是d、t、n、l。

5. 舌尖后音

舌尖翘起和硬腭前部构成阻碍而形成的音,有4个,是zh、ch、sh、r。

6. 舌面音

由舌面前部和硬腭前部构成阻碍而形成的音,有3个,是j、q、x。

7. 舌根音

由舌根和软腭构成阻碍而形成的音,有3个,是g、k、h。

二、声母的发音方法

声母的发音方法可从三个方面来说明:

(一) 克服阻碍的方式

根据发音时气流克服阻碍方式的不同,可以把普通话的声母分为五类:

1. 塞音

发音时,构成阻碍的两个部位完全闭塞。软腭上升,堵塞鼻腔的通路。气流经过口腔时冲破阻碍迸裂而出,爆发成声。塞音有6个,是b、p、d、t、g、k。

2. 擦音

发音时,构成阻碍的两个部位非常接近,留下窄缝。软腭上升,堵塞通向鼻腔的通路。气流经过口腔时从窄缝挤出,摩擦成声。擦音有6个,是f、h、x、sh、r、s。

3. 塞擦音

发音时,构成阻碍的两个部位完全闭塞。软腭上升,堵塞鼻腔的通路。气流经过口腔先把阻塞部位冲开一条窄缝,从窄缝中挤出,摩擦成声。先破裂,后摩擦,结合成一个音。塞擦音有6个,是j、q、zh、ch、z、c。

4. 鼻音

发音时,口腔里构成阻碍的两个部位完全闭塞。软腭下降,打开鼻腔的通路。气流振动声带,从鼻腔通过。鼻音有2个,是m和n。

5. 边音

发音时,舌尖与齿龈相接构成阻碍,舌头两边留有空隙。软腭上升,堵塞鼻腔的通路。气流经过口腔,振动声带,从舌头的两边通过。边音只有1个,是l。

(二) 气流的强弱

根据发音时呼出的气流的强弱,可以把普通话声母中的塞音和塞擦音分为两类,就是不送气音和送气音。

1. 不送气音

发音时,呼出的气流较弱。不送气音有6个,是b、d、g、j、zh、z。

2. 送气音

发音时,呼出的气流较强。送气音有6个,是p、t、k、q、ch、c。

(三) 声带是否颤动

根据发音时声带是否颤动,可以把普通话的声母分为两类,即清音和浊音。

1. 清音

气流呼出时,声门打开,声带不颤动,发出的音不响亮。清音有17个,是b、p、f、d、t、

g、k、h、j、q、x、zh、ch、sh、z、c、s。

2. 浊音

气流呼出时,振动声带,发出的音比较响亮。浊音有4个,是m、n、l、r。

三、声母的发音要领

把声母的发音部位和发音方法结合起来,可以说明普通话21个声母是如何发音的。

1. b[p] 双唇、不送气、清、塞音

发音时,双唇紧闭,软腭上升,堵住鼻腔通道,肺部呼出的气流通过喉头,但不振动声带,到达口腔,冲破双唇的阻碍,气流爆发成声。发音时主要是双唇中部着力,集中蓄气,用力发音。

示例:罢、拜、报、辨别、标兵。

2. p[pʰ] 双唇、送气、清、塞音

发音的情形与b[p]相同,只是爆破发音时气流较强。

示例:怕、派、炮、批评、乒乓。

3. m[m] 双唇、浊、鼻音

发音时,双唇闭合,软腭和小舌下降,口腔通道受阻,鼻腔通道畅通,肺部呼出的气流通过喉头,振动声带,然后从鼻腔通过形成鼻音。

示例:骂、迈、冒、美满、面目。

4. f[f] 唇齿、清、擦音

发音时,下唇接近上齿,中间留一条窄缝,软腭上升,堵住鼻腔通道,肺部呼出的气流通过喉头,但不振动声带,气流经过口腔,从唇齿的缝隙间摩擦而出。

示例:法、飞、凤、方法、反复。

5. z[ts] 舌尖前、不送气、清、塞擦音

发音时,舌尖轻抵上齿背形成阻碍,软腭上升,堵住鼻腔通道,肺部呼出的气流通过喉头,但不振动声带,气流将舌尖与上齿背的阻碍冲开一道窄缝,从中挤出,摩擦成声,形成先塞后擦的发音。

示例:杂、在、早、走卒、栽赃。

6. c[tsʰ] 舌尖前、送气、清、塞擦音

发音的情形与z[ts]相同,只是发音时气流较强。

示例:擦、菜、草、层次、参差。

7. s[s] 舌尖前、清、擦音

发音时,舌尖接近上齿背,中间留一条窄缝,软腭上升,堵住鼻腔通道,肺部呼出的气流通过喉头,但不振动声带,气流经过口腔,从舌尖和上齿背的缝隙间摩擦而出。

示例:撒、塞、臊、思索、琐碎。

8. d[t] 舌尖中、不送气、清、塞音

发音时,舌尖抵住上齿龈,软腭上升,堵住鼻腔通道,肺部呼出的气流通过喉头,但不

振动声带,较弱的气流冲破舌尖的阻碍,迸裂而出,爆发成声。

示例:大、代、到、地点、当代。

9. t[tʰ]　舌尖中、送气、清、塞音

发音的情形与d[t]相同,只是爆破发音时气流较强。

示例:踏、太、套、团体、探讨。

10. n[n]　舌尖中、浊、鼻音

发音时,舌尖抵住上齿龈,软腭和小舌下降,打开鼻腔通道,肺部呼出的气流通过喉头,振动声带,然后从鼻腔通过发出鼻音。

示例:纳、耐、闹、牛奶、农奴。

11. l[l]　舌尖中、浊、边音

发音时,舌尖顶住上齿龈,软腭上升,堵住鼻腔通道,肺部呼出的气流通过喉头,振动声带,到达口腔,从舌头的两边通过。

示例:辣、赖、烙、联络、劳力。

12. zh[tʂ]　舌尖后、不送气、清、塞擦音

发音时,舌尖上翘,抵住硬腭前部,软腭上升,堵住鼻腔通道,肺部呼出的气流通过喉头,但不振动声带,较弱的气流把舌尖与硬腭的阻碍冲开一条缝隙,并从中挤出,摩擦成声,形成先塞后擦的发音。

示例:诈、债、照、主张、政治。

13. ch[tʂʰ]　舌尖后、送气、清、塞擦音

发音的情形与zh[tʂ]相同,只是发音时气流较强。

示例:岔、拆、超、出产、查抄。

14. sh[ʂ]　舌尖后、清、擦音

发音时,舌尖上翘,接近硬腭前部,中间留一条窄缝,软腭上升,堵住鼻腔通道,肺部呼出的气流通过喉头,但不振动声带,气流从舌尖和硬腭前部的窄缝中摩擦而出。

示例:事、晒、哨、声势、手术。

15. r[ʐ]　舌尖后、浊、擦音

发音情况与sh相近,只是摩擦比sh弱,同时声带振动,气流带音。

示例:日、热、绕、柔软、仍然。

16. j[tɕ]　舌面前、不送气、清、塞擦音

发音时,舌面前部抬起抵住硬腭前部,软腭上升,堵住鼻腔通道,肺部呼出的气流通过喉头,但不振动声带,较弱的气流把舌面前部与硬腭前部的阻碍冲开一道窄缝,气流从中挤出,摩擦成声,形成先塞后擦的发音。

示例:架、街、建、积极、经济。

17. q[tɕʰ]　舌面前、送气、清、塞擦音

发音的情形与j[tɕ]相同,只是发音时气流较强。

示例：恰、窃、欠、请求、确切。

18. x[ɕ]　舌面前、清、擦音

发音时，舌面前部抬起接近硬腭前部，留出窄缝，软腭上升，堵住鼻腔通道，肺部呼出的气流通过喉头，但不振动声带，气流从舌面前部与硬腭前部形成的窄缝中摩擦而出。

示例：下、歇、县、学习、虚心。

19. g[k]　舌根、不送气、清、塞音

发音时，舌根上抬抵住软腭，形成阻塞，到达口腔，软腭上升，堵住鼻腔通道，肺部呼出的气流通过喉头，但不振动声带，较弱的气流冲破舌根的阻碍，爆发成声。

示例：尬、盖、告、骨干、国歌。

20. k[kʰ]　舌根、送气、清、塞音

发音的情形与 g[k]相同，只是爆破发音时气流较强。

示例：喀、慨、靠、刻苦、宽阔。

21. h[x]　舌根、清、擦音

发音时，舌根接近软腭，留出窄缝，软腭上升，堵塞鼻腔通道，肺部呼出的气流通过喉头，但不振动声带，气流从舌根和软腭形成的窄缝中摩擦而出。

示例：哈、害、浩、欢呼、辉煌。

四、零声母

除了以上说的 21 个辅音声母外，普通话还有一些音节不用辅音声母开头，如"ān(安)、ēn(恩)、áo(熬)、ōu(欧)、áng(昂)"等。这样的音节没有声母，可是语言学家从语音的系统性角度考虑认为它们有声母，不过不是辅音声母，而是特殊的声母，叫作零声母。有了零声母这个概念，我们就可以说普通话里所有的音节都有声母，都可以分为声母和韵母两部分。汉语拼音的 y 和 w 只出现在零声母音节的开头，它们的作用主要是使音节界限清楚，如"yī(衣)、yū(迂)、yān(烟)、yuān(冤)、yāng(央)、wāng(汪)、wēng(翁)、yōng(雍)"等。

第二节　普通话声母辨正

一、zh、ch、sh 和 z、c、s

（一）发音辨正

1. 发音

zh、ch、sh 是舌尖后音，发音时舌头放松，舌尖卷翘起来接触或靠近硬腭前部；z、c、s 是舌尖前音，发音时舌尖平伸，抵住或接近上齿背。

普通话里 zh、ch、sh 和 z、c、s 能区别意义,而吴方言、闽方言、粤方言,还有北方方言的部分地区,都没有 zh、ch、sh 这套声母。还有些方言把普通话里声母是 zh、ch、sh 的字的一部分读成 z、c、s,如天津话、银川话、西安话等。因此,这些方言区的人学习普通话时就要学会 zh、ch、sh 的发音,还要知道普通话里哪些字读 zh、ch、sh,哪些字读 z、c、s。

2. 音节拼合规律

从音节拼合规律来看,普通话声母 z、c、s 不与韵母 ua、uai、uang 相拼,即韵母是 ua、uai、uang 的字,在 zh、ch、sh 和 z、c、s 两组声母中,只跟 zh、ch、sh 拼。另外,韵母 ong 不能和声母 sh 构成音节。

3. 利用声旁的声母读音进行判断

形声字声旁声母为 d、t 的,其声母往往是 zh、ch、sh:

d——摘绽召滞终坠　　　　　　　t——纯
t——治幢撞　　　　　　　　　　d——税说擅
d——蝉阐铛橙侈初颤　　　　　　t——蛇社始

(二) 发音对比练习

1. 单字对比练习

z—zh　杂—闸　醉—坠　增—争　尊—谆　暂—站　奏—宙
c—ch　才—柴　村—春　蚕—缠　催—吹　窜—串　此—尺
s—sh　苏—书　桑—伤　嗓—赏　伞—闪　搜—收　僧—生

2. 词语对比练习

z—zh	在职	自传	资助	滋长	遵照	做主	赞助	组装
	罪证	增长	组织	奏章	栽种	增值	诅咒	资质
zh—z	沼泽	著作	正在	职责	铸造	正宗	振作	这则
	治罪	制作	拙作	捉贼	桌子	住在	装载	旨在
c—ch	操场	存储	磁场	此处	辞呈	刺穿	粗茶	彩车
	残喘	残春	餐车	财产	猜出	裁处	侧窗	促成
ch—c	出错	出操	筹措	储存	尺寸	吃醋	持仓	柴草
	除草	陈词	差错	储藏	成才	船舱	穿刺	川菜
s—sh	随时	琐事	扫视	损失	赛事	宿舍	素食	塞上
	私事	四声	损伤	飒爽	缩水	诉说	所属	算术
sh—s	疏松	深思	收缩	哨所	失散	绳索	申诉	深邃
	神速	生死	疏散	书肆	石笋	伸缩	神思	寿司

二、n 和 l

(一) 发音辨正

1. n 和 l 的相同点

鼻音 n 和边音 l 都是舌尖中音,即发音部位相同,发音时都是舌尖抵住上齿龈成阻。

2. n 和 l 的不同点

鼻音 n 和边音 l 的发音方法不同。n 是鼻音,发音时气流通过鼻腔,由鼻孔呼出,不由口腔呼出。l 是边音,发音时气流从舌头的两旁呼出,不从鼻腔呼出。普通话里 n 和 l 能区别意义,而闽方言、北方方言里的西南话和部分江淮话里 n 和 l 是不分的。有的有 n 没有 l,有的有 l 没 n,有的 n、l 随便读。例如"男制服"和"蓝制服"不分,"女客"和"旅客"不分。

3. n 和 l 的拼合规律

从拼合规律看,跟 ou、uen 相拼的声母都是 l,常用字如"楼、漏、论、轮"等;l 跟 ü 相拼的音节多,常用字如"绿、驴、旅、律、吕、率"等,而 n 跟 ü 相拼的音节常用字只有一个"女";l 跟 ang 相拼的音节多,常用字如"狼、浪"等,n 跟 ang 相拼的音节少,常用字只有一个"囊";l 跟 iang 相拼的音节多,常用字如"两、凉、亮、良、辆"等,n 跟 iang 相拼的音节少,只有"娘、酿"两个;l 跟 in 相拼的音节多,常用字如"林、临、邻、淋、吝"等,n 跟 in 相拼的音节少,常用字只有一个"您"。

(二) 发音对比练习

1. 单字对比练习

n—l 那—蜡　年—连　娘—凉　脑—老　泥—离
　　您—林　宁—灵　内—类　浓—龙　念—恋

2. 组词对比练习

n—n　奶牛　男女　南宁　那年　年内　暖男　牛奶　恼怒
　　　泥泞　能耐　忸怩　内能　农奴　奶娘　妞妞　袅袅
l—l　劳碌　冷落　理论　另类　料理　联络　来历　浏览
　　　兰陵　凌乱　力量　莅临　邻里　拉链　轮流　靓丽
n—l　纳凉　耐力　脑力　逆流　暖流　能量　内陆　奴隶
　　　年龄　农历　奶酪　女郎　嫩绿　凝练　男篮　闹铃
l—n　理念　辽宁　历年　留念　龙女　流年　冷暖　来年
　　　蓝鸟　岭南　冷凝　烂泥　老年　老牛　列宁　两难

三、f 和 h

(一) 发音辨正

f 是唇齿音,发音时上齿和下唇内缘接近,气流摩擦成声。h 是舌根音,发音时舌头后缩,舌根抬起接近软腭,气流摩擦成声。南方有些方言没有 f 这个声母,普通话的 f 在闽方言中多数读成 b、p 或 h,湘方言有些地区把 f 读成 h,而粤方言则相反,把普通话里一些读 h 的字(大都是和 u 结合的字,如虎 hu、花 hua)也读作 f。

(二) 发音对比练习

1. 单字对比练习

f—h　夫—乎　发—花　飞—灰　房—黄　副—户
　　　烦—环　粉—很　风—哼　反—缓　方—慌

2. 组词对比练习

f—f　纷繁　佛法　非凡　纷飞　防范　方法　丰富　奋发
　　　仿佛　付费　发放　繁复　夫妇　防腐　放风　芳菲
h—h　混合　花卉　辉煌　欢呼　皇后　回环　会话　悔恨
　　　挥霍　荷花　含糊　货号　黄昏　火红　好汉　划痕
f—h　绯红　复活　烽火　凤凰　繁华　符号　发挥　分化
　　　符合　分红　负荷　粉红　反悔　发货　防火　丰厚
h—f　回复　盒饭　恢复　海风　合肥　伙房　活佛　豪放
　　　海防　挥发　划分　焕发　话费　红粉　护肤　横幅

四、r 和 l

(一) 发音辨正

r 是舌尖后浊擦音,发音时舌尖翘起接近硬腭前部,形成一条窄缝,声带颤动,气流从缝隙中摩擦而出。l 是舌尖中浊边音,舌尖在上齿龈上轻轻弹一下,声带颤动,呼出气流。有些方言把普通话中 r 声母的字,读成 l 声母。

(二) 发音对比练习

1. 单字对比练习

r—l　热—乐　柔—楼　融—龙　如—炉　让—浪　润—论

2. 组词对比练习

r—r　软弱　仍然　融入　容忍　柔软　冉冉　柔弱　嚷嚷
　　　荏苒　忍让　荣辱　如若　柔韧　闰日　荣任　人瑞
r—l　人类　热烈　锐利　燃料　热量　容量　日历　热恋

认领　人力　熔炼　日落　热络　熔炉　热浪　染料

五、j、q、x 和 z、c、s

(一) 发音辨正

普通话声母 j、q、x 是舌面前音，z、c、s 是舌尖前音。j、q、x 发音容易出现的问题是发音部位靠前，接近舌尖前音 z、c、s。在普通话语音系统里，齐齿呼、撮口呼的韵母只同舌面前音 j、q、x 相拼，不同 z、c、s 相拼。也就是说，普通话中，i、ü 前面的声母可以是 j、q、x，但不能是 z、c、s。

(二) 发音对比练习

j—j	积极	急剧	即将	寂静	加剧	佳绩	艰巨	间接
	究竟	焦急	接近	讲究	经济	紧急	警戒	基建
q—q	齐全	气球	恰巧	前期	悄悄	窃取	亲戚	清泉
	凄切	蹊跷	弃权	牵强	前驱	确切	强权	乔迁
x—x	喜讯	细心	下旬	先行	鲜血	相信	详细	消息
	肖像	谢谢	新鲜	新兴	新型	信息	行星	虚心
j—z	节奏	夹杂	君子	杰作	激增	军姿	佳作	尽早
	机组	抉择	焦躁	尽责	就座	捐赠	救灾	家族
q—c	其次	青菜	清脆	取材	钱财	潜藏	芹菜	起草
	青瓷	器材	谦辞	情操	清仓	浅层	憔悴	青葱
x—s	相似	潇洒	相思	形似	习俗	细碎	徇私	限速
	闲散	香酥	遐思	血色	辛酸	羞涩	线索	逊色

第三节　普通话声母发音训练

一、词语训练

b	颁布	辨别	斑白	包办	奔波	标兵	版本
p	偏僻	批评	澎湃	乒乓	评判	婆婆	偏颇
m	秘密	面貌	美妙	美满	木棉	明媚	买卖
f	方法	反复	非凡	芬芳	风范	丰富	发奋
z	自在	祖宗	罪责	粽子	自尊	做作	总则
c	仓促	猜测	粗糙	措辞	摧残	苍翠	参差
s	松散	诉讼	思索	琐碎	嫂嫂	搜索	随俗
d	单独	道德	大豆	达到	担当	顶点	带动
t	梯田	天堂	推脱	淘汰	妥帖	贪图	跳台

n	男女	泥泞	恼怒	能耐	牛奶	农奴	扭捏
l	历来	流利	伶俐	联络	拦路	劳力	伦理
zh	庄重	珍珠	指针	主张	追逐	招展	周折
ch	车床	出差	戳穿	超产	拆除	冲茶	长城
sh	设施	时尚	杀伤	上升	山水	手术	生疏
r	人人	仍然	柔软	容忍	闰日	软弱	忍让
j	积极	基建	酒精	拒绝	奖金	胶卷	进军
q	齐全	全球	窃取	请求	强权	亲戚	铅球
x	写信	休学	形象	喜讯	详细	现象	戏谑
g	各国	灌溉	古怪	公告	广告	更改	杠杆
k	可靠	宽阔	困苦	框框	慷慨	开口	坎坷
h	荷花	欢呼	呼唤	火花	航海	憨厚	好坏

二、绕口令训练

(一) 双唇音训练

(1) 八百标兵奔北坡,炮兵并排北边跑。
炮兵怕把标兵碰,标兵怕碰炮兵炮。
(2) 一平盆面,烙一平盆饼,饼碰盆,盆碰饼。
(3) 白庙外蹲一只白猫,
白庙里有一顶白帽。
白庙外的白猫看见了白庙里的白帽,
叼着白庙里的白帽跑出了白庙。

(二) 唇齿音 f 和舌根音 h 训练

粉红墙上画凤凰,
凤凰画在粉红墙。
红凤凰、粉凤凰、红粉凤凰、花凤凰,
红凤凰、黄凤凰、红粉凤凰、粉红凤凰、花粉花凤凰。

(三) 舌尖前音 z、c、s 和舌尖后音 zh、ch、sh 训练

(1) 四是四,十是十,
十四是十四,四十是四十。
十四不是"实事",四十不是"细席"。
要想说对四,舌头碰牙齿;
要想说对十,舌头别伸直。
(2) 报纸是报纸,抱子是抱子,
报纸抱子两回事;

看报纸不是看抱子，
只能抱子看报纸。
(3) 山前有四十四棵涩柿子树，
山后有四十四只石狮子，
山前的四十四棵涩柿子树，
涩死了山后的四十四只石狮子，
山后的四十四只石狮子，
咬死了山前的四十四棵涩柿子树。

(四) 舌尖中音训练

(1) 念一念,练一练，
n、l 的发音要分辨。
l 是边音软腭升，
n 是鼻音舌靠前。
你来练,我来念，
不怕累,不怕难，
齐努力,攻难关。
(2) 白石塔,白石搭，
白石搭白塔,白塔白石搭。
搭好白石塔,白塔高又大。

(五) 舌面前音训练

(1) 七加一,七减一，
加完减完等于几？
七加一,七减一，
加完减完还是七。
(2) 七巷一个漆匠,西巷一个锡匠。
七巷漆匠用了西巷锡匠的锡，
西巷锡匠拿了七巷漆匠的漆，
七巷漆匠气西巷锡匠用了漆，
西巷锡匠讥七巷漆匠拿了锡。

三、语篇训练

美犹如盛夏的水果,是容易腐败而难保持的。世上有许多美人,他们有过放荡的青春,却迎受着愧悔的晚年。因此,应该把美的形貌与美的德行结合起来。这样,美才会放射出灿烂的光辉。

节选自弗朗西斯·培根《论美》

那是力争上游的一种树,笔直的干,笔直的枝。它的干呢,通常是丈把高,像是加以人工似的,一丈以内,绝无旁枝;它所有的桠枝呢,一律向上,而且紧紧靠拢,也像是加以人工似的,成为一束,绝无横斜逸出;它的宽大的叶子也是片片向上,几乎没有斜生的,更不用说倒垂了;它的皮,光滑而有银色的晕圈,微微泛出淡青色。

节选自茅盾《白杨礼赞》

大雪整整下了一夜。今天早晨,天放晴了,太阳出来了。推开门一看,嗬!好大的雪啊!山川、河流、树木、房屋,全都罩上了一层厚厚的雪,万里江山,变成了粉妆玉砌的世界。落光了叶子的柳树上挂满了毛茸茸亮晶晶的银条儿;而那些冬夏常青的松树和柏树上,则挂满了蓬松松沉甸甸的雪球儿。一阵风吹来,树枝轻轻地摇晃,美丽的银条儿和雪球儿簌簌地落下来,玉屑似的雪末儿随风飘扬,映着清晨的阳光,显出一道道五光十色的彩虹。

节选自峻青《第一场雪》

中国西部我们通常是指黄河与秦岭相连一线以西,包括西北和西南的十二个省、市、自治区。这块广袤的土地面积为五百四十六万平方公里,占国土总面积的百分之五十七;人口二点八亿,占全国总人口的百分之二十三。

西部是华夏文明的源头。华夏祖先的脚步是顺着水边走的:长江上游出土过元谋人牙齿化石,距今约一百七十万年;黄河中游出土过蓝田人头盖骨,距今约七十万年。这两处古人类都比距今约五十万年的北京猿人资格更老。

节选自《中考语文课外阅读试题精选》中《西部文化和西部开发》

我们的船渐渐地逼近榕树了。我有机会看清它的真面目:是一棵大树,有数不清的丫枝,枝上又生根,有许多根一直垂到地上,伸进泥土里。一部分树枝垂到水面,从远处看,就像一棵大树斜躺在水面上一样。

现在正是枝繁叶茂的时节。这棵榕树好像在把它的全部生命力展示给我们看。那么多的绿叶,一簇堆在另一簇的上面,不留一点儿缝隙。翠绿的颜色明亮地在我们的眼前闪耀,似乎每一片树叶上都有一个新的生命在颤动,这美丽的南国的树!

节选自巴金《鸟的天堂》

中国的牛,永远沉默地为人做着沉重的工作。在大地上,在晨光或烈日下,它拖着沉重的犁,低头一步又一步,拖出了身后一列又一列松土,好让人们下种。等到满地金黄或农闲时候,它可能还得担当搬运负重的工作;或终日绕着石磨,朝同一方向,走不计程的路。

在它沉默的劳动中,人便得到应得的收成。

那时候,也许,它可以松一肩重担,站在树下,吃几口嫩草。偶尔摇摇尾巴,摆摆耳朵,赶走飞附身上的苍蝇,已经算是它最闲适的生活了。

中国的牛,没有成群奔跑的习惯,永远沉沉实实的,默默地工作,平心静气。这就是中国的牛!

节选自小思《中国的牛》

附录一　z、c、s 和 zh、ch、sh 声母代表字类推表

表 2-1　z 声母类推字表

匝——zá 砸。
攒——zǎn 攒（积攒），cuán 攒（攒在一起）。
澡——zào 噪、燥、躁；cāo 操；sāo 臊。
造——cāo 糙。
则——cè 侧、厕、测、恻；zhá 铡。
责——zé 喷、愤、箦；zhài 债。
曾——zēng 增、憎、缯；cèng 蹭；sēng 僧。

资——zī 咨、姿、资、赀。
兹——zī 滋、孳。
子——zī 孜；zǐ 仔、籽；zì 字。
宗——zōng 综、棕、踪、鬃；cóng 淙、琮；chóng 崇。
辛——zuì 醉。
祖——zū 租；zǔ 诅、阻、组、祖、俎。
尊——zūn 遵、樽、鳟。

表 2-2　zh 声母类推字表

占——zhān 沾、毡、粘，zhàn 战、站；zhēn 砧；zuān 钻（钻探）；zuàn 钻（钻石）。
章——zhāng 獐、彰、漳、嫜、璋、蟑；zhàng 嶂、幛、瘴。
长——zhāng 张；zhǎng 涨；zhàng 帐、胀、账；chàng 怅。
丈——zhàng 仗、杖。
召——zhāo 招、昭；zhǎo 沼；zhào 诏、照；chāo 超。
折——zhé 哲；zhè 浙；shì 誓。
者——zhě 锗、赭；zhū 诸、猪、潴；zhǔ 煮、渚；zhù 著、箸；chǔ 楮、储。
珍——zhěn 诊、疹、轸；chèn 趁。
真——zhěn 缜；zhèn 镇；shèn 慎。
贞——zhēn 侦、桢、帧、祯。
争——zhàng 峥、狰、铮、睁、筝；zhèng 诤。
正——zhēng 征；zhěng 整；zhèng 证、政；chéng 惩。

支——zhī 枝、肢；chì 翅。
只——zhī 织；zhí 职；zhì 帜；chì 炽；shí 识。
知——zhī 蜘；zhì 智；chī 痴。
直——zhí 值、植、殖；zhì 置。
执——zhí 贽、挚、鸷；zhé 蛰。
止——zhǐ 芷、址、趾；chǐ 耻。
志——zhì 痣。
至——zhì 郅、致、室、蛭；shì 室。
中——zhōng 忠、盅、钟、衷；zhǒng 肿；zhòng 仲；chōng 冲、忡。
朱——zhū 侏、诛、茱、洙、珠、株、铢、蛛；shū 姝、殊。
主——zhǔ 拄；zhù 住、注、驻、柱、炷、疰、蛀。
专——zhuān 砖；zhuǎn 转（转变）；zhuàn 啭、转（转动）。
啄——zhuō 涿；zhuó 琢、琢。

表 2-3　c 声母类推字表

才——cái 材、财；chái 豺。
采——cǎi 彩、睬、踩；cài 菜。
蔡——cā 擦、嚓；chá 察。
参——cǎn 惨；shēn 参；shèn 渗。

仓——cāng 伧、苍、沧、舱；chuāng 疮；chuàng 怆。
曹——cáo 嘈、漕、槽、蛴。
差（cī）——cuō 搓、蹉；jiē 嗟。

兹——cí 慈,磁,鹚,糍。　　　　　　崔——cuī 催,摧;cuǐ 璀。
此——cī 疵;cí 雌;cǐ 泚;chái 柴。　　粹——cù 猝;cuì 萃,啐,淬,悴,瘁,翠。
从——cōng 苁,枞;cóng 丛;zòng 纵。　寸——cūn 村;cǔn 忖。
醋——cuò 措,错。　　　　　　　　挫——cuó 瘥;cuò 锉。
窜——cuān 撺,蹿。

表 2-4　ch 声母类推字表

叉——chà 杈,汊,汊;chāi 钗。　　池——chí 驰,弛。
馋——chān 搀;chán 馋。　　　　斥——chè 坼;chāi 拆;sù 诉。
产——chǎn 铲。　　　　　　　　筹——chóu 俦,畴,踌。
昌——chāng 菖,猖,阊,娼,鲳;chàng　绸——chóu 惆,稠。
　　倡,唱。　　　　　　　　　出——chǔ 础;chù 绌,黜;zhuō 拙;
场——cháng 肠;chàng 畅。　　　　　zhuó 茁。
抄——chāo 钞;chǎo 吵,炒。　　厨——chú 橱,蹰。
朝——cháo 嘲,潮。　　　　　　除——chú 滁,蜍。
辰——chén 宸,晨;chún 唇;zhèn 振,赈,　喘——chuāi 揣;zhuì 惴。
　　震;shēn 娠;shèn 蜃。　　　垂——chuí 陲,捶,棰,锤。
成——chéng 诚,城;shèng 盛。　　春——chūn 椿,蝽;chǔn 蠢。
呈——chéng 程,酲;chěng 逞。　　啜——chuò 辍。

表 2-5　s 声母类推字表

散——sǎ 撒;sǎn 馓。　　　　　　叟——sǎo 嫂;sōu 搜,嗖,溲,馊,飕,螋,
桑——sǎng 搡,嗓。　　　　　　　　艘;shòu 瘦。
司——sì 伺,饲;cí 词,祠。　　　素——sù 嗉,愫。
思——sī 锶;sāi 腮,鳃。　　　　遂——suì 邃,隧,燧。
斯——sī 厮,撕,嘶,澌。　　　　孙——sūn 荪,狲。
四——sì 泗,驷。　　　　　　　　唆——suō 梭;suān 狻,酸。
松——sōng 忪,凇;sòng 讼,颂。　锁——suǒ 唢,琐。

表 2-6　sh 声母类推字表

山——shān 舢;shàn 汕,疝,疝。　　舍——shá 啥;shē 猞。
珊——shān 删,姗,珊,跚;zhà 栅;cè 册。申——shēn 伸,呻,绅;shén 神;shěn
扇——shān 煽。　　　　　　　　　审,婶。
善——shàn 鄯,缮,膳,蟮,鳝。　　生——shēng 牲,笙,甥,胜。
尚——shǎng 垧,晌,赏;cháng 徜。　诗——shī 侍,恃;chí 持;zhì 峙;sì 寺。
捎——shāo 梢,稍,筲,艄,鞘;shào 哨。狮——shī 狮;shāi 筛;sī 蛳。
少——shā 沙,纱,砂,莎,痧,裟,鲨;　市——shì 柿,铈。
　　suō 娑。　　　　　　　　　　式——shì 试,拭,轼,弒。
召——sháo 韶;shào 邵,劭,绍。　　受——shòu 授,绶。

抒——shū 纾,舒。
叔——shū 淑,菽。
孰——shú 塾,熟。

暑——shǔ 署,薯,曙。
刷——shuàn 涮。
率——shuāi 摔;shuài 蟀。

附录二 n和l声母代表字类推表

表2-7 n声母类推字表

那——nǎ 哪;nuó 挪,娜(婀娜)。
乃——nǎi 奶,艿,氖。
奈——nài 萘,捺。
南——nán 喃,楠。
脑——nǎo 恼,瑙。
内——nè 讷;nà 呐,纳,衲,钠。
尼——ní 泥,呢(呢绒);nì 泥(拘泥)。
倪——ní 霓,猊,鲵。
念——niǎn 捻;niàn 埝。

捏——niē 涅。
聂——niè 蹑,嗫。
宁——níng 柠,咛,狞;nìng 泞。
纽——niū 妞;niǔ 扭,钮。
农——nóng 浓,脓,侬。
奴——nú 孥,驽;nǔ 努;nù 怒。
虐——疟(谑念 xuè)。
诺——nuò 喏,锘;nì 匿。
懦——nuò 糯。

表2-8 l声母类推字表

剌——lǎ 喇;là 辣,瘌;lài 赖,癞、籁。
腊——là 蜡;liè 猎。
兰——lán 拦,栏;làn 烂。
蓝——lán 篮;làn 滥。
览——lǎn 揽,缆,榄(橄榄)。
劳——lāo 捞;láo 痨,唠(唠叨);lào 涝。
老——lǎo 佬,姥。
乐——lì 砾,栎(栎树)。
雷——léi 擂,镭;lěi 蕾;lèi 擂(擂台)。
累——luó 骡,螺;luǒ 瘰;luò 漯,摞。
离——lí 漓,篱,璃。
里——lǐ 厘,狸;lǐ 理,鲤;liàng 量。
力——lì 荔;liè 劣;lèi 肋;lè 勒。
历——lì 沥,雳,呖,枥。
粒——lì 笠;lā 拉,垃,啦。
厉——lì 励,砺。
利——lí 梨,犁,蜊;lì 俐,痢,莉,猁。
连——lián 莲,涟;liǎn 琏;liàn 链。
廉——lián 濂,镰。
脸——liǎn 敛;liàn 殓,潋。

炼——liàn 练。
恋——luán 峦,娈,孪,鸾,滦。
良——liáng 粮;láng 郎,廊,狼,琅,榔,螂;lǎng 朗;làng 浪。
凉——liàng 谅,晾;lüè 掠。
梁——liáng 粱。
两——liǎng 俩(伎俩),魉;liàng 辆;liǎ 俩。
列——liè 咧;liè 烈,裂;lì 例。
林——lín 淋,琳,霖;lán 婪。
鳞——lín 辚,鳞,麟,磷。
令——líng 伶,玲,铃,羚,聆,蛉,零,龄;lǐng 岭,领;lìng 呤;lěng 冷;lín 邻;lián 怜。
菱——líng 凌,陵;léng 棱。
流——liú 琉,硫。
留——liū 溜;liú 馏,榴,瘤。
柳——liáo 聊。
龙——lóng 咙,聋,笼,胧,珑;lǒng 陇,垄,拢。

隆——lóng 癃,窿。
娄——lóu 喽,楼;lǒu 搂,篓;lǚ 缕,屡。
卢——lú 泸,栌,颅,胪,鲈,轳。
鲁——lǔ 橹。
录——lù 碌,绿,睩。
鹿——lù 漉,麓。

路——lù 鹭,露,潞,璐。
吕——lǚ 侣,铝。
虑——lǜ 滤。
仑——lūn 抡;lún 伦,沦;lùn 论。
罗——luó 逻,萝,锣,箩。
洛——luò 落,络,骆;lào 烙,酪;lüè 略。

附录三　f和h声母代表字类推表

表 2-9　f声母类推字表

发——fèi 废。
乏——fàn 泛。
伐——fá 阀,筏,垡。
凡——fān 帆;fán 矾,钒。
番——fān 蕃,藩,翻。
反——fǎn 返;fàn 饭,贩,畈。
方——fāng 芳,坊(牌坊),钫;fáng 防,妨(妨害),房,肪;fàng 放。
非——fēi 菲,啡,绯,霏;fěi 诽,匪,榧,斐,蜚,翡;fèi 痱。
分——fēn 芬,吩,纷;fěn 粉;fèn 份,忿。
愤——fén 坟。
风——fēng 枫,疯;fěng 讽。

蜂——fēng 烽,锋,蜂。
夫——fū 肤,麸;fú 芙,扶。
弗——fú 拂,佛,氟;fó 佛;fèi 沸,狒,费,镄。
伏——fú 茯,栿。
孚——fū 孵;fú 俘,浮。
福——fú 幅,辐,蝠;fù 副,富。
甫——fū 敷;fǔ 辅;fù 傅,缚。
父——fǔ 斧,釜。
付——fú 符;fǔ 府,俯,腑,腐;fù 附,驸,咐。
复——fù 腹,蝮,馥,覆。

表 2-10　h声母类推字表

禾——hé 和。
红——hóng 虹,鸿。
洪——hōng 哄(哄传),烘;hǒng 哄(哄骗);hòng 哄(起哄)。
乎——hū 呼,滹。
忽——hū 惚,唿。
胡——hú 湖,葫,猢,瑚,糊(糊涂),蝴。
狐——hú 弧。
虎——hǔ 唬,琥。
户——hù 沪,护,戽,扈。
化——huā 花,哗(哗啦);huá 华,哗,铧;huà 华(姓),桦;huò 货。
话——huó 活。

怀——huái 坏。
还——huán 环。
奂——huàn 涣,换,唤,焕,痪。
荒——huāng 慌;huǎng 谎。
皇——huáng 凰,湟,惶,徨,煌,蝗,隍。
黄——huáng 璜,癀,磺,蟥,簧。
晃——huǎng 恍,幌。
灰——huī 恢,诙。
挥——huī 辉;hūn 荤;hún 浑,珲。
回——huí 茴,蛔,徊(低徊);huái 徊(徘徊)。
悔——huǐ 诲,晦。
会——huì 绘,烩。

惠——huì 蕙。
昏——hūn 阍，婚。
混——hún 馄。

火——huǒ 伙，钬。
或——huò 惑。

附录四　3 500常用字中53个r声母字

然　燃　染　嚷　瓤　壤　攘　让　饶　扰　绕　惹　热　人　仁　忍　刃　认
任　纫　韧　扔　仍　日　茸　荣　绒　容　蓉　溶　榕　熔　融　冗　柔　揉　蹂
肉　如　儒　蠕　乳　辱　入　褥　软　蕊　锐　瑞　闰　润　若　弱

第三章　普通话韵母

韵母是指一个音节中声母后面的部分,普通话中共有 39 个韵母。

第一节　韵母的结构与分类

一、韵母的结构

普通话韵母的主要成分是元音。韵母可以分为韵头、韵腹、韵尾三个部分。

韵头是主要元音前面的元音,又叫介音。由 i、u、ü 充当,发音总是轻而短,只表示韵母的起点。如 ia、ua、üe、iao、uan 中的 i、u、ü。

韵腹是韵母中的主要元音。充当韵腹的主要元音口腔开度最大、声音最响亮。韵腹是韵母的主要构成部分,由 a、o、e、ê、i、u、ü、-i[ɿ]、-i[ʅ]、er 充当。

韵尾是韵腹后面的音素,又叫尾音。由 i、u 或鼻辅音 n、ng 充当。

韵母中只有一个元音时,这个元音就是韵腹;有两个或三个元音时,开口度最大、声音最响亮的元音是韵腹。韵腹前面的元音是韵头,后面的元音或辅音是韵尾。韵腹是韵母的主要成分,一个韵母可以没有韵头或韵尾,但是不可以没有韵腹。

韵母的主要组成部分是元音,但请记住:元音不等于韵母,因为韵母最少有一个元音,也可以由两个或三个元音组成;韵母中也可以由辅音 n 和 ng 来充当韵尾。

二、韵母的分类

根据不同的标准,普通话韵母可以划分为不同的类型(见表 3-1)。

(一) 按照开头元音发音口形的不同,韵母可以分为四类,又叫"四呼"

开口呼:不是 i、u、ü 或不以 i、u、ü 开头的韵母。
齐齿呼:是 i 或以 i 开头的韵母。
合口呼:是 u 或以 u 开头的韵母。
撮口呼:是 ü 或以 ü 开头的韵母。

(二) 按照内部结构的不同,韵母可以分为三类

单元音韵母:由一个元音构成的韵母,又叫单韵母。普通话共有 10 个单韵母:a、o、e、ê、i、u、ü、-i[ɿ]、-i[ʅ]、er。

复元音韵母:由两个或三个元音结合构成的韵母,又叫复韵母。普通话共有 13 个复韵母:ai、ei、ao、ou、ia、ie、ua、uo、üe、iao、iou、uai、uei。

鼻音尾韵母：元音后面带上鼻辅音构成的韵母，又叫带鼻音韵母。普通话共有16个鼻音尾韵母：an、ian、uan、üan、en、in、uen、ün、ang、iang、uang、eng、ing、ueng、ong、iong。

表 3-1　普通话韵母总表

按结构分 \ 按口形分	开口呼	齐齿呼	合口呼	撮口呼
单元音韵母	-i[ɿ]　-i[ʅ]	i[i]	u[u]	ü[y]
单元音韵母	a[A]			
单元音韵母	o[o]			
单元音韵母	e[ɤ]			
单元音韵母	ê[ɛ]			
单元音韵母	er[ər]			
复元音韵母		ia[iA]	ua[uA]	
复元音韵母			uo[uo]	
复元音韵母		ie[iɛ]		üe[yɛ]
复元音韵母	ai[ai]		uai[uai]	
复元音韵母	ei[ei]		uei[uei]	
复元音韵母	ao[au]	iao[iau]		
复元音韵母	ou[ou]	iou[iou]		
鼻音尾韵母	an[an]	ian[iɛn]	uan[uan]	üan[yan]
鼻音尾韵母	en[ən]	in[in]	uen[uən]	ün[yn]
鼻音尾韵母	ang[aŋ]	iang[iaŋ]	uang[uaŋ]	
鼻音尾韵母	eng[əŋ]	ing[iŋ]	ueng[uəŋ]	
鼻音尾韵母			ong[uŋ]	iong[yŋ]

第二节　普通话韵母发音

一、单元音韵母的发音

单元音韵母由一个元音构成，简称单韵母。普通话共有10个单韵母，分为三类：舌面元音 a、o、e、ê、i、u、ü；舌尖元音 -i[ɿ]、-i[ʅ]；卷舌元音 er。单韵母发音的特点是舌位、唇形及开口度始终不变。

单元音的不同主要由不同的口形及舌位造成，舌头的升降伸缩、唇形的平展圆敛以及口腔的开合,都可以造成不同形式的共鸣器,因而形成各种不同音色的元音。可以从以下三个方面来观察元音。

第一,舌位的高低。发音时,舌头位置的高低叫舌位,口腔开合的程度叫开口度。舌位的高低同开口度的大小有关,舌位越高开口度越小,舌位越低开口度越大。根据舌位的高低和开口度的大小可以把元音分为高元音(如 i、u、ü)、半高元音(如 e、o)、半低元音(如 ê)、低元音(如 a)等。

第二,舌位的前后。以此为标准,元音可以分为前元音(如 i、ü)、央元音(如 e[ə])、后元音(如 u、o)三种。

第三,唇形的圆展。发音时嘴唇拢圆的元音为圆唇元音(如 ü、o),嘴唇不拢圆的元音为展唇元音(也叫"不圆唇元音",如 i、a)。

综合上述三个条件,普通话七个舌面元音单韵母的发音情况可用舌位唇形图表示(见图 3-1)。

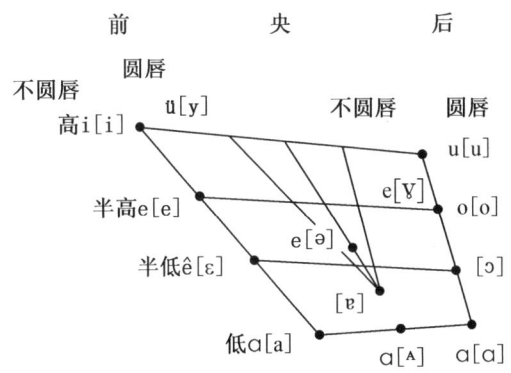

图 3-1　舌面元音舌位唇形图

舌面元音舌位唇形图,可以帮助我们了解发音的舌位和唇形,掌握各个元音之间的差异,准确地发出各个元音来。表 3-2 是对 10 个单元音的发音部位和发音方法的总结:

表 3-2　10 个单元音的发音部位和发音方法

舌位唇形	单韵母	舌面元音							舌尖元音		卷舌元音
		a	o	e	i	u	ü	ê	前	后	
舌位	高低	低	半高	半高	高	高	高	半低	-i [ɿ]	-i [ʅ]	er
	前后	央	后	后	前	后	前	前			
唇形		圆展	圆	展	展	圆	圆	展			

(一) 舌面元音单韵母

1. a[A]　舌面、央、低、不圆唇元音

发音时,口腔张开,舌头自然放平,舌尖接触下齿龈,上下齿微露。打开后声腔,呈半打哈欠状,软腭挺起,舌位较低,唇形不圆。

发音时,注意要打开牙关,喉部和下巴放松,气流通畅,舌位避免偏前或靠后。

示例:啊、巴、法、炸、打靶、大厦、发达。

2. o[o]　舌面、后、半高、圆唇元音

发音时,口腔半闭,舌头后缩,舌根抬起,舌高点偏后,舌面两边微卷,舌中部凹进。特别要注意 o 和 e 的唇形区别,二者都是后半高元音,但 o 是圆唇音,e 是不圆唇音,唇形是展开的。

示例:薄、颇、模、伯、婆婆、泼墨、磨破。

3. e[ɤ]　舌面、后、半高、不圆唇元音

发音状况与 o 基本相同。与 o 不同的是发音时唇形不圆,嘴角展开,舌尖稍离下齿背,舌面平,舌高点偏后。发音时,舌根不要动。练习时保持微笑状态,上下齿之间要保持一定距离,这样才能发得更清晰、更完整。

示例:得、特、乐、歌、合格、特色、折射。

4. ê[ɛ]　舌面、前、半低、不圆唇元音

发音时,口半开,舌位半低,舌尖前伸使舌尖抵住下齿背,嘴唇不拢圆。在普通话中,ê 只在语气词"欸"中单用。ê 不与任何辅音声母相拼,只构成复韵母 ie、üe,并在书写时省去上面的附加符号"^"。

示例:参见复韵母(ie、üe)

5. i[i] 舌面、前、高、不圆唇元音

发音时,唇形呈扁平状,舌头前伸使舌尖抵住下齿背,舌中部稍隆起,舌高点偏前。发这个音时,由于口腔开度较小,声音容易产生摩擦,我们可以尽可能地把口腔打开些,上下齿中间要有一定距离,这样会发得更清晰。

要注意尽量把嘴角向两边展开些,有意识地延长发音,以避免音色偏挤、偏窄。

示例:鼻、劈、第、体、笔记、比例、匹敌。

6. u[u]舌面、后、高、圆唇元音

发音时,口微开,圆唇,舌头后缩,舌面后部高度隆起和软腭相对,舌尖置下齿龈后,声带振动。软腭上升,关闭鼻腔通路。

u 是普通话中舌位最后最高的元音,要注意"后音前发",即唇形要圆并且前凸,口腔开度很小。

示例:补、扑、母、复、户主、不足、初步。

7. ü[y]　舌面、前、高、圆唇元音

发音时,口微开,圆唇(近椭圆)略向前突,舌头前伸,舌面前部略隆起,舌尖抵住下齿背,声带振动。软腭上升,关闭鼻腔通路。

方言区的学习者要注意 ü 和 i 的区别,它们都是前高元音,不同之处在于唇形,ü 是圆唇,i 是不圆唇。

示例:淤、女、驴、吕、吕剧、屈居、须臾。

i、u、ü 综合训练:

i：舌尖抵住下齿背，舌面前部隆起，双唇呈扁平形。
u：舌头后缩，舌面后部隆起，双唇拢圆。
ü：双唇拢圆，略向前突，上下唇间留一扁圆小孔。
练习：
i——u——ü——i——u——i——ü，一展一圆，一圆一展，动作要到位，先慢后快。

（二）舌尖元音单韵母

1. -i[ɿ]　舌尖、前、高、不圆唇元音

发音时，舌尖前伸，对着上齿背形成狭窄的通道，气流通过不发生摩擦，嘴唇向两边展开。用普通话念"私"并延长，字音后面的部分便是-i[ɿ]。这个韵母只跟z、c、s配合，不和其他任何声母相拼，也不能自成音节。

这个音是和z、c、s拼合而来的，发音时注意舌尖接近下齿背，不要咬舌。

示例：自、此、四、资、自私、次子、赐死。

2. -i[ʅ]　舌尖、后、高、不圆唇元音

发音时，舌尖上翘，对着硬腭形成狭窄的通道，气流通过不发生摩擦，嘴角向两边展开。用普通话念"师"并延长，字音后面的部分便是-i[ʅ]。这个韵母只跟zh、ch、sh、r配合，不与其他声母相拼，也不能自成音节。如"知""吃""诗"的韵母。

这个音是和zh、ch、sh拼合而成的，是翘舌音。南方的学习者学发音时，要注意声母中舌尖后阻的发音部位，舌尖与齿龈后部成阻，舌面下凹度较深，不要将舌尖卷起来，否则发音缺乏清晰度。

示例：职、赤、实、指、知识、支持、指使。

（三）卷舌元音单韵母

er[ɚ]卷舌、央、中、不圆唇元音

er[ɚ]是在e[ə]的基础上加上卷舌动作而成的。发音时，口腔自然打开（是a[A]的开口度的一半），扁唇，舌头居中央，舌尖向硬腭中部上卷（但不接触），声带振动。软腭上升，关闭鼻腔通路。只能自成音节，不和任何声母相拼。

可以对镜练习，舌尖对着硬腭上部（舌根底稍偏前一点）轻巧地向上一卷。

示例：二、而、尔、洱、偶尔、然而、耳朵。

掌握单元音的发音是练好韵母的基础，练好了这10个元音的发音，就可以举一反三，发好复韵母和鼻韵母。

二、复元音韵母的发音

复元音韵母由两个或三个元音构成，简称复韵母。普通话共有13个复韵母：ai、ei、ao、ou、ia、ie、ua、uo、üe、iao、iou、uai、uei。其中用两个元音符号表示首音、尾音的，叫"二合元音"（有9个）；用三个元音符号表示首音、中音、尾音的，叫"三合元音"（有4个）。

复韵母的发音特点有二。第一，从一个元音的发音状态快速滑向另一个元音，中间有

一串过渡音,气流不中断;第二,同一个韵母的几个元音发音时清晰响亮的程度不同。

根据主要元音所处的位置,复韵母可分为前响复韵母、中响复韵母和后响复韵母。主要元音是发音口腔开口度最大,声音最响亮,持续时间最长的元音,复韵母中其他元音发音轻短或含混模糊。主要元音在前的,叫作前响复韵母;主要元音在后的,叫作后响复韵母;主要元音在中间的,叫作中响复韵母。

复韵母发音时有明显的动程。发音时由一个元音的舌位滑向另一个元音的舌位,自然连贯。我们可以从复韵母舌位动程图中,了解每个复韵母的发音要领。

(一) 前响复韵母

前响复韵母共有四个:ai、ao、ei、ou。它们的共同特点是前一个元音清晰响亮,后一个元音轻短模糊,音值不太固定,只表示舌位滑动的方向。

1. ai[ai]

ai[ai]中的a[a]是比单元音a[A]舌位靠前的前低不圆唇元音。发a[a]时,口大开,扁唇,舌面前部略隆起,舌尖抵住下齿背,声带振动。发ai[ai]时,a[a]清晰响亮,后头的元音i[i]含混模糊,只表示舌位滑动的方向(见图3-2)。

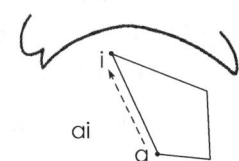

图3-2 ai的发音舌位动程图

示例:爱、摆、拍、卖、海外、开采、改派。

2. ao[au]

发ao[au]时,起点元音a[a]是比单元音a[A]舌位靠后的后低不圆唇元音。发a[a]时,口大开,扁唇,舌头后缩,舌面后部略隆起,声带振动。发ao[au]时,a[a]清晰响亮,后头的元音[u]舌位状态接近单元音u[u],但舌位略低,只表示舌位滑动的方向(见图3-3)。

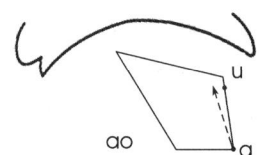

图3-3 ao的发音舌位动程图

《汉语拼音方案》规定,为避免字母相混,以o表示元音u[u],写作ao。

示例:敖、包、抛、锚、懊恼、号召、早操。

3. ei[ei]

发ei[ei]时,开头的元音e[e]清晰响亮,舌尖抵住下齿背,使舌面前部隆起与硬腭中部相对。从e[e]开始舌位升高,向i[i]的方向往前高滑动,i[i]的发音含混模糊,只表示舌位滑动的方向(见图3-4)。

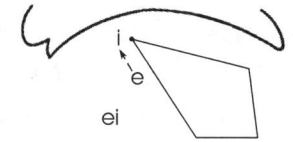

图3-4 ei的发音舌位动程图

示例:被、陪、肥、美、配备、蓓蕾、黑煤。

4. ou[ou]

发ou[ou]时,起点元音o比单元音o[o]的舌位略高、略前,唇形略圆。发音时,开头的元音o[o]清晰响亮,舌位向u的方向滑动,u[u]的发音含混模糊,只表示舌位滑动的方向(见图3-5)。

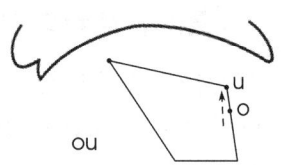

图3-5 ou的发音舌位动程图

示例：欧、剖、某、否、丑陋、口头、抖擞。

（二）后响复韵母

后响复韵母共有五个：ia、ie、ua、uo、üe。它们的共同特点是前面的元音发得轻短，只表示舌位从那里开始移动，后面的元音发得清晰响亮。

1. ia[iA]

发 ia[iA]时，从前高元音 i[i]开始，舌位滑向央低元音 a[A]结束。i[i]的发音较短，a[A]的发音响亮而且时间较长（见图 3-6）。

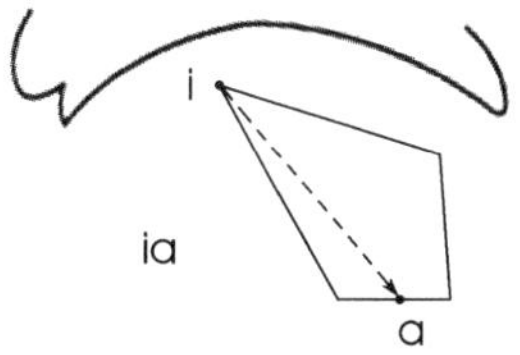

示例：亚、俩、家、假、加价、下嫁、嘉奖。

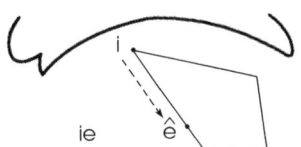

图 3-6　ia 的发音舌位动程图

2. ie[iɛ]

发 ie[iɛ]时，从前高元音 i[i]开始，舌位滑向前半低元音 ê[ɛ]结束。i[i]发音较短，ê[ɛ]发音响亮而且时间较长（见图 3-7）。

示例：也、别、撇、灭、结业、铁屑、贴切。

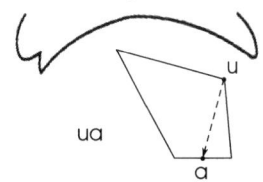

图 3-7　ie 的发音舌位动程图

3. ua[uA]

发 ua[uA]时，从后高圆唇元音 u[u]开始，舌位滑向央低元音 a[A]结束。唇形由最圆逐步展开到不圆。u[u]发音较短，a[A]的发音响亮而且时间较长（见图 3-8）。

示例：瓦、挂、抓、耍、花袜、傻瓜、跨越。

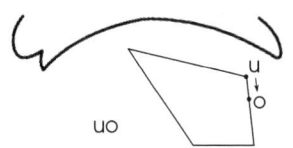

图 3-8　ua 的发音舌位动程图

4. uo[uo]

发 uo[uo]时，从后高元音 u[u]开始，舌位向下滑到后半高元音 o[o]结束。发音过程中，唇形保持圆唇，开头最圆，结尾圆唇度略减。u[u]发音较短，o[o]的发音响亮而且时间较长（见图 3-9）。

示例：我、多、托、诺、错落、硕果、蹉跎。

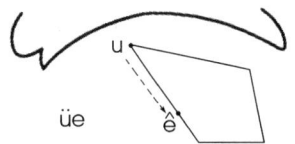

图 3-9　uo 的发音舌位动程图

5. üe[yɛ]

发 üe[yɛ]时，从圆唇的前高元音 ü[y]开始，舌位下滑到前半低元音 ê[ɛ]，唇形由圆到不圆。ü[y]的发音时间较短，ê[ɛ]的发音响亮而且时间较长（见图 3-10）。

示例：约、略、决、缺、雀跃、雪月、觉察。

图 3-10　üe 的发音舌位动程图

后响复韵母在自成音节时，韵头 i、u、ü 改写成 y、w、yu。

（三）中响复韵母

中响复韵母共有四个：iao、iou、uai、uei。它们共同的发音特点是前一个元音轻短，后面的元音含混，音值不太固定，只表示舌位滑动的方向，中间的元音清晰响亮。

1. iao[iau]

发 iao[iau]时,由前高不圆唇元音 i[i]开始,舌位降至后低元音 a[a],然后再向后高圆唇元音 u[u]的方向滑升。发音过程中,舌位先降后升,由前到后。唇形从中间的元音 a[a]开始由不圆唇变为圆唇(见图 3-11)。

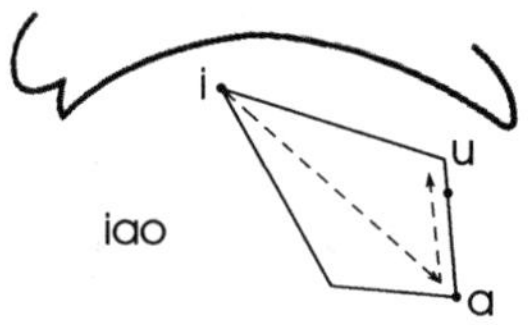

《汉语拼音方案》规定,为避免字母相混,以 o 表示元音 u[u],写作 iao。

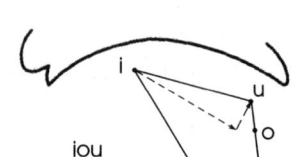

图 3-11　iao 的发音舌位动程图

示例:要、标、镖、紗、疗效、调料、娇俏。

2. iou[iou]

发 iou[iou]时,由前高不圆唇元音 i[i]开始,舌位后移且降至后半高元音 o[o]。这里 o 的实际发音比单元音 o[o]的舌位略高、略前,唇形略圆。然后再向后高圆唇元音 u[u]的方向滑升。发音过程中,舌位先降后升,由前到后。唇形由不圆唇开始逐渐圆唇(见图 3-12)。

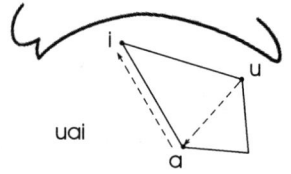

图 3-12　iou 的发音舌位动程图

示例:由、缪、刘、丢、求救、优秀、牛油。

3. uai[uai]

发 uai[uai]时,由圆唇的后高元音 u[u]开始,舌位向前滑降到前低不圆唇元音 a[a](即"前 a"),然后再向前高不圆唇元音 i[i]的方向滑升。舌位动程先降后升,由后到前。唇形从最圆开始,逐渐减弱圆唇度,至发前元音 a[a]始渐变为不圆唇(见图 3-13)。

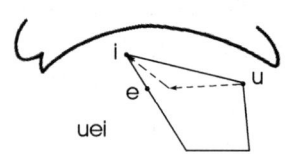

图 3-13　uai 的发音舌位动程图

示例:外、拐、块、怀、鬼怪、财会、将帅。

4. uei[uei]

发 uei[uei]时,由后高圆唇元音 u[u]开始,舌位向前向下滑到前半高不圆唇元音 e[e]的位置,这里 e 的实际发音舌位略靠后靠下,接近央元音 e[ə]。然后再向前高不圆唇元音 i[i]的方向滑升。发音过程中,舌位先降后升,由后到前。唇形从最圆开始,随着舌位的前移,渐变为不圆唇(见图 3-14)。

图 3-14　uei 的发音舌位动程图

示例:卫、队、腿、跪、垂危、悔罪、回归。

中响复韵母在自成音节时,韵头 i、u 改写成 y、w。复韵母 iou、uei 前面加声母的时候,要省写成 iu、ui,如"liú(留)、guī(归)"等;不跟声母相拼时,不能省写,用 y、w 开头,如"yóu(油)、wēi(威)"等。

四、鼻音尾韵母的发音

鼻音尾韵母共有 16 个:an、ian、uan、üan、en、in、uen、ün、ang、iang、uang、eng、ing、 ueng、ong、iong。分为两大类：一类是带舌尖鼻音 n 的前鼻音韵母（共有 8 个）；另一类是带舌根鼻音 ng 的后鼻音韵母（共有 8 个）。

鼻韵母的发音要点有两个：一是元音同后面的鼻辅音不是生硬地结合在一起，而是一个有机的统一体。发音时，由元音向鼻辅音过渡，逐渐增强鼻音色彩，最后形成鼻辅音。二是在除阻阶段做韵尾的鼻辅音不发音，鼻韵母的发音不是以鼻辅音为主，而是以元音为主，元音清晰响亮，鼻辅音重在做出发音状态，发音不太明显。

（一）前鼻音尾韵母

1. an[an]

发 an[an]时，先发 a[a]，舌位降到最低，软腭上升，关闭鼻腔通路。然后软腭下降，打开鼻腔通路，同时舌面前部与硬腭前部闭合，使在口腔受到阻碍的气流从鼻腔里透出。开口度由大渐小，舌位动程较大（见图 3-15）。

示例：探、陕、蔓、缆、参战、舢板、感染。

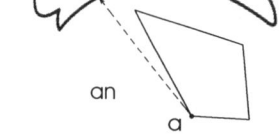

图 3-15　an 的发音舌位动程图

2. en[ən]

发 en[ən]时，起点元音为央元音 e[ə]，舌位居中，舌尖接触下齿背，软腭上升关闭鼻腔通路，发央元音 e[ə]后软腭下降，打开鼻腔通路，同时舌面前部与硬腭前部闭合，使在口腔受到阻碍的气流从鼻腔里透出。开口度由大渐小，舌位动程较小（见图 3-16）。

示例：笨、喷、陈、恨、根本、文身、沉闷。

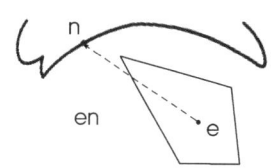

图 3-16　en 的发音舌位动程图

3. in[in]

发 in[in]时，起点元音是 i[i]，舌尖抵住下齿背，软腭上升关闭鼻腔通路，然后软腭下降，打开鼻腔通路，同时舌面前部与硬腭前部闭合，使在口腔受到阻碍的气流从鼻腔里透出。开口度始终很小，几乎没有变化，舌位动程很小（见图 3-17）。

示例：心、琴、民、您、近邻、拼音、殷勤。

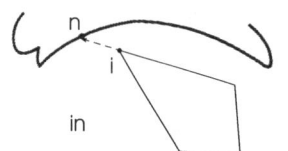

图 3-17　in 的发音舌位动程图

4. ün[yn]

发 ün[yn]时，起点元音是前高圆唇元音 ü[y]。ün 与 in 的发音过程基本相同，只是唇形变化不同。ün 从 ü 开始唇形逐步展开，而 in 始终展唇（见图 3-18）。

示例：军、陨、勋、群、均匀、菌群、熏晕。

in、ün 自成音节时，写成 yin、yun。

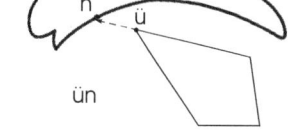

图 3-18　ün 的发音舌位动程图

5. ian[iɛn]

发 ian[iɛn]时，从前高不圆唇元音 i[i]开始，舌位向前低元音 a[a]（前 ɑ）的方向滑降,舌位只降到半低前元音 ê[ɛ]的位置就开始升高。发 ê[ɛ]后,软腭下降,逐渐增强鼻音色彩,舌尖迅速移到上齿龈,最后抵住上齿龈做出发鼻音 n 的状态(见图 3-19)。

示例:边、棉、恋、烟、艰险、电线、田间。

6. uan[uan]

发 uan[uan]时,由圆唇的后高元音 u[u]开始,口形迅速由合口变为开口状,舌位向前迅速滑降到不圆唇的前低元音 a[a]的位置就开始升高。发 a[a]后,软腭下降,逐渐增强鼻音色彩,舌尖迅速移到上齿龈,最后抵住上齿龈做出发鼻音 n 的状态(见图 3-20)。

示例:碗、湍、酸、船、转弯、专断、换算。

7. üan[yan]

发 üan[yan]时,由圆唇的后高元音 ü[y]开始,向前低元音 a[a]的方向滑降。介音 ü 轻短,主要元音 a[a]清晰响亮,这里 a 的实际发音舌位略靠后靠上。发完后,紧接着软腭下降,逐渐增强鼻音色彩,舌尖迅速移到上齿龈,抵住上齿龈做出发 n 的状态(见图 3-21)。

示例:卷、券、玄、员、源泉、轩辕、全权。

8. uen[uən]

发 uen[uən]时,由圆唇的后高元音 u[u]开始,向央元音 e[ə]的位置滑降,然后舌位升高。发 e[ə]后,软腭下降,逐渐增强鼻音色彩,舌尖迅速移到上齿龈,最后抵住上齿龈做出发鼻音 n 的状态。在向中间折点元音滑动的过程中唇形由圆唇渐变为展唇(见图 3-22)。

《汉语拼音方案》规定,韵母 uen 和辅音声母相拼时,受声母和声调的影响,中间的元音(韵腹)产生弱化。写作 un。

示例:吨、吞、论、魂、温存、伦敦、春笋。

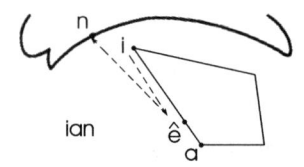

图 3-19 ian 的发音舌位动程图

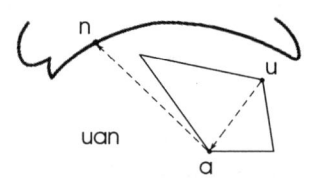

图 3-20 uan 的发音舌位动程图

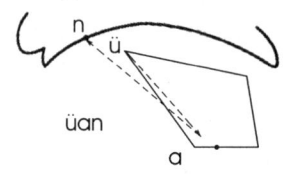

图 3-21 üan 的发音舌位动程图

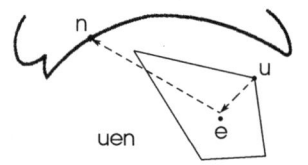

图 3-22 uen 的发音舌位动程图

(二) 后鼻音尾韵母

1. ang[aŋ]

发 ang[aŋ]时,起点元音是后低不圆唇元音 a[ɑ](后 a),口大开,舌位降到最低,舌尖离开下齿背,舌头后缩,软腭上升,关闭鼻腔通路。从后低元音 a[ɑ]开始,舌面后部抬起,当贴近软腭时,软腭下降,打开鼻腔通路,紧接着舌面后部与软腭相闭合,使在口腔受到阻碍的气流从鼻腔里透出,开口由大渐小,舌位动程较大(见图 3-23)。

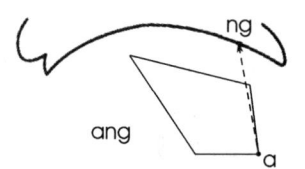

图 3-23 ang 的发音舌位动程图

示例：昂、伤、涨、抗、帮忙、螳螂、钢厂。

2. eng[əŋ]

发 eng[əŋ]时，起点元音是央元音 e[ə]。从 e[ə]开始，舌面后部抬起，贴向软腭。当两者将要接触时，软腭下降，打开鼻腔通路，紧接着舌面后部抵住软腭，使在口腔受到阻碍的气流从鼻腔里透出。开口度由大渐小，舌位动程较小（见图 3-24）。

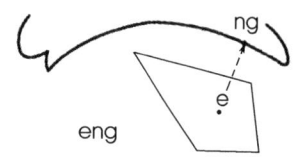

图 3-24　eng 的发音舌位动程图

示例：疼、圣、碰、能、更正、丰盛、征程。

3. ing[iŋ]

发 ing[iŋ]时，起点元音是前高不圆唇元音 i[i]，舌尖接触下齿背，舌面前部隆起。从 i[i]开始，舌面隆起部位不降低，一直后移，舌尖离开下齿背，逐步使舌面后部隆起，贴向软腭。当两者将要接触时，软腭下降，打开鼻腔通路，紧接着舌面后部抵住软腭，封闭口腔通路，气流从鼻腔透出，口形没有明显变化（见图 3-25）。

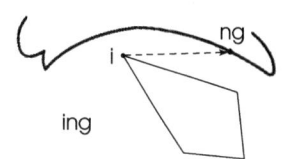

图 3-25　ing 的发音舌位动程图

示例：杏、硬、停、请、行星、评定、命令。

4. ong[uŋ]

发 ong[uŋ]时，起点元音是后高圆唇元音 u[u]，但比 u 的舌位略低一点，舌尖离开下齿背，舌头后缩，舌面后部隆起，软腭上升，关闭鼻腔通路。从 u[u]开始，舌面后部贴向软腭，当两者将要接触时，软腭下降，打开鼻腔通路，紧接着舌面后部抵住软腭，封闭口腔通路，气流从鼻腔里透出。唇形始终拢圆（见图 3-26）。

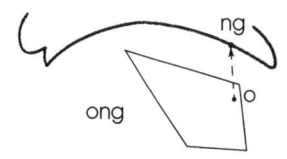

图 3-26　ong 的发音舌位动程图

《汉语拼音方案》规定，为避免字母相混，以 o 表示开头元音 u[u]，写作 ong。

示例：冲、懂、红、共、总统、工农、动容。

5. iang[iaŋ]

发 iang[iaŋ]时，由前高不圆唇元音 i[i]开始，舌位向后滑降到后低元音 ɑ[a]，然后舌位升高。从后低元音 ɑ[a]开始，舌面后部贴向软腭。当两者将要接触时，软腭下降，打开鼻腔通路，紧接着舌面后部抵住软腭，封闭口腔通路，气流从鼻腔里透出（见图 3-27）。

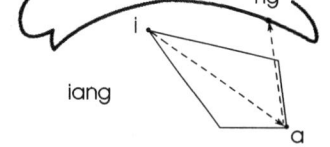

图 3-27　iang 的发音舌位动程图

示例：枪、奖、香、娘、向阳、洋相、两样。

6. uang[uaŋ]

发 uang[uaŋ]时，由圆唇的后高元音 u[u]开始，舌位滑降至后低元音 ɑ[a]，然后舌位升高。从后低元音 ɑ[a]开始，舌面后部贴向软腭。当两者将要接触时，软腭下降，

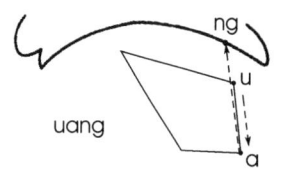

图 3-28　uang 的发音舌位动程图

打开鼻腔通路,紧接着舌面后部抵住软腭,封闭口腔通路,气流从鼻腔里透出。唇形从圆唇在向折点元音的滑动中渐变为展唇(见图 3-28)。

示例:闯、框、霜、黄、状况、矿床、往往。

7. ueng[uəŋ]

发 ueng[uəŋ]时,由圆唇的后高元音 u[u]开始,舌位滑降到央元音 e[ə]的位置,然后舌位升高。从央元音 e[ə]开始,舌面后部贴向软腭。当两者将要接触时,软腭下降,打开鼻腔通路,紧接着舌面后部抵住软腭,封闭口腔通路,气流从鼻腔里透出。在向中间折点元音滑动过程中唇形从圆唇渐变为展唇(见图 3-29)。

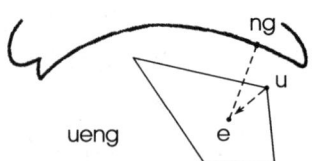

图 3-29　ueng 的发音舌位动程图

在普通话里,韵母 ueng 不与任何声母相拼,只有一种零声母的音节形式 weng。

示例:翁、瓮、蕹、老翁、水瓮、蕹菜。

8. iong[yŋ]

发 iong[yŋ]时,起点元音是舌面前高圆唇元音 ü[y],发 ü[y]后,软腭下降,打开鼻腔通路,紧接着舌面后部抵住软腭,封闭口腔通路,气流从鼻腔里透出(见图 3-30)。

示例:用、雄、窘、琼、汹涌、炯炯、熊熊。

《汉语拼音方案》规定,为避免字母相混,以 io 表示起点元音 ü[y],写作 iong。iang、iong、uang、ueng 自成音节时,韵头 i、u 分别改写成 y、w。

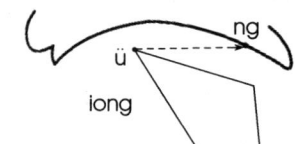

图 3-30　iong 的发音舌位动程图

第三节　普通话韵母辨正

一、单元音韵母辨正

(一) i 和 ü

1. 发音辨正

i 和 ü 都是舌面前高元音,差别只是发音时 i 不圆唇,ü 要圆唇。先发 i 的音,舌位保持不变,慢慢把嘴唇收圆就是 ü。闽方言、客家方言、吴方言和西南一些地区的方言没有单元音 ü,这些地方的人常常把普通话里的 ü 读成 i。

2. 发音对比练习

继续	纪律	谜语	体育	例句	履历	聚集
语气	距离	曲艺	具体	比喻	与其	曲奇
寄语	一律	预计	羽翼	抑郁	雨季	急剧
生育——生意	居住——记住	聚会——忌讳	取名——起名

于是——仪式　　名誉——名义　　遇见——意见　　舆论——议论
美育——美意　　姓吕——姓李　　雨具——以及　　区域——歧义

(二) e 和 o

1. 发音辨正

元音 o 和 e 都是后半高元音,舌位都在口腔后面。根本区别在于 o 是圆唇,e 是不圆唇。可以用唇形变化的方法来联系,掌握它们不同的发音方法。东北方言中有将 o 韵母发成 e 韵母的情况,西南方言中有将 e 韵母发成 o 韵母的情况。

2. 发音对比练习

脖子　　老婆　　蘑菇　　伯父　　传播　　哥哥　　破格
河水　　毒蛇　　记者　　叵测　　波折　　恶魔　　刻薄

二、复元音韵母辨正

复元音韵母的发音是唇形和舌位由一个元音向另一个元音变化的过程,中间没有界限,浑然一体,且韵腹发音清晰响亮,时间长,韵头发音轻短,韵尾发音轻短模糊。

(一) ai 和 ei

1. 发音辨正

主要元音的开口度大小不同。由于这两个复元音韵母都是前响复韵母,主要元音位于前部,所以发音时起始舌位的高低就有区别,ai 中的 a 是前低舌位,ei 是前半高舌位。

2. 发音对比练习

白费　　败北　　代培　　败类　　海内
悲哀　　黑白　　擂台　　每袋　　内债
排场——赔偿　　分派——分配　　小麦——小妹　　摆布——北部
奈何——内河　　卖力——魅力　　来生——雷声　　安排——安培

(二) ao 和 ou

1. 发音辨正

主要元音的开口度大小不同。ao 中的 a 是舌面后低不圆唇元音,发音时嘴巴自然打开到最大,然后向圆唇 u 收音,发音时开口度由开向闭逐渐过渡;ou 中的 o 是后半高圆唇元音,发音时开口度由半闭向闭逐渐过渡。

2. 发音对比练习

保守　　刀口　　稿酬　　毛豆　　矛头
酬劳　　逗号　　漏勺　　柔道　　手套
稻子——豆子　　考试——口试　　病号——病后　　高洁——勾结
号叫——吼叫　　小赵——小周　　烧了——收了　　毛利——牟利

牢房——楼房　　老人——搂人　　桃子——头子　　线袄——鲜藕

(三) ia 和 ie

1. 发音辨正

发音时注意主要元音的开口度。这两个韵母都是后响复韵母,所以后音是主要元音,注意发音时 ia 的主要元音舌位低于 ie,因此 ia 发音动程完成时开口度大于 ie。

2. 发音对比练习

家业　　佳节　　假借　　嫁接　　接洽　　野鸭　　截下　　跌价

(四) iao 和 iou

1. 发音辨正

发音要有动程,注意主要元音的开口度要到位(见 ao 和 ou),韵头发音轻短,韵尾发音轻短模糊。

2. 发音对比练习

交流　　娇羞　　料酒　　校友　　要求　　丢掉　　柳条　　牛角
袖标　　油条

求教——求救　　摇动——游动　　药片——诱骗　　耀眼——右眼
生效——生锈　　角楼——酒楼　　消息——休息　　铁桥——铁球

(五) ie 和 üe

1. 发音辨正

ie 和 üe 根本区别在于 ie 是齐齿呼,üe 是撮口呼。

2. 发音对比练习

解决　　谢绝　　灭绝　　月夜　　确切　　学业　　决裂

三、鼻音尾韵母辨正

(一) 发音辨正

很多方言区的人在发鼻音韵母时,前鼻韵尾-n 的发音部位向后偏移,后鼻韵尾-ng 的发音部位向前偏移,最终前后鼻韵尾的两个发音点重合,形成一个不前不后的接近于舌央的央鼻音,由此这个新的央鼻韵尾就替代了前鼻韵尾和后鼻韵尾。

方言区人混淆前后鼻音已成习惯,他们在发音过程中,韵尾易出现音质趋"软"的发音缺陷,表现为发音无力,听感清晰度差。原因是舌尖或舌根的惰性作怪,其肌肉松弛,与上腭的触碰点的接触不紧密或让韵尾完全除阻,以韵腹的元音鼻化性质来替代韵尾的鼻辅音性质。除了"软"缺陷以外,后鼻韵母韵尾还易出现音质趋"硬"的发音缺陷,表现为发音吃力,音质听感僵滞。原因是舌头过分后缩或无法后缩,导致发音器官紧张,舌根失去弹性,与软腭的触碰点靠得太死或仅以舌面中后部勉强抵住上腭。

纠正上述两种发音问题,关键在于提高舌尖、舌根运作的弹性和灵活性,这需要进行舌头的操练。

首先将舌头前伸,让舌头翘起触碰上齿龈三下。然后放平舌尖,舌身后缩,让舌根上抬贴碰软腭三下。一前一后,先慢后快,反复交替无声进行。待舌尖、舌根动作练得灵活而有弹性后,让声带颤动发出相应的-n或-ng韵尾音,并延长发音时间,增强对韵尾不除阻的感受。

前后鼻音韵母的辨正方法可概括如下:

第一,掌握正确的发音部位,发准前后鼻音韵母。
第二,掌握正确的发音方法,防止发出鼻化韵。
第三,注意前鼻音韵母韵腹的发音位置。
第四,利用声旁字类推区分前后鼻音韵母字。
第五,利用声韵配合规律区分前后鼻音韵母字。

(二) 发音对比练习

1. an——ang

担当　班长　繁忙　反抗　　擅长　商贩　当然　账单　方案
开饭——开放　心烦——心房　山口——伤口　坚石——江石
扳手——帮手　女篮——女郎　反问——访问　担心——当心
看家——康佳　战防——账房　闪光——赏光　涂染——土壤
粘贴——张贴　铲子——厂子　烂漫——浪漫　施展——师长

2. en——eng

真诚　本能　奔腾　神圣　人生　成本　承认　风尘　证人　登门
陈旧——成就　真气——蒸汽　上身——上升　人参——人生
针眼——睁眼　晨风——成风　同门——同盟　瓜分——刮风
出身——出生　粉刺——讽刺　花盆——花棚　深耕——生根
震中——正中　分针——风筝　审视——省市　深沉——生成

3. in——ing

心情　品行　心灵　民兵　金星　灵敏　清音　平民　精心　定亲
红心——红星　人民——人名　信服——幸福　劲头——镜头
因而——婴儿　临时——零食　禁止——静止　弹琴——谈情
频频——平平　今天——惊天　亲近——清静　金银——晶莹

4. un——ong

存钱——从前　春分——冲锋　炖肉——冻肉　乡村——香葱
轮子——笼子　吞并——通病　浑水——洪水　村东——冲动

第四节　普通话韵母发音训练

一、词语训练

(一) 朗读下列单音节字词

a	阿	拔	擦	茶	搭	法	哈	卡	蜡	抹	拿	爬	撒	沙	他	它	塔	踏
o	波	伯	博	薄	佛	摸	模	膜	摩	磨	抹	末	墨	坡	颇	婆	破	迫
e	册	车	扯	彻	撤	德	割	革	个	各	喝	和	颌	颗	壳	咳	乐	讷
i	鼻	低	机	己	离	米	泥	皮	期	提	稀	移	遗	疑	倚	义	艺	议
u	补	初	独	夫	胡	炉	母	努	扑	儒	输	速	突	无	吾	吴	族	阻
ü	居	旅	女	取	需	虚	于	余	鱼	愉	与	予	羽	雨	语	玉	育	域
-i[ɿ]	词	此	次	司	丝	私	思	斯	死	四	寺	似	资	姿	兹	滋	子	紫
-i[ʅ]	吃	池	尺	赤	失	师	石	拾	史	氏	之	脂	止	至	志	制	质	治
er	儿	而	尔	耳	饵	二												
ai	挨	百	猜	代	带	改	孩	开	来	埋	耐	拍	腮	晒	抬	太	灾	栽
ei	杯	飞	菲	肥	匪	肺	给	黑	雷	累	没	妹	魅	内	胚	培	配	贼
ao	熬	包	操	超	朝	吵	刀	岛	搞	号	考	捞	毛	脑	抛	绕	扫	掏
ou	抽	凑	都	否	勾	喉	抠	口	楼	欧	偶	柔	收	搜	偷	周	走	奏
ia	加	夹	甲	钾	假	价	驾	嫁	恰	虾	瞎	侠	下	压	押	鸭	鸦	牙
ie	别	爹	叠	阶	节	解	介	咧	列	灭	捏	且	切	贴	铁	些	歇	协
ua	瓜	刮	寡	挂	华	滑	化	划	画	夸	垮	跨	刷	耍	挖	娃	瓦	抓
uo	搓	多	郭	活	阔	罗	若	说	缩	托	窝	桌	昨	左	做	作	坐	座
üe	决	角	觉	绝	嚼	诀	掠	略	缺	却	确	削	学	雪	血	曰	约	月
iao	标	掉	浇	脚	辽	苗	飘	悄	跳	消	校	要	腰	邀	遥	咬	药	钥
iou	丢	纠	溜	柳	牛	秋	求	修	优	幽	悠	尤	由	邮	犹	友	又	右
uai	拐	怪	怀	坏	快	筷	摔	衰	甩	率	歪	外						
uei	吹	垂	摧	堆	队	归	鬼	贵	灰	亏	谁	虽	推	危	胃	喂	魏	追
an	安	板	版	参	担	番	甘	含	砍	栏	漫	男	潘	然	三	善	摊	咱
en	奔	陈	恩	分	根	跟	痕	肯	闷	嫩	喷	人	森	身	怎	真	诊	枕
in	宾	斤	津	仅	进	邻	民	敏	您	拼	侵	亲	辛	因	银	引	饮	隐
ün	军	均	君	菌	群	寻	询	循	训	讯	迅	云	匀	允	运	韵	蕴	晕
ian	边	典	尖	连	棉	年	偏	千	天	咽	烟	延	掩	眼	演	厌	宴	验
uan	川	窜	端	关	欢	宽	乱	软	栓	闩	酸	算	湍	团	弯	万	赚	钻
uen	春	存	吨	滚	婚	捆	伦	顺	孙	损	温	文	纹	闻	吻	稳	问	准
üan	捐	卷	全	倦	券	圈	权	劝	宣	悬	旋	选	元	援	源	怨	院	愿

ang	帮	仓	长	窗	挡	妨	刚	航	扛	狼	忙	囊	旁	嚷	让	嗓	丧	汤
eng	崩	层	灯	风	更	铿	棱	冷	愣	蒙	扔	僧	升	疼	争	蒸	整	正
ing	冰	丁	经	灵	鸣	凝	瓶	清	停	星	应	英	婴	鹰	迎	营	影	映
ong	冲	聪	从	懂	工	红	孔	垄	农	荣	松	通	中	忠	众	重	总	纵
iang	江	良	娘	枪	相	乡	香	享	响	想	向	项	像	秧	扬	羊	阳	杨
uang	光	慌	晃	筐	狂	矿	框	况	双	霜	爽	汪	亡	王	网	庄	桩	幢
ueng	翁	嗡	蓊	瓮	蕹													
iong	穷	凶	兄	胸	熊	雄	拥	永	勇	涌	用							

（二）朗读下列双音节词语

1. 相同单韵母词语训练

a	发达	沙茶	哪怕		ü	语句	旅居	吕剧
o	伯伯	摸佛	磨墨		ê	欸		
e	合格	折射	车辙		-i[ɿ]	字词	恣肆	子嗣
i	集体	提议	记忆		-i[ʅ]	支持	事实	史诗
u	树木	孤独	互助		er	尔耳		

2. 单韵母组合词语训练

刹车	法则	爬坡	沙漠	法医	大意
摸底	摩擦	薄荷	布帛	合股	合法
客气	克服	刻薄	合计	拘束	许可
基础	激发	取乐	局促	取齐	入耳
顾惜	末日	耳目	预测	赤字	计策
抵达	舞女	戏法	朱砂	预科	主持
师资	辞职	丝织	主席	芝麻	欺诈
余额	职责	曲折	齐楚	彻底	舍得

3. 相同复韵母词语训练

ai	卖呆	海带	开采	开斋	买卖	晒台	拍卖	灾害	彩排
ei	菲菲	黑煤	蓓蕾	北美	非得	配备	每每	北碚	废垒
ao	号召	茅草	操劳	抛锚	号啕	吵闹	高照	宝岛	报告
ou	兜售	后手	瘦肉	守候	漏斗	绸缪	抖擞	走兽	叩首
ia	加压	牙牙	贾家	恰恰	架下	下家			
ie	爷爷	谢谢	趔趄	结节	姐姐	斜切	铁镴	贴切	
ua	画画	花袜	娃娃	瓜花	挂画	抓蛙	挂花	花褂	
uo	过错	阔绰	啰唆	懦弱	躲过	说妥	堕落	火锅	活捉
üe	缺月	掘穴	决绝	月月	约略	缺雪	绝学	学乐	
iao	调料	苗条	小巧	巧笑	小鸟	调笑	飘摇	笑料	悄悄
iou	琉球	牛油	悠久	有救	优秀	求救	救球	秋游	舅舅

uai	怀揣	乖乖	摔坏	快拽	外快	外踝		
uei	吹灰	催税	水位	退回	追随	摧毁	回味	回归	魁伟

4. 复韵母组合词语训练

排列	悲哀	百草	白费	肥皂	北斗	茅台	报仇	堡垒
佩带	内债	埋头	栽培	稿费	胚胎	黑白	败北	购买
脑袋	飞刀	筹备	雅座	守备	走开	枷锁	下月	接洽
佳话	鞋袜	家伙	结果	下列	国家	瓦解	火花	化学
活跃	唾液	雪茄	花朵	削弱	学业	节约	解决	国画
血液	郊游	要求	表率	瓜果	邮票	漂流	牛角	校友
描绘	流水	怀表	幼苗	翠鸟	垂柳	歪斜	毁坏	跳水
鬼怪	油料	诱拐	微妙	推脱	推销	推导		

5. 相同鼻韵母词语训练

an	展览	谈判	蹒跚	橄榄	漫谈	烂漫
en	神人	身份	本分	嫩根	认真	沉闷
in	贫民	信心	薪金	亲近	拼音	尽心
ün	逡巡	均匀	芸芸	军训	寻菌	云云
ian	浅显	连年	变迁	天险	牵连	电线
uan	换算	转弯	万端	宽缓	专断	软缎
uen	春笋	昆仑	温顺	温存	温润	论文
üan	源泉	选员	轩辕	渊源	全权	圆圈
ang	张榜	沧桑	苍茫			
eng	更正	丰盛	逞能	鹏程	生成	冷风
ing	行星	命名	宁静	清静	明星	晶莹
ong	共同	总统	隆重	从容	中农	红松
iong	炯炯	穷凶	汹涌			
iang	江洋	湘江	酱香	两样	向阳	想象
uang	窗框	狂妄	装潢	王庄	状况	矿床
ueng	嗡嗡					

6. 鼻韵母组合词语训练

版本	三千	判断	残忍	联欢	简单	文件	锻炼	反问
人民	专门	面粉	前进	谦逊	光明	阳光	爽朗	慌忙
英勇	成功	航空	黄蜂	正常	猖狂	缆绳	蓝鲸	浪漫
生产	品种	芬芳	精神	平淡	银行	人性	前锋	战争
仁政	坚韧	散场	散装	伞兵	桑蚕	申请	丧命	桑葚
长短	双全	慌乱	春光	黄昏	浑圆	痛心	动人	

二、绕口令训练

a

妈妈开拉达,爸爸桑塔纳,娃娃是警察,跨上雅马哈。

o

打南坡走来个老婆婆,两手托着两笸箩。左手托着的笸箩装的是菠萝,右手托着的笸箩装的是萝卜。你说说,是老婆婆左手托着的笸箩装的菠萝多呢,还是老婆婆右手托着的笸箩装的萝卜多?说得对,送你一笸箩菠萝。说得不对,不给菠萝也不给萝卜,罚你替老婆婆把装菠萝的笸箩和装萝卜的笸箩送到大北坡。

e

坡上立着一只鹅,坡下流着一条河。宽宽的河,肥肥的鹅,鹅要过河,河要渡鹅。不知是鹅过河,还是河渡鹅。

i

老毕篱下脱坯,老季窗西喂鸡。老毕脱坯怕吓跑了老季的鸡,老季喂鸡怕碰坏了老毕的坯。老毕顾及老季,老季顾及老毕。老季喂好鸡没碰坏老毕的坯,老毕脱完坯没吓跑老季的鸡。

u

村里有个顾老五,穿上新裤去卖谷。卖了谷,买了布,外加一瓶老陈醋。肩背布,手提醋,老五急忙来赶路。走了一里路,看见一只兔。老五放下布和醋,糊里糊涂去追兔。刮破了裤,没追上兔,回来不见了布和醋。

鼓上画只虎,破了拿布补。不知布补鼓,还是布补虎。

ü

村里新开一条渠,弯弯曲曲上山去。河水雨水渠里流,满山庄稼绿油油。

-i[ɿ]

一个大嫂子,一个大小子。大嫂子跟大小子比包饺子,看是大嫂子包的饺子好,还是大小子包的饺子好,再看大嫂子包的饺子少,还是大小子包的饺子少。大嫂子包的饺子又小又好又不少,大小子包的饺子又小少又不好。

-i[ʅ]

知之为知之,不知为不知,不以不知为知之,不以知之为不知,唯此才能求真知。

er

要说"尔"专说"尔",马尔代夫,喀布尔。阿尔巴尼亚,扎伊尔。卡塔尔,尼泊尔。贝尔格莱德,安道尔。萨尔瓦多,伯尔尼。利伯维尔,班珠尔。厄瓜多尔,塞舌尔。哈密尔顿,尼日尔。圣皮埃尔,巴斯特尔。塞内加尔的达喀尔。阿尔及利亚的阿尔及尔。

ai

小艾和小戴,一起去买菜。小艾把一斤菜给小戴,小戴有比小艾多一倍的菜;小戴把一斤菜给小艾,小艾小戴就有一般多的菜。请你想想猜猜,小艾小戴各买了多少菜?

买白菜,搭海带,不买海带就别买大白菜。买卖改,不搭卖,不买海带也能买到大白菜。

ao

毛毛和涛涛,跳高又练跑,毛毛教涛涛练跑,涛涛教毛毛跳高,毛毛学会了跳高,涛涛学会了练跑。

东边庙里有个猫,西边树梢有只鸟。猫鸟天天闹,不知是猫闹树上鸟,还是鸟闹庙里猫。

ei

贝贝背水,水撒贝贝一背水。妹妹添煤,煤抹妹妹两眉煤。

贝贝飞纸飞机,菲菲要贝贝的纸飞机,贝贝不给菲菲自己的纸飞机,贝贝教菲菲自己做能飞的纸飞机。

ou

清早街上走,走到周家大门口。门里跳出大黄狗,黄狗要咬我的手,急忙拿起大石头,黄狗吓得赶忙走。

忽听门外人咬狗,拿起门来开开手;拾起狗来打砖头,又被砖头咬了手;从来不说颠倒话,口袋驮着骡子走。

ia

小亚上午补了牙,邀请小贾去他家。小贾上街买了鸭,高高兴兴去了小亚家。谁知鸭肉碰掉了小亚的假牙。急得小亚怪小贾,急得小贾满地找假牙。

天上飘着一片霞,水上飘着一群鸭。霞是五彩霞,鸭是麻花鸭。麻花鸭游进五彩霞,五彩霞挽住麻花鸭。乐坏了鸭,拍碎了霞,分不清是鸭还是霞。

ie

杰杰、聂聂和叶叶,花园里面捉蝴蝶。彩蝶粉蝶和凤蝶,只只蝴蝶像树叶。杰杰用针把蝶别,聂聂将蝶墙上贴。杰杰聂聂看叶叶,叶叶还在捉蝴蝶。

姐姐借刀切茄子,去把儿去叶儿斜切丝,切好茄子烧茄子,炒茄子、蒸茄子,还有一碗焖茄子。

ua

一个胖娃娃,画了三个大花活蛤蟆;三个胖娃娃,画不出一个大花活蛤蟆。画不出一个大花活蛤蟆的三个胖娃娃,真不如画了三个大花活蛤蟆的一个胖娃娃。

uo

大哥有个大锅,二哥有个二锅。大哥要换二哥的二锅,二哥不换大哥的大锅。

狼打柴,狗烧火,猫儿上炕捏窝窝,雀儿飞来蒸饽饽。

üe

真绝真绝真叫绝,皓月当空下大雪,麻雀游泳不飞跃,鹊巢鸠占鹊喜悦。

iao

水上漂着一只表,表上落着一只鸟。鸟看表,表瞪鸟,鸟不认识表,表也不认识鸟。

iou

出南门,走六步,见到六叔和六舅。叫声六叔和六舅,借我六斗六升好绿豆。过了秋,打了豆,还我六叔六舅六斗六升好绿豆。

uai

槐树槐,槐树槐,槐树底下搭戏台。人家的姑娘都来了,我家的姑娘还没来。说着说着就来了。骑着驴,打着伞,歪着脑袋上戏台。

uei

威威、伟伟和卫卫,拿着水杯去接水。威威让伟伟,伟伟让卫卫,卫卫让威威,没人先接水。一二三,排好队,一个一个来接水。

山前有个崔粗腿,山后有个崔腿粗。二人山前来比腿,不知是崔粗腿比崔腿粗的腿粗,还是崔腿粗比崔粗腿的腿粗?

an

小安小谭去投弹,小安不安打寒战。小谭坦然投出弹,小安心里真赞叹。

出前门,往正南,有个面铺面冲南,门口挂着蓝布棉门帘。摘了它的蓝布棉门帘,棉铺面冲南,给他挂上蓝布棉门帘,面铺还是面冲南。

en

小陈去卖针,小沈去卖盆。俩人挑着担,一起出了门。小陈喊卖针,小沈喊卖盆。也不知是谁卖针,也不知是谁卖盆。

in

你也勤来我也勤,生产同心土变金。工人农民亲兄弟,心心相印团结紧。

ün

军车运来一堆裙,一色军用绿色裙。军训女生一大群,换下花裙换绿裙。

ian

田建贤前天从前线回到家乡田家店,只见家乡变化万千,繁荣景象出现在眼前。

半边莲,莲半边,半边莲长在山涧边。半边天路过山涧边,发现这片半边莲。半边天拿来一把镰,割了半筐半边莲。半筐半边莲,送给边防连。

uan

大帆船,小帆船,竖起桅杆撑起船。风吹帆,帆引船,帆船顺风转海湾。

üan

男演员女演员,登台演戏说方言。男演员说吴方言,女演员说闽南言。男演员演远东旅行飞行员,女演员演鲁迅文学研究员。研究员,飞行员,吴方言,闽南言,你说男女演员演得全不全。

圆圈圆,圈圆圈,圆圆娟娟画圆圈。娟娟画的圈连圈,圆圆画的圈套圈。娟娟圆圆比圆圈,看看谁的圆圈圆。

uen

孙村温村过新春,春雷一声响昆仑。竹林怀春出春笋,春联春雨处处春。

孙伦打靶真叫准,半蹲射击特别神,本是半路出家人,摸爬滚打练成神。

ang

长江里帆船帆布黄,船舱放着一张床,床上躺着老大娘。大娘年高怕大浪,头晕恶心心里慌。船老大来身旁,亲亲热热唠家常,还把姜汤来送上。平安返回家中去,大娘告别热泪淌。

eng

郑政捧着盏台灯,彭澎扛着架屏风,彭澎让郑政扛屏风,郑政让彭澎捧台灯。

扁担长,板凳宽,扁担没有板凳宽,板凳没有扁担长。扁担绑在板凳上,板凳不让扁担绑在板凳上,扁担偏要扁担绑在板凳上。

ing

天上七颗星,树上七只鹰。梁上七个钉,台上七盏灯。拿扇扇了灯,用手拔了钉。举枪打了鹰,乌云盖了星。

蜻蜓青,青浮萍,青萍上面停蜻蜓,蜻蜓青萍分不清。别把蜻蜓当青萍,别把青萍当蜻蜓。

ong

冲冲栽了十畦葱,松松栽了十棵松。冲冲说栽松不如栽葱,松松说栽葱不如栽松。

iang

杨家养了一只羊,蒋家修了一道墙。杨家的羊撞倒了蒋家的墙,蒋家的墙压死了杨家的羊。杨家要蒋家赔杨家的羊,蒋家要杨家赔蒋家的墙。

uang

王庄卖筐,匡庄卖网,王庄卖筐不卖网,匡庄卖网不卖筐,你要买筐别去匡庄去王庄,你要买网别去王庄去匡庄。

ueng

小蜜蜂,嗡嗡嗡,吵得老翁心烦躁。喝口瓮中清泉水,老翁不再心烦躁。

老翁卖酒老翁买,老翁买酒老翁卖。

iong

小涌勇敢学游泳,勇敢游泳是英雄。

i——ü

这天天下雨,体育局穿绿雨衣的女小吕,去找穿绿运动衣的女老李。穿绿雨衣的女小吕,没找到穿绿运动衣的女老李,穿绿运动衣的女老李,也没见着穿绿雨衣的女小吕。

老李去卖鱼,老吕去牵驴。老李要用老吕的驴去驮鱼,老吕说老李要用我的驴去驮鱼,就得给鱼。要不给我鱼,就别想用我老吕的驴去驮鱼。二人争来又争去,都误了去赶集。

清早起来雨淅淅,王七上街去买席,骑着毛驴跑得急,捎带卖蛋又贩梨。一跑跑到小桥西,毛驴一下失了蹄,打了蛋,撒了梨,跑了驴,急的王七眼泪滴,又哭鸡蛋又骂驴。

e——o

村东有条清水河,河岸是个小山坡。大伙儿坡上挖红薯,闹闹嚷嚷笑呵呵。忽听河里一声响,河水溅起一丈多,谁不小心掉下河?一个姑娘回答我:不是有人掉下河,是个红薯滚下坡。

哥哥弟弟坡前坐,坡上卧着一只鹅,坡下流着一条河,哥哥说:宽宽的河,弟弟说:肥肥的鹅。鹅要过河,河要渡鹅。不知是鹅过河,还是河渡鹅。

i——-i

一二三,三二一,一二三四五六七。七个阿姨来摘果,七个花篮儿手中提。七棵树上结七样儿,苹果、桃儿、石榴、柿子、李子、栗子、梨。

ɑi——ei

大妹和小妹,一起去收麦。大妹割大麦,小妹割小麦。大妹帮小妹挑小麦,小妹帮大妹挑大麦。大妹小妹收完麦,噼噼啪啪齐打麦。

ao——ou

铜勺舀热油,铁勺舀凉油;铜勺舀了热油舀凉油,铁勺舀了凉油舀热油。

ou——iu

咱村有六十六条沟,沟沟都是大丰收。东山果园像彩楼,西山棉田似锦绣,北山有条红旗渠,滚滚清泉绕山走。过去瞅见这六十六条沟,心里就难受;今天瞅见这六十六条彩楼、锦绣、万宝沟,瞅也瞅不够!

ua——ou

哥挎瓜筐过宽沟,赶快过沟看怪狗。观看怪狗瓜筐扣,瓜滚筐空哥怪狗。

ia——ua

华华园里有一株藤萝花,佳佳园里有一株喇叭花。佳佳的喇叭花,绕住了华华的藤萝花,华华的藤萝花,缠住了佳佳的喇叭花。也不知道是藤萝花先绕住了喇叭花,还是喇叭花先缠住了藤萝花。

ie——üe

街上走来一个瘸子,背着一袋茄子,不小心绊着路边的木橛子。摔倒了瘸子,撒了茄子,气得瘸子不住地骂木橛子。北边来了个小孩子叫小洁子,手里拿着个小碟子,她赶紧放下小碟子,扶起瘸子,捡起茄子,拔掉木橛子。瘸子不住地夸奖小洁子是好孩子。

an——ang

你说船比床长,他说床比船长,我说船不比床长,床也不比船长,船床一样长。

那边划来一艘船,这边漂去一张床,船床河中互相撞,不知船撞床,还是床撞船。

张康当董事长,詹丹当厂长,张康帮助詹丹,詹丹帮助张康。

en——eng

真冷,真冷,真正冷。冷冰冰,冰冰冷,猛地一阵风更冷。心冷,身冷。透心冷,寒风刮得天地冻,浑身冷得像冰棍儿。

天上一个盆,地上一个棚。盆碰棚,棚碰盆,棚倒了,盆碎了,是棚赔盆,还是盆赔棚?

陈庄程庄都有城,陈庄城通程庄城。陈庄城和程庄城,两庄城墙都有门。陈庄城进程庄人,陈庄人进程庄城。请问陈程两庄城,两庄城门都进人,哪个城进陈庄人,程庄人进哪个城?

in——ing

天上有银星,星旁有阴云。阴云要遮银星,银星躲过阴云,不让阴云遮银星。

"同姓"不能说成"通信","通信"不能念成"同姓"。同姓的可以通信,通信的不一定同姓。

uen——ong

你会炖冻豆腐,你来炖我的炖冻豆腐,你不会炖炖冻豆腐,就别胡炖乱炖炖坏了我的炖冻豆腐。

eng——ong

青龙洞中龙做梦,青龙做梦出龙洞。做了千年万载梦,龙洞困龙在深洞。自从来了新愚公,愚公捅开青龙洞。青龙洞中涌出水,龙去农田做农工。

冬冬和锋锋,晴空放风筝。冬冬放蜻蜓,锋锋放雄鹰。迎面空中起了东风,蜻蜓雄鹰乘风行。

三、语篇训练

明月几时有？把酒问青天。不知天上宫阙，今夕是何年。我欲乘风归去，又恐琼楼玉宇，高处不胜寒。起舞弄清影，何似在人间？　转朱阁，低绮户，照无眠。不应有恨，何事长向别时圆？人有悲欢离合，月有阴晴圆缺，此事古难全。但愿人长久，千里共婵娟。

苏轼《水调歌头》

红藕香残玉簟秋。轻解罗裳，独上兰舟。云中谁寄锦书来？雁字回时，月满西楼。
花自飘零水自流，一种相思，两处闲愁。此情无计可消除，才下眉头，却上心头。

李清照《一剪梅》

假如生活欺骗了你，不要悲伤，不要心急！忧郁的日子里，需要镇静。相信吧，快乐的日子，将会来临。心儿永远向往着未来；现在却常是忧郁。一切都是瞬息，一切都将会过去；而那过去了的，就会成为亲切的怀恋。

普希金《假如生活欺骗了你》

假如我是一只鸟，我也应该用嘶哑的喉咙歌唱：这被暴风雨所打击着的土地，这永远汹涌着我们的悲愤的河流，这无止息地吹刮着的激怒的风，和那来自林间的无比温柔的黎明……——然后我死了，连羽毛也腐烂在土地里面。为什么我的眼里常含泪水？因为我对这土地爱得深沉……

艾青《我爱这土地》

第五节　读音缺陷与读音错误

一、常见的韵母读音缺陷

（一）常见的单韵母读音缺陷有以下五种

(1) 发 a、o 时开口度太小。
(2) 发 o、u、ü 时不圆唇。
(3) 发 e 时舌根太紧张或太松弛。
(4) 发 i、ü 时舌与上齿背距离太近而产生摩擦。
(5) 发 er 时舌头僵硬，不能自然卷起，或虽能卷舌但口张得太大。

（二）常见的复韵母读音缺陷有以下三种

1. 口形不准

比如 ie、üe 的后一个元音实际上是 ê，不是 e，发音时嘴角应该明显地向两边展开，否则就会读出缺陷音。

2. 舌位不准

比如 ou、iou 的主要元音舌位是靠后、半高的，如果舌位太高就会读出缺陷音；另如上述 ie、üe 发音时若降低了舌位也会出现读音缺陷。

3. 动程不明显

复韵母发音时口形、舌位都有从一个音滑向另一个音的变化过程，如果发音时这个过程不明显，就会把复韵母读得近似于单韵母，产生读音缺陷。

（三）常见的鼻韵母读音缺陷有以下三种

1. 动程不明显或主要元音的开口度不够

最容易产生这种缺陷的是 ian、uan、üan、uen、iang、uang、ueng 这几个鼻韵母。

2. 元音鼻化

发鼻韵尾时应该由舌尖与门齿背或舌根与软腭构成阻碍，堵住口腔通道，气流从鼻腔透出。如果发鼻韵尾时两个发音部位没有构成阻碍，就会形成口鼻同时出气的发音状态，使元音鼻化而产生读音缺陷。

3. 韵尾归音不准

前后鼻韵母正确的归音位置：前鼻韵尾——舌尖和门齿背造成阻碍；后鼻韵尾——舌根和软腭造成阻碍。如果把这两组鼻韵母的归音位置颠倒，就会产生读音错误；如果只是韵尾归音的位置不准，就会产生读音缺陷。

二、普通话水平测试中韵母读音缺陷的基本类型

普通话水平测试中，韵母读音缺陷的基本类型共 25 种：

（1）把单韵母（央低元音）a 明显读作前低不圆唇元音或后低不圆唇元音、后低圆唇元音。

（2）单韵母（高元音）i、u、ü 带有摩擦，已经成为或接近半元音。

（3）单韵母 u 的舌位靠前，接近央元音 u。

（4）卷舌韵母 er 虽有卷舌色彩，但相当不自然。

（5）舌尖前韵母-i[ɿ]有摩擦，接近舌尖前浊擦音。

（6）舌尖后韵母-i[ʅ]有摩擦，接近舌尖后浊擦音。

（7）舌尖后韵母-i[ʅ]有拢唇的动作。

（8）二合前响复合元音动程明显不到位，但还没有发成单元音。

（9）三合前响复合元音动程明显不到位，但还没有发成二合元音。

（10）韵母 ao、iao 中的后低不圆唇元音读作央低不圆唇元音或前低不圆唇元音。

（11）韵母 ai、uai 中的前低不圆唇元音读得接近央低不圆唇元音，甚至读作后低不圆唇元音或后低圆唇元音。

（12）韵母 ie、üe 中的前中不圆唇元音读音接近央中元音（也称作"混元音"）。

（13）韵母 ie、üe 中的前中不圆唇元音读作前半高不圆唇元音。

（14）韵母 ou、iou 中韵腹、韵尾整体舌位靠前。

（15）韵母 iou、uei、uen 在声调上是上声、去声时，或 uei、uen 同舌面后（舌根）声母相拼时，韵腹弱化或消失。

（16）韵母 ian 中韵腹 a 开口度偏大。

（17）韵母 üan 中韵腹 a 开口度偏大。

（18）韵母 an 开口度小，舌位高，大体相当于[εn]。

（19）在有介音（韵头）-i-的音节中，i 介音音长太短。

（20）在有介音（韵头）-u-的音节中，u 介音圆唇度明显不够（常同 u 舌位靠前有关）。

（21）在有介音（韵头）-ü-的音节中，ü 介音圆唇度明显不够（常同 ü 舌位偏低有关）。

（22）鼻韵母 in、ing 中 i 和鼻韵尾之间（特别是在读阴平、阳平时）明显嵌入央元音 e。

（23）元音韵尾-i、-u(o)过于强调或突出。

（24）遗留轻微的入声喉塞韵尾。

（25）过分强调鼻音韵尾-n、-ng，使韵尾延长。

三、普通话水平测试中韵母读音错误的基本类型

普通话水平测试中，韵母读音错误的基本类型共 22 种：

（1）把后半高不圆唇元音 e 读作前半低元音 ê，或读作前半高元音。

（2）韵母 er 没有卷舌色彩。

（3）舌尖前元音-i[ɿ]没有保持单元音的状态，明显向央元音的舌位滑动。

（4）舌尖后元音-i[ʅ]没有保持单元音的状态，明显向央元音的舌位滑动，有的同时带有卷舌色彩。

（5）前高不圆唇元音 i 没有保持单元音的状态，明显向央元音的舌位滑动。

（6）后半高不圆唇元音 e 处在舌尖后音（翘舌音）声母后面，舌位靠前，带有卷舌色彩。

（7）把圆唇音复合的复韵母 uo 读作后半高不圆唇的单元音。

（8）把韵母 ie、üe 中的前中不圆唇元音读作后半高不圆唇元音。

（9）把复韵母 uo 明显读作后半高圆唇的单元音。

（10）把撮口呼韵母读作齐齿呼韵母。

（11）宽窄（即舌位移动的大小，并伴随口型的开合）复韵母相混、宽窄鼻韵母相混，特指韵头、韵尾相同，而韵腹元音舌位高低不同的韵母相混，即：ai→ei, ao→ou, ia→ie, ua→uo, iao→iou, uai→uei, ei→ai, ou→ao, ie→ia, uo→ua, iou→iao, uei→uai, an→en, ang→eng, ian→in, iang→ing, uan→uen, uang→ueng(ong), üan→ün, en→an, eng→ang, in→ian, ing→iang, uen→uan, ueng(ong)→uang, ün→üan。

（12）把有韵头的韵母读作无韵头的韵母。

（13）把无韵头的韵母读作有韵头的韵母。

（14）把带鼻辅音韵尾-n 的韵母（前鼻音韵母）读作带鼻辅音韵尾-ng 的韵母（后鼻音韵母）。

（15）把带鼻辅音韵尾-ng 的韵母（后鼻音韵母）读作带鼻辅音韵尾-n 的韵母（前鼻音

韵母)。

（16）把二合前响复合元音读作单元音。
（17）把三合前响复合元音读作二合元音。
（18）把鼻韵母读作鼻化元音。
（19）鼻韵母没有鼻辅音（包括半鼻化音）收尾，变成开尾音韵。
（20）遗留入声双唇塞音韵尾以及明显遗留舌尖中塞音韵尾、明显遗留舌面后塞音韵尾。
（21）把与唇音声母相拼的舌面前高不圆唇元音读作舌尖前元音。
（22）鼻韵尾-n 没有产生音变而读作鼻韵尾-m。

附录一 鼻韵母 an 和 ang、en 和 eng、in 和 ing 对照辨音字表

备注：表中的数字表示声调，① 是阴平，② 是阳平，③ 是上声，④ 是去声。

表 3-3 an 和 ang 对照辨音字表

	an	ang
∅	① 安桉氨鞍庵鹌谙 ③ 俺铵 ④ 岸按案胺暗黯	① 肮 ② 昂 ④ 盎
b	① 扳颁班斑般搬 ③ 阪坂板版饭阪 ④ 办半伴拌绊扮瓣	① 邦帮梆浜 ③ 绑榜膀 ④ 蚌棒傍谤磅镑
p	① 番潘攀 ② 爿胖盘磐蟠蹒 ④ 判叛畔拚盼襻	① 乓滂膀 ② 庞旁膀磅螃 ③ 榜 ④ 胖
m	② 埋蛮谩蔓馒鳗瞒 ③ 满螨 ④ 曼谩蔓慢慢漫	② 邙芒忙盲氓茫硭 ③ 莽蟒
f	① 帆番蕃幡藩翻 ② 凡矾钒烦蕃樊繁 ③ 反返 ④ 犯范饭贩泛梵	① 方坊芳 ② 防坊妨肪房鲂 ③ 仿访纺舫 ④ 放
d	① 丹担单郸殚眈耽 ③ 胆疸掸 ④ 石旦但担诞淡惮弹蛋氮澹	① 当铛裆 ③ 挡党谠 ④ 当挡档凼砀荡宕
t	① 坍贪摊滩瘫 ② 坛昙谈郯痰弹覃谭潭檀 ③ 忐坦袒毯 ④ 叹炭碳探	① 汤铴镗 ② 唐塘搪溏瑭糖堂樘膛螳棠 ③ 倘惝淌耥傥 ④ 烫趟
n	① 囡 ② 男南喃楠难 ③ 腩蝻 ④ 难	① 囔嚷 ② 囊馕 ③ 攮
l	② 兰拦栏岚婪调阑澜蓝褴篮 ③ 览揽缆榄懒 ④ 烂滥	① 啷 ② 郎廊榔螂狼琅锒 ③ 朗 ④ 浪
g	① 干杆肝竿甘泔柑尴 ③ 杆秆赶擀敢橄感 ④ 干赣	① 冈刚纲钢扛肛缸罡 ③ 岗港 ④ 杠钢戆
k	① 刊看堪 ③ 坎砍侃槛 ④ 看阚瞰	① 康慷糠 ② 扛 ④ 亢伉抗炕钪

(续表)

	an	ang
h	①鼾酣憨 ②邗汗邯含晗函涵韩寒 ③罕喊 ④汉汗旱捍悍焊颔翰瀚撼憾	①夯 ②行吭杭航 ④巷
zh	①占沾毡粘旃詹谵瞻 ③斩崭盏展搌辗 ④占战站栈绽湛颤蘸	①张章彰獐漳樟蝉 ③长涨掌 ④丈仗杖账帐涨障瘴
ch	①掺搀 ②单蝉禅缠谗馋孱潺缠廛蟾 ③产铲谄阐 ④忏颤	①昌菖猖娼鲳 ②长苌肠尝偿徜常嫦 ③厂场昶惝敞 ④怅畅倡唱
sh	①山舢芟杉钐衫删姗珊栅跚苫煽膻 ③闪陕 ④汕讪疝苫钐单掸禅扇骟善缮膳擅赡蟮	①伤殇商墒 ③上垧晌赏 ④上尚绱
r	②蚺然燃 ③冉苒染	①嚷 ②瓤 ③壤攘嚷 ④让
z	①糌簪 ②咱 ③攒 ④暂錾赞瓒	①赃脏臧 ③驵 ④脏奘葬藏
c	①参骖餐 ②残蚕惭 ③惨 ④灿孱璨	①仓苍沧舱 ②藏
s	①三叁 ③伞散馓糁 ④散	①丧桑 ③搡嗓 ④丧

表3-4 en和eng对照辨音字表

	en	eng
∅	①恩 ④摁	①鞥
b	①奔贲 ③本苯 ④笨	①崩 ②甭 ③绷 ④迸蹦泵
p	①喷 ②盆 ④喷	①烹 ②朋棚硼鹏彭澎膨 ③捧 ④碰
m	①闷 ②门们扪 ④闷焖	①蒙 ②萌盟蒙濛檬朦艨 ③猛锰蜢艋蒙 ④梦孟
f	①分芬纷吩氛酚 ②坟焚汾 ③粉 ④分份忿奋粪愤	①风枫疯峰烽蜂锋丰封 ②逢缝冯 ③讽 ④奉俸凤缝
d	④扽	①登灯 ③等 ④邓磴镫瞪
t		②疼腾誊滕藤
n	④嫩	②能
l		①棱 ③冷
g	①根跟 ②哏 ④艮	①耕庚赓羹更 ③耿埂哽绠梗鲠 ④更
k	③肯啃垦恳 ④裉	①坑
h	②痕 ③很狠 ④恨	①亨哼 ②横衡恒
zh	①真贞侦祯针珍胗斟 ③诊疹枕缜 ④振赈震阵	①争挣峥狰铮等睁正怔征症蒸 ③整拯 ④正政证症郑诤
ch	①嗔抻 ②辰宸晨沉忱陈臣尘 ③碜 ④衬趁称	①称撑 ②成城诚盛承呈程澄橙乘丞 ③逞骋 ④秤

(续表)

	en	eng
sh	① 申伸呻绅砷身深娠　② 神　③ 沈审婶 ④ 甚慎肾渗蜃	① 生牲笙甥升声　② 绳　③ 省　④ 胜圣盛剩
r	② 人仁壬　③ 忍荏　④ 任饪妊衽认刃纫韧韌	① 扔　② 仍
z	③ 怎	① 曾增憎缯　④ 赠
c	① 参　② 岑	② 曾增层　④ 蹭
s	① 森	① 僧

表3-5　in 和 ing 对照辨音字表

	in	ing
∅	① 因洇茵姻氤殷音阴荫　② 垠银龈吟寅淫鄞 ③ 引蚓隐瘾饮尹　④ 印荫	① 英瑛媖锳应莺鹰膺婴缨樱嘤櫻鹦罂　② 荧 莹萤营蝇盈迎赢　③ 影颖　④ 映硬应
b	① 宾傧滨缤槟镔彬　④ 摈殡髌	① 兵冰　③ 丙柄炳秉饼禀　④ 病并
p	① 拼　② 贫频嫔　③ 品　④ 聘	① 乒　② 平评坪苹屏瓶凭
m	② 民　③ 敏皿闽悯泯	② 名茗铭明鸣冥溟暝瞑螟　③ 酩　④ 命
d		① 丁叮仃钉疔盯　③ 顶鼎　④ 定锭碇腚订
t		① 听厅汀　② 亭停婷廷庭蜓霆　③ 挺艇铤梃
n	② 您	② 宁咛狞柠凝　③ 拧　④ 宁泞佞
l	② 林淋琳霖邻辚遴嶙辚磷鳞麟　③ 凛廪檩 ④ 吝赁蔺	② 灵伶泠苓瓴翎玲铃蛉零龄凌陵菱绫棱 ③ 岭领　④ 另令
j	① 今衿矜斤巾津襟筋　③ 紧锦仅谨馑瑾槿 ④ 妗尽烬浕劲觐近晋缙禁噤浸	① 京惊鲸茎泾菁睛精晶荆兢粳　③ 景颈井警 儆　④ 敬竞竟境镜净靖静劲胫痉
q	① 衾亲侵钦　② 芩琴芹秦禽擒噙勤　③ 寝 ④ 沁	① 氢轻青清蜻倾卿　② 情晴擎　③ 顷请 ④ 庆亲
x	① 忻昕炘欣新薪辛莘锌心馨　④ 信衅	① 星猩腥兴　② 形刑邢型行　③ 省醒　④ 幸 姓性杏兴

附录二　鼻韵母形声字声旁类推字表

表3-6　前后鼻音类推字表

en	en 类推字
贲	喷(～泉)喷(～香)愤
本	苯笨
参	骖掺

(续表)

en	en 类推字	
辰	晨振赈震娠唇	
分	芬吩纷氛汾棻粉份忿盆	
艮	茛根跟恳痕很狠恨	
肯	啃掯	
门	们(我～)扪(图～江)扪(～热)闷(～～不乐)焖	
壬	任(姓～)任(～务)荏饪妊	
申	伸呻绅砷神审婶	
刃	仞纫韧忍	
甚	葚斟	
珍	诊疹趁	
贞	侦祯桢帧	
真	缜镇嗔慎	
枕	忱沈	
in	in 类推字	
宾	傧滨缤摈殡鬓嫔[例外:槟(～榔)]	
今	衿矜妗衾琴吟	
斤	近靳芹欣新薪	
禁	襟	
尽	烬荩赆	
堇	谨馑勤鄞	
林	淋琳霖彬	
磷	鳞嶙	
民	岷泯抿	
侵	寝浸	
禽	擒噙	
心	芯(灯～)芯(～子)沁	
辛	莘(～庄)锌亲[例外:亲(～家)]	
因	茵姻氤(～氲)	
阴	荫	
ün	ün 类推字	
云	耘芸纭运酝	

(续表)

ün	ün 类推字
俊	骏浚峻竣
群	裙
旬	询荀洵恂殉徇
迅	讯汛
训	驯
uen	uen 类推字
文	蚊纹炆雯紊汶
温	瘟
仑	抡沦轮伦纶论
屯	吨肫炖钝顿囤
昆	棍混
寸	村忖
ang	ang 类推字
邦	帮梆绑
旁	磅(～礴)膀(～胱)膀(～肿)榜膀(～子)
仓	沧苍舱创枪抢
长	伥(为虎作～)怅张涨帐胀
肠	场(赶～)场(会～)畅荡汤(菜～)烫殇觞汤(～～)扬杨
当	挡档
方	芳房坊防妨访仿纺放
缸	杠江扛项
亢	抗伉杭吭(引～高歌)航沆
荒	慌谎
良	娘郎狼廊朗浪
桑	搡嗓
上	让
尚	赏裳党常嫦倘敞趟堂棠倘淌躺掌
王	汪枉旺筐狂逛
亡	忘望妄忙盲茫氓(流～)
相	箱想霜
羊	洋氧样详祥翔

(续表)

eng	eng类推字
成	诚城盛(～东西)盛(～会)
呈	程逞
乘	剩
丞	蒸拯
登	凳澄(把水～清)瞪澄(～清)
风	枫疯讽
峰	烽蜂逢缝(～衣)缝(门～)蓬篷
奉	俸棒
更	埂梗[例外:便]
享	哼烹
塄	楞愣
蒙	檬朦蒙(内～)
孟	猛蜢
彭	澎膨
朋	棚鹏崩绷(～带)绷(～着脸)蹦
生	牲甥笙胜
誊	腾滕藤
曾	憎增缯赠蹭
正	怔征整证政症惩
争	挣(～扎)峥狰睁等诤挣(～脱)
ing	ing类推字
丙	炳柄病
并	饼屏(～除)瓶屏(～风)[例外:拼妍骈胼]
丁	仃盯钉(～子)钉(～书机)顶酊(酩～)订厅汀
定	腚碇
京	惊鲸黥
茎	泾经到颈劲(～敌)胫径轻氢
景	憬影
敬	警擎
令	苓玲铃聆龄岭领[例外:拎邻]
名	铭酩

(续表)

ing	ing 类推字
冥	溟蜈瞑
宁	拧(～手巾)拧(～螺丝)咛狞柠泞
平	评苹坪萍
青	清蜻情晴请菁睛精靖静
廷	庭蜓霆艇挺
亭	停婷
刑	邢形型荆
英	瑛
营	荧莹萤萦莺
婴	樱鹦缨
ong	ong 类推字
东	冻栋
董	懂
同	桐铜侗恫
通	捅桶痛
农	侬浓哝脓
龙	咙珑胧聋笼垄拢
工	攻功巩汞贡恐控红虹鸿江
共	恭龚拱烘洪哄
中	忠盅钟衷肿种仲冲
容	蓉溶榕熔
宗	综棕踪鬃粽淙
从	丛纵怂笔
公	蚣松忪讼颂
用	佣拥痈
永	咏泳
甬	俑勇涌恿蛹踊
凶	匈汹胸
ueng	ueng 类推字
翁	嗡蓊瓮

第四章 普通话声调

第一节 普通话声调发音

声调是音节的高低升降变化。声调的高低升降主要决定于音高,音高靠调节声带的松紧来控制。声带紧,振动得快,听觉上就感到声音高;声带松,振动得慢,声音听起来就低。在发音过程中,声调就是由音节的高低、升降、曲直的各种变化形成的。汉语的声调可以区别意义。普通话里"山西"(Shānxī)和"陕西"(Shǎnxī),"主人"(zhǔrén)和"主任"(zhǔrèn),就是由于声调的不同而造成语音和语义的不同。

汉语的声调可以从调值和调类两方面来分析。

一、调值与调类

声调包括调值和调类两个方面。调值指声调的实际读法,也就是高低升降变化的具体形式。调值是由音高决定的。音高有两种,即绝对音高和相对音高,音乐中的音高属于绝对音高,在音乐里,如C调的1,不管谁来唱,也不管用什么乐器来演奏,音高都是一样的,这是绝对音高;调值则不同,用普通话读"天"字,用低音5度读它和用高音5度读它意义都不会发生变化,还是"天"的意思,也就是说声调的音高是相对的,不要求音高频率的绝对值。人的嗓音高低各不相同,声调高低并不是要求人人都发得同样高,成年男人的调值比女人和小孩儿的低,同一个人情绪平静时发音的调值比情绪激动时低。因而说同一个音节,绝对音高是千差万别的,但相对的高低升降是比较一致的。声调的高低升降变化是滑动的,不像音阶从一个音阶到另一个音阶那样跳跃式地移动。

描写调值常用五度标记法,五度标记法是赵元任为把调值描写得具体、易懂而创造的一种标记声调调值相对音高的方法,把一条竖线四等分,得到五个点,自下而上定为五度:1度是低音,2度是半低音,3度是中音,4度是半高音,5度是高音。最低音是1度,最高音是5度,中间的音分别是2度、3度和4度,并在竖线的左侧画一条短线或一点,表示音高升降变化的形式。根据音高变化的形式,制成五度标调符号,有时也采用两位或三位数字表示(见图4-1)。

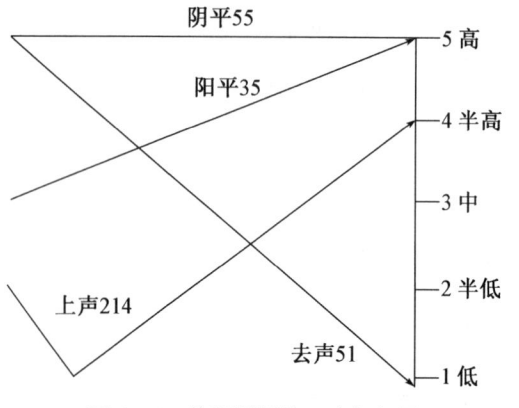

图4-1 普通话调值五度标记图

调类指声调的类别,就是把调值相同

的音归纳在一起建立起来的声调的类别。例如普通话的"去、替、废、动、恨"调值相同,都是由5度到1度,就属于同一个调类。古代汉语的声调有四个调类,古人称为平声、上声、去声、入声,合起来叫作四声。现代汉语普通话和各方言的调类都是从古代的四声演变来的。在演变的过程中有分有合,形成非常复杂的局面。

二、普通话声调类型

普通话有四种基本调值,可以归并为四个调类。根据古今调类演变的对应关系,定名为阴平、阳平、上声和去声。具体描写如下:

(1) 阴平,高而平,叫高平调。发音时由5度到5度,简称55。例字:妈、督、加、先、通。

(2) 阳平,由中音升到高音,叫中升调。由3度到5度,简称35。例字:麻、毒、荚、贤、铜。

(3) 上声,由半低音降到低音再升到半高音,叫降升调。由2度降到1度,再升到4度,简称214。例字:马、赌、甲、显、桶。

(4) 去声,由高音降到低音,叫全降调。由5度到1度,简称51。例字:骂、度、价、县、痛。

普通话声调的调类和调值可以综合为下面的表:

表4-1 普通话声调调类调值表

调 类	调 值	调 型	调 号	例 字
阴 平	55	高 平	ˉ	咪 mī 身 shēn
阳 平	35	中 升	´	迷 mí 神 shén
上 声	214	降 升	ˇ	米 mǐ 审 shěn
去 声	51	全 降	`	密 mì 慎 shèn

第二节 普通话声调辨正

一、古今声调发展演变

普通话的声调系统是继承古代汉语的声调系统而来的。古汉语有四个声调:平声、上声、去声、入声。随着语音发展变化,声调按照声母的清浊等不同条件进行分化,凡是古清音声母字的声调属阴调,古浊音声母字的声调属阳调,这样,古汉语的四声分化演变为"阴平、阳平、阴上、阳上、阴去、阳去、阴入、阳入"八类。这个声调系统在普通话中的分合情况不尽相同,普通话已不是"平、上、去、入",而是平声分阴阳,浊上声归去声,去声不分阴阳,入声分归四声,这样构成了阴平、阳平、上声、去声四个声调。

普通话没有入声字。古入声字都分派到普通话的阴、阳、上、去四声中,学习普通话声调时,短促的入声调残留会明显影响普通话整体语调,所以要特别注意消除入声调。

二、普通话声调辨正

(一)单音节字训练

1. 阴平

阿 挨 安 凹 八 班 帮 包 杯 逼 边 冰 擦 猜 拆 超 车
称 冲 抽 初 穿 窗 吹 春 粗 催 搭 呆 单 当 刀 灯 低
跌 丢 东 都 端 堆 吨 多 恩 发 翻 方 飞 分 风 该 肝
刚 高 歌 根 供 刮 关 光 锅 喝 黑 哼 呼 花 慌 灰 鸡
家 尖 将 交 接 斤 经 军 开 看 棵 哭

2. 阳平

来 蓝 狼 连 凉 聊 零 龙 楼 埋 忙 毛 煤 门 名 磨 拿
能 泥 年 您 浓 爬 牌 旁 陪 盆 平 鹅 凡 肥 逢 浮 罚
坟 国 格 还 含 行 合 红 壶 滑 环 回 活 横 怀 及 决
结 扛 癌 熬 拔 白 薄 别 藏 曾 查 长 朝 成 重 愁 除
传 床 词 从 存 才 答 得 读 卢 敌 叠

3. 上声

起 抢 巧 且 请 取 染 嚷 惹 忍 软 撒 伞 扫 傻 闪 省
手 数 甩 水 死 所 赏 舍 审 始 守 属 耍 笋 锁 塔
躺 铁 土 腿 讨 挑 艇 筒 妥 晚 往 稳 我 五 瓦 尾 洗
想 小 写 醒 许 选 雪 显 眼 仰 咬 也 已 有 雨 远 哑
引 涌 早 窄 涨 找 纸 种 主 走 左 宰

4. 去声

万 望 未 问 握 雾 系 下 献 项 笑 姓 泻 绣 续 训 咽
样 药 页 亿 印 硬 用 右 遇 院 月 运 轧 造 在 占 丈
照 阵 正 至 重 住 转 撞 字 最 做 暂 葬 炸 债 拽 皱
奏 欠 去 劝 气 翘 让 热 认 日 肉 弱 赛 色 晒 上 射
胜 事 受 树 睡 四 送 算 岁 哨 渗 帅

(二)双音节词语训练

1. 阴平—阴平

干杯 枪击 呼吸 监听 星光 攀登 期间 撒娇 喷发 弯曲
科班 沙滩 分工 发车 冰箱 胚胎 几乎 春耕 披风 新生

2. 阴平—阳平

督学 凄凉 刚才 今年 安详 山河 村民 珊瑚 兵团 恩情

单词　争鸣　烧灼　缺乏　屈从　锋芒　当局　差别　煎熬　删除

3．阴平—上声

发表　缺点　参考　蹲点　深浅　山水　班长　安稳　删改　通晓
稀有　瞎扯　欣赏　胸口　虚假　喧嚷　熏染　烟草　医嘱　沾染

4．阴平—去声

家教　机构　封面　坚韧　开办　慌乱　观望　匆促　奔放　哀怨
猜测　村落　高档　酣睡　兼顾　拉面　闷热　捏造　片面　切换

5．阳平—阳平

离奇　航船　偿还　熟人　茫然　吉祥　成名　良田　横行　缠绵
人权　城墙　白杨　独苗　缝合　阁楼　寒潮　戛然　狂澜　楼层

6．阳平—阴平

童心　麻花　着装　盐酸　甜瓜　长篇　南方　竹竿　狂奔　悬空
泥坑　联欢　旁边　直播　繁星　其间　藏身　无知　图章　随机

7．阳平—上声

繁衍　文笔　族谱　明朗　烦恼　门槛　罚款　旋转　吴语　团体
难点　国有　头脑　值守　云朵　评奖　凉爽　而且　鸵鸟　图景

8．阳平—去声

童话　常见　航线　裁判　强壮　着重　答案　原样　文艺　甜蜜
沉静　云雀　团队　横贯　然后　岩洞　额外　旋律　竹刻　徒步

9．上声—上声

（详见变调中的相关内容）

10．上声—阴平

引申　伞兵　海滨　忍心　浅滩　取消　请功　检修　小心　远征
可观　挺身　数说　闪光　垦荒　假装　手枪　启发　普通　匹夫

11．上声—阳平

改革　请求　使节　逞能　犬牙　浅薄　企图　广博　省城　扰民
海拔　审查　果实　散文　取材　手球　朴实　品格　跑鞋　偶合

12．上声—去声

典范　体力　倘若　引证　首届　统治　紊乱　手册　水电　请愿
暑假　损耗　想念　险峻　讨论　品质　暖气　水利　史册　省略

13．去声—去声

正确　事故　锐利　面貌　试用　耐力　梦幻　跳动　路费　眷念
救护　魅力　确定　日记　内部　沐浴　庆祝　破案　束缚　克制

14．去声—阴平

创刊　降温　弊端　念书　健身　刺激　是非　轿车　获悉　信封

目光　募捐　报销　述说　内科　竞相　扩张　路灯　救星　贵宾

15. 去声—阳平

好奇　放行　鉴别　树丛　抗衡　内涵　视察　沤肥　日程　价格
诺言　譬如　莅临　事实　量词　宁肯　电铃　数学　殿堂　破格

16. 去声—上声

饭碗　见解　幻影　刻苦　敬仰　号码　教养　视点　梦想　迅猛
糯米　路口　僻壤　事理　牧草　探险　庆典　物品　妙手　借款

第三节　普通话声调训练

一、词语训练

爱情　安全　帮助　别人　曾经　措施　到处　东北　读者　繁荣　方针
副食　更加　冠军　航空　后悔　坚强　节约　经过　开始　空前　浪费
留念　贸易　模样　难受　农村　平等　破坏　期间　强调　如果　热情
森林　神经　食品　市场　特殊　通讯　外交　完整　无限　吸收　系统
项目　熊猫　严肃　医院　游泳　赞成　真理　支援　重视　遵守　昂扬
拜访　伴奏　悲愤　编辑　辩解　波涛　驳斥　部位　参军　查明　常规
城镇　惩罚　冲锋　筹备　传授　吹捧　翠绿　单纯　当初　悼念　颠簸
定向　叮嘱　冻结　夺取　发炎　烦恼　防汛　飞翔　分明　丰满　敷衍
覆盖　钢琴　高尚　跟随　功绩　沟通　关闭　规章　过滤　寒暄　和蔼
合唱　呼啸　华侨　混纺　吉祥　记载　激情　监察　践踏　教唆　金融
惊动　纠纷　捐献　军装　开设　空调　枯燥　科普　亏损　浪潮　乐趣
凌晨　脉搏　掠夺　民航　目光　难关　捏造　怒吼　攀登　佩服　疲惫
平稳　奇特　器械　牵扯　钦佩　轻微　庆贺　权威　群岛　燃料　任性
桑树　商标　设想　甚至　失效　盛情　食用　市长　售货　说谎　隧道
探亲　提炼　跳跃　同胞　诬陷　西服　相对　叙谈　严密　议员　优胜
蕴藏　栽培　震荡　投标　挖掘　危及　现状　协助　学说　凶猛　验证

二、绕口令训练

（1）梁上两对倒吊鸟，泥里两对鸟倒吊。可怜梁上的两对倒吊鸟，惦着泥里的两对鸟倒吊，可怜泥里的两对鸟倒吊，也惦着梁上的两对倒吊鸟。

（2）河边两只鹅，一同过了河；白鹅去拾草，黑鹅来搭窝。冬天北风刮，草窝真暖和，住在草窝里，哦哦唱支歌。

（3）清早上街走，走到周家大门口，门里跳出一只大黄狗，朝我哇啦哇啦吼。我拾起石头打黄狗，黄狗跳上来就咬我的手。也不知我手里的石头打没打着周家的大黄狗，周家的大黄狗咬没咬着我的手?

（4）华华园里有一株藤萝花,佳佳园里有一株喇叭花。佳佳的喇叭花,绕住了华华的藤萝花,华华的藤萝花,缠住了佳佳的喇叭花。也不知道是藤萝花先绕住了喇叭花,还是喇叭花先缠住了藤萝花。

（5）天连水,水连天,水天一色望无边。蓝蓝的天似绿水,绿绿的水如蓝天。到底是天连水,还是水连天?

（6）铜勺舀热油,铁勺舀凉油,铜勺舀了热油舀凉油,铁勺舀了凉油舀热油。舀油入炒勺,月月有佳肴。先炖鱿鱼块,后扒羊肉条。火在炉下燃,油在勺中熬,满锅同炎热,管它铜勺与铁勺。

（7）天上一群大白鸽,河里一群大白鹅。白鸽尖尖红嘴壳,白鹅曲项向天歌。白鸽剪开云朵朵,白鹅拨开浪波波。鸽乐呵呵,鹅活泼泼,白鹅白鸽碧波蓝天真快乐。

（8）嘴说腿,腿说嘴,嘴说腿爱跑腿,腿说嘴爱卖嘴。光动嘴不动腿,光动腿不动嘴,不如不长腿和嘴。

（9）天空飘着一片霞,水上游来一群鸭。霞是五彩霞,鸭是麻花鸭,麻花鸭游进五彩霞,五彩霞网住麻花鸭。乐坏了鸭,拍碎了霞,分不清是鸭还是霞。

（10）夏日无日日亦热,冬日有日日亦寒。春日日出天渐暖,晒衣晒被晒褥单。秋日天高复云淡,遥看红日迫西山。

三、语篇训练

说起故乡的山梨,并不像一般梨子那样甜蜜可口,皮嫩如膏;反之,它倒是一身酸味,皮厚得像一层老布。你们也许很以为怪了,这样的山梨,有什么值得不忘的呢。不,我觉得故乡的山梨特别叫我不忘的地方就是它的酸和粗厚的皮!因为它是和一般梨子迥乎不同的。如果让植物学家来解释的话,山梨的酸味和粗厚的外皮,正可以说是为保护自己的身体安全才长着的,因为山丛之中,杂虫甚多,如果它生得又嫩又甜,怕不待成熟早让虫子们蛀光了。果然,山梨里面很少有生虫子的。

山梨的外皮虽然粗糙异常,但它的内中肉瓤却又嫩又甜,比起本地生梨和天津鸭梨要细致得多,而且又富有水分,剥了皮,一口就全吃净吮干了。

山梨的酸味是特别让人难忘的。一般人对于甜的感觉得之容易,忘之更快,不比酸的味道,虽不能使人愉快,却足可叫人轻易忘记不掉。在事务方面,我觉得也是这样,得意的事情容易忘记,酸辛的事情倒是时常留在头脑之中不能忘去。

节选自李辉英《故乡的山梨》

饭后放舟湖中,到平湖秋月去。是时月刚从东方升起,尚未到中天,清辉斜射湖面,漾成一道金光,涟漪微动,金光也因之忽聚忽散。平湖秋月只是湖中一个小岛,岛上几椽小楼,破敝得仅蔽风雨。若白昼来游,恐怕人人都要望望然而去之。可是清夜来此玩月,确不愧为西湖名胜之一。月夜原是神秘的,幽静的,凄清的,所以与其在歌吹喧阗、灯光辉煌的地方玩月,无宁在寂寥无人、幽暗闃静的所在。幽暗可以衬出月色皎洁,闃静可使观者的精神舒缓,与月冥合。平湖秋月的妙处,便是树多。树多即可增进幽暗。换句话说,就是此地能造成分外皎洁的月色。试想在这黑洞洞的,四面又都是烟波渺茫的地方,望着水似的长空嵌着一轮明月,怎能不感到月色分外晶莹,水天分外寥廓? 我们大家或坐在树下促膝谈心,或坐在船上叩舷高歌,或独立小石桥上对月凝思。"年年月华如练,长是人千里。"忽然有人凄然地念着,其声清切,如出金石,林木的枝柯似都为之颤动了。由平湖秋月登舟,过锦带桥,到断桥泊着。我们都到桥上步月。此时月已到中天,湖面的万道金光,竟变成一点明珠。回望葛岭、南屏诸山,只能于烟波深处得仿佛。整个西湖都浸在月华中了。

节选自冯沅君《清音》

我读着海。我知道海是古老的书籍,很古老很古老了,古老得不可思议。

原始海洋没有水,为了积蓄成大海,造化曾经用了整整十亿年。造化天才的杰作啊! 十亿年的积累,十亿年的构思,十亿年吮吸天空与大地的乳汁。雄伟的横贯天地的巨卷啊! 谁能在自己的一生中读尽你的丰富而博大的内涵呢?

有人在你身上读到豪壮,有人在你身上读到寂寞;有人在你心中读到爱情,有人在你心中读到仇恨,有人在你身边寻找生,有人在你身边寻找死。那些蹈海的英雄,那些自沉海底失败的改革者,那些越过怒浪向彼岸进取的冒险家,那些潜入深海发掘古化石的学者,那些耳边飘忽着丝绸带子的水兵,那些驾着风帆顽强地表现自身强大本质的运动健将,还有那些仰仗着你的豪强铤而走险的强盗,都在你这里集合过,把你作为人生拼搏的舞台。

你,伟大的双重结构的生命,兼收并蓄的胸怀:悲剧与喜剧,壮剧与闹剧,正与反,潮与汐,深与浅,红与黑,珊瑚与礁石,洪涛与微波,浪花与泡沫,火山与水泉,巨鲸与幼鱼,狂暴与温柔,明朗与朦胧,清新与混浊,怒吼与低唱,日出与日落,诞生与死亡,都在你身上冲突着,交织着。

节选自刘再复《读沧海》

明天是平凡而无情的,它很快地变为今天、化做昨天、成为往日。

明天是未可知的,是一连串的问号,用它弯弯的钩子,钩着我们又向前跨进一日,又长大三百六十五分之一岁,又不知觉地增添了些许,减少了些许。

明天是辛苦的,要工作、要考试、要出操、要买菜、要战斗,只要有一件事没办好,明天就翻脸不认人。

明天是脆弱的,如同人生的幸福一般,可能有病痛、有战争、有亲人永远离我们而去,即使是一片瓦默默地滑落,也可能夺走我们的生命。

但是,我们不能因此就说明天不再美好,而只能说明天是太纯了,如同一张白纸,雪白得令人发慌。我们可以将它接过来,再随手递出去,成为一张零分的白卷;也可以在上面乱涂几笔,成为糟糕的作品;但更可以赋予它最优美的色彩、最巧妙的情思,成为一幅传世不朽的杰作啊!

节选自刘墉《萤窗小语》

狼山蹲在长江边上。长江走了那么远的路,到这里快走完了,即将入海。江面在这里变得非常宽阔,渺渺茫茫看不到对岸。长江一路上曾穿过多少崇山峻岭,在这里划一个小小的句点。狼山对于长江,是欢送,是告别,它要归结一下万里长江的不羁野性,因而把自己的名字也喊得粗鲁非凡。

狼山才100多米高,实在是山中小弟,但人们一旦登上山顶,看到南边脚下是浩荡江流,北边眼底是无垠平川,东边远处是迷朦的大海,立即会觉得自己是在俯视着大半个世界。狼山没有云遮雾障的仙气,没有松石笔立的风骨,只有开阔和实在。造物主在这里不再布置奇巧的花样,让你明明净净地鸟瞰一下现实世界的寻常模样。

我想,长江的流程也像人的一生,在起始阶段总是充满着奇瑰和险峻,到了即将了结一生的晚年,怎么也得走向平缓和实在。

节选自余秋雨《文化苦旅》

第五章　普通话语流音变①

我们在说话的时候，不是一个字一个字地说，而是要把一些语言单位组织起来，形成一个个句子、一段段话，形成连续的语流。在语流中，音素由于受到前后音的影响或者受到说话声音的高低、快慢、强弱等因素的影响，会发生一些变化，这种现象就叫作音变，也叫语流音变。学习普通话，光学单字音还不行，还需要掌握音变规律。否则，即使声母、韵母、声调都读得很正确，连起来说也不是地道的普通话。普通话里的音变现象主要有变调、轻声、儿化以及语气词"啊"的音变等。

第一节　变　调

在语流中，一些音节的声调会发生变化，与它原来的调值有所不同，这种现象就叫作变调。普通话里最重要的变调现象有上声变调、"一"和"不"的变调。

一、上声变调

在语流中，上声变调的情况最多，也最复杂。上声的调值是214，在以下两种情况下上声不变调：① 单念的时候；② 出现在词句末尾的时候。在其他情况下，上声一般都要变调。上声变调有两种情况：一是调值变为21，称为"半上"；二是调值变为35，与阳平的调值一致。

（1）上声和上声相连，前一个上声调值变为35，与阳平的调值一致。

美满 méimǎn　　　　保险 báoxiǎn　　　　选举 xuánjǔ
水果 shuíguǒ　　　　雨伞 yúsǎn　　　　　草稿 cáogǎo

（2）上声在非上声（阴平、阳平、去声）以及轻声的前面，变为半上，调值变为21。

① 上声＋阴平：
语音 yǔyīn　　　　　演出 yǎnchū　　　　每天 měitiān
手工 shǒugōng　　　简单 jiǎndān　　　　古诗 gǔshī

② 上声＋阳平：
演员 yǎnyuán　　　　朗读 lǎngdú　　　　感觉 gǎnjué
普及 pǔjí　　　　　　补偿 bǔcháng　　　走神 zǒushén

③ 上声＋去声：
讲话 jiǎnghuà　　　　省略 shěnglüè　　　访问 fǎngwèn
水稻 shuǐdào　　　　管制 guǎnzhì　　　　走运 zǒuyùn

---

① 为方便教学，本章为存在语流音变现象的音节标变调（附录除外），半上按上声标调。

④ 上声＋轻声：

打量 dǎliang　　　　　喇叭 lǎba　　　　　　　免得 miǎnde
老实 lǎoshi　　　　　　买卖 mǎimai　　　　　　我们 wǒmen

(3) 三个上声相连,如果前两个音节在语法上联系较为紧密,称为"双单格",前两个上声音节都变成阳平(调值35);如果后两个音节在语法上联系比较紧密,则为"单双格",前两个上声音节读音分别变成半上(调值21)和阳平(调值35)。

① 双单格：

表演者 biáoyánzhě　　打靶场 dábáchǎng　　赶紧走 gánjínzǒu
草稿纸 cáogáozhǐ　　　古典美 gúdiánměi　　　体检表 tíjiánbiǎo

② 单双格：

冷处理 lěngchúlǐ　　　　　　　　　　　　买雨伞 mǎiyúsǎn
女导演 nǚdáoyǎn　　　　　　　　　　　　小广场 xiǎoguángchǎng
很典雅 hěndiányǎ　　　　　　　　　　　　老领导 lǎolíngdǎo

(4) 上声在由上声变来的轻声前面有两种变调：一种是变为半上(调值21),一种是变为阳平(调值35)。

① 变半上：

姐姐 jiějie　　　　　　奶奶 nǎinai　　　　　　马虎 mǎhu

② 变阳平：

想想 xiángxiang　　　　走走 zóuzou　　　　　　手里 shóuli

上声变调口诀：

两个上声字相连,前面一个要变化；上上相连前变阳,上加非上变半上。
三个上声字相连,前面两个要变化；双单变为阳和阳,单双变为半上阳。

二、"一"和"不"的变调

"一"的本调是阴平调,"不"的本调是去声调。它们在单念、词句末尾或表示序数的时候读本调。如在"一等奖"(表序数)、"唯一"(词末),"不,我就不!"(单念、句尾)中读本调。

"一"和"不"在语流中也经常发生变调。规律如下：

(1) 在去声字的前面,"一、不"都变为阳平(调值35)。

一定 yídìng　　　一律 yílǜ　　　不必 búbì　　　不是 búshì
一共 yígòng　　　一致 yízhì　　　不但 búdàn　　　不要 búyào

(2) 在非去声字(阴平、阳平、上声)的前面,"一"变为去声(调值51),"不"仍读为本调。

一般 yìbān　　　一直 yìzhí　　　不堪 bùkān　　　不良 bùliáng
一心 yìxīn　　　一起 yìqǐ　　　不惜 bùxī　　　不许 bùxǔ
一同 yìtóng　　　一手 yìshǒu　　　不如 bùrú　　　不解 bùjiě

(3) "一、不"夹在重叠动词等词语的中间时,读轻声。

想一想 xiǎngyixiǎng　　　谈一谈 tányitán　　　来不来 láibulái

看一看 kànyikàn　　　　好不好 hǎobuhǎo　　　　想不到 xiǎngbudào

"一"和"不"的变调口诀：

去声之前念阳平，非去之前念去声，

词语中间念轻声，变调规律记心中。

三、叠字形容词的变调

形容词重叠一般有 AA 式、ABB 式和 AABB 式三种。

1. AA 式的变调

叠字形容词 AA 式第二个音节原字调是阳平、上声、去声（非阴平）时，AA 式后加"儿尾"，重叠的第二个音节变成"儿化韵"时，声调可以变为阴平。例如：

慢慢儿 mànmānr　　　　　　　　　快快儿 kuàikuāir

大大儿 dàdār　　　　　　　　　　好好儿 hǎohāor

2. ABB 式、AABB 式的变调

当后面两个叠字音节的声调是阳平、上声、去声（非阴平）时，调值变为高平调 55，跟阴平的调值一样，AABB 式中的第二个 A 读轻声。例如：

ABB 式：

绿茸茸 lǜrōngrōng　　　　　　　　绿油油 lǜyōuyōu

红彤彤 hóngtōngtōng　　　　　　　慢腾腾 màntēngtēng

AABB 式：

慢慢腾腾 mànmantēngtēng

马马虎虎 mǎmahūhū

舒舒服服 shūshufūfū

注意：① 上述变调规律仅就 ABB 式和 AABB 式形容词的一般情况而言。② 一部分书面语的叠字形容词不变调。例如：白皑皑、金闪闪、轰轰烈烈、堂堂正正、沸沸扬扬、闪闪烁烁等。

第二节　轻　声

一、轻声的性质

普通话里的音节分别属于四个调类，即阴平、阳平、上声和去声。有些音节在词语和句子中使用的时候，失去原来的调值，变成一种既轻又短的调子，这就是轻声。如"别扭"（bièniu）中的"扭"，"结实"（jiēshi）中的"实"，"漂亮"（piàoliang）中的"亮"。含有轻声音节的词就是轻声词。有的词读不读轻声意思好像没有什么区别，如"太阳""粮食""西瓜"；有的词读轻声和不读轻声就表示不同的意思，如"大意"读轻声的意思是"疏忽"，不读轻声是"大概"的意思。有的词则必须读成轻声，如"别扭""老实""漂亮"，否则就很难理解是什

么意思。

轻声现象虽然在普通话里广泛存在,但是不宜将轻声音节看作一种声调而归为一个调类,因为读轻声的音节都有本调,只是在特定位置上出现的时候才读轻声。把轻声看作一种音变现象是比较合适的。

轻声音节的主要特点是轻和短。轻是因为发音弱,使音节的高低变化十分模糊,短是因为音节失去了高低变化的余地。

轻声音节的高度往往和前面音节的声调有关。也就是说,轻声词中,轻声音节前面的音节调值不同,轻声音节的音高也不同。大致的情况是:上声音节后面的轻声音节读4度,阳平音节后面的轻声音节读3度,阴平后面的轻声音节读2度,去声后面的轻声音节读1度。例如:

上声＋轻声(4度):剪子　枕头　爽快　委屈
阳平＋轻声(3度):孩子　石头　凉快　人们
阴平＋轻声(2度):桌子　跟头　称呼　庄稼
去声＋轻声(1度):凳子　念头　报酬　事情

普通话中的音节一般要读为轻声的主要有以下几种情况:

1. 语气词

走吧、写啊、他呢、就是嘛、好吗

2. 助词"的、地、得、着、了、过"等

吃的、高兴地、说得(好)、看着、写了

3. 叠音词和重叠动词末一个音节

妈妈、姐姐、星星、娃娃、走走、练练

4. 用在动词后面表示趋向和用在形容词后面表示变化的趋向动词"来、去、起来、下去"等

进来、出去、拿回来、跳过去、黑下来、想起来、做下去

5. 用在名词及代词后面的方位词"里、上、下、面、边"等

山上、地下、屋里、那边、后面

6. 名词及某些代词的后缀"子、儿、头、们"等

剪子、车子、木头、石头、我们、先生们

7. 量词"个"

一个、这个

8. 一些常用的双音节词的后一个音节

脑袋、胳膊、头发、钥匙、消息、麻烦、快活、见识、机灵、扎实、凑合

二、轻声的词汇语法作用

轻声是一种语音现象,同时也具有词汇、语法的作用。有些词语,读不读轻声,意思、用法不同。例如,"大爷"不读轻声,是指不好劳动、傲慢任性的男子;旧时大户人家中兄弟

排行居首也称大爷。"大爷"读轻声,是对伯父的称呼,也是对年长男子的尊称。

轻声的作用可以概括为两个方面。

1. 区分词义

例如:

东西:东方和西方。

东西:泛指各种事物。

地方:各级行政区划的统称。

地方:区域;空间;部位。

2. 改变词性

有时,轻声不但改变词义,而且改变了词性。例如:

地道:名词,地下坑道。

地道:形容词,真正的,纯粹的。

自然:名词,自然界;自由发展;理所当然。

自然:形容词,不勉强;不局促;不呆板。

第三节 儿 化

后缀"儿"和前面音节的韵母合成一个音节,并使该音节的韵母变成卷舌的韵母,这种音变现象就叫作"儿化",儿化后的韵母就叫作"儿化韵"。内部有带儿化韵音节的词就叫作"儿化词"。在书面上用汉字"儿"表示儿化,但是"儿"和前面的字属于同一个音节。在汉语拼音中表示儿化音节,只需在原来音节的拼音形式之后加"r"就可以了。比如:点儿——diǎnr,树叶儿——shùyèr。

一、儿化的读音规律

一个韵母变成儿化韵,共同的特点是在原有韵母的基础上加上了卷舌的动作。但是,韵母的结构特点不同,使得韵母有不同的儿化方式,主要的规律有以下几个:

1. 由 a、o、e、ê、u 收尾的韵母,直接加上卷舌动作

a→ar:	刀把儿	号码儿	打杂儿
ia→iar:	人家儿	豆芽儿	脚丫儿
ua→uar:	菊花儿	牙刷儿	大褂儿
o→or:	山坡儿	围脖儿	粉末儿
uo→uor:	干活儿	水果儿	餐桌儿
e→er:	山歌儿	风车儿	饭盒儿
iê→iêr:	树叶儿	台阶儿	锅贴儿
üê→üêr:	丑角儿	木橛儿	弯月儿
u→ur:	水珠儿	脸谱儿	里屋儿

ao→aor： 蜜桃儿 走道儿 跳高儿
iao→iaor： 小鸟儿 禾苗儿 纸条儿
ou→our： 纽扣儿 年头儿 小丑儿
iou→iour： 皮球儿 短袖儿 蜗牛儿

2. 单韵母 i、ü，在韵母后面加 er
i→ier： 书皮儿 没底儿 小米儿
ü→üer： 金鱼儿 孙女儿 小曲儿

3. 单韵母 -i[ɿ]、-i[ʅ]，韵母变成 er
-i[ɿ]→er： 瓜子儿 毛刺儿 铁丝儿
-i[ʅ]→er： 树枝儿 锯齿儿 没事儿

4. 韵尾是 i、n 的韵母，韵尾脱落，韵腹加上卷舌动作
ai→ar： 窗台儿 小孩儿 鞋带儿
uai→uar： 一块儿
ei→er： 擦黑儿 宝贝儿
uei→uer： 墨水儿 香味儿 一会儿
an→ar： 名单儿 伙伴儿 鱼竿儿
ian→iar： 花边儿 碎片儿 一点儿
uan→uar： 拐弯儿 指环儿 饭馆儿
üan→üar： 圆圈儿 花园儿 手绢儿
en→er： 书本儿 走神儿 窍门儿
uen→uer： 冰棍儿 开春儿 没准儿
in、ün 韵尾脱落后则为 i、ü，同时遵循第 2 条规则，在韵母后面加 er。
in→ier： 声音儿 干劲儿 口信儿
ün→üer： 合群儿

5. 韵尾是 ng 的韵母，韵尾脱落，韵腹加上卷舌动作并带上鼻音色彩使其鼻化（在韵腹上加"~"表示鼻化）
ang→ãr： 药方儿 帮忙儿 茶缸儿
iang→iãr： 透亮儿 唱腔儿 瓜秧儿
uang→uãr： 蛋黄儿 天窗儿 亮光儿
eng→ẽr： 凉风儿 麻绳儿 板凳儿
ueng→uẽr： 水瓮儿
ong→ũr： 胡同儿 有空儿 水桶儿
ing、iong 韵尾脱落后则为 i、ü，同时遵循第 2 条规则，在韵母后面加 er。
ing→iẽr： 眼镜儿 花瓶儿 电影儿
iong→üẽr： 小熊儿

二、儿化的词汇语法作用

儿化也有词汇语法作用,词语带不带"儿"缀,意思、用法会有差异。有的词不读成儿化就不成词,有的词读成儿化与不读成儿化感情色彩不同,还有的词读成儿化与不读成儿化意思不同。例如,"桃儿""杏儿",没有"儿"缀,在口语中就不能单说;"面条儿"说成"面条","小孩儿"说成"小孩",意思没有什么不同,修辞色彩上可能稍微有点差异。

儿化的主要词汇语法作用可以概括为以下几种:

1. 区别词义,带"儿"缀的词和不带"儿"缀的词是意义不同的两个词

头:脑袋。
头儿:领头的。
眼:眼睛。
眼儿:小窟窿。

2. 区别词性,带"儿"缀的词和不带"儿"缀的词,词性不同

盖:动词。
盖儿:名词。
个:量词。
个儿:名词。

3. 带"儿"缀的词,一般表示细、小、轻、微的意义(与带"子"缀的词比较)

棍儿　刀儿　花园儿　饭桌儿　皮球儿　纸片儿

4. 带"儿"缀的词,可以表示喜爱、亲切的感情色彩。

脸儿　伙伴儿　小孩儿　小鸟儿　宝贝儿　花裙儿

第四节　语气词"啊"的音变

孤立地看,语气词"啊"是由一个单元音 a 构成的轻声音节,用在句末或句中停顿之前,连读时往往受前一个音节收尾音素影响发生音变,通常是在其原有读音前面加上一个音素。语气词"啊"的音变主要是同化或异化的结果,有以下几种情况。

1. 前面音节的收尾音素是 a、o、e、ê、i、ü 的时候,读 ya,写成"呀"或"啊"

原来是他啊(tā ya)!
还要上一个山坡啊(pō ya)!
我喜欢听你唱歌啊(gē ya)!
态度这么坚决啊(jué ya)!
别着急啊(jí ya)!
这水好绿啊(lǜ ya)!

2. 前面音节的收尾音素是 u(o)的时候,读 wa,写成"哇"或"啊"

这药真苦啊(kǔ wa)!

快来瞧啊(qiáo wa)!

3. 前面音节的收尾音素是 n 的时候,读 na,写成"哪"或"啊"

天啊(tiān na),大家快来看啊(kàn na)!

他真是个好人啊(rén na)!

4. 前面音节的收尾音素是 ng 的时候,读 nga,写成"啊"

这菜真香啊(xiāng nga)!

接着往下唱啊(chàng nga)!

5. 前面音节的收尾音素是-i[ɿ]的时候,读[zA],写成"啊"

多漂亮的字啊([zA])!

这是什么意思啊([zA])!

6. 前面音节的收尾音素是-i[ʅ]的时候,读 ra,写成"啊"

大家快吃啊(chī ra)!

到底是怎么回事啊(shì ra)!

注意:① 零声母音节"er"后面的"啊"读"ra",如"儿啊(ra)"。② 儿化后面的"啊"也多读"ra",如"花儿啊(ra)""皮儿啊(ra)""歌儿啊(ra)""食儿啊(ra)",但也有例外,如"枣儿啊",这个"啊"要读"wa"。

第五节　语流音变发音训练

一、变调练习

(一) 上声变调

1. 上声＋阴平(前者读为半上,调值 21,后者不变)

| 马车 mǎchē | 傻瓜 shǎguā | 舍身 shěshēn |
| 法官 fǎguān | 假山 jiǎshān | 纸张 zhǐzhāng |

2. 上声＋阳平(前者读为半上,调值 21,后者不变)

| 考察 kǎochá | 手足 shǒuzú | 脸庞 liǎnpáng |
| 表达 biǎodá | 满员 mǎnyuán | 准时 zhǔnshí |

3. 上声＋上声(前者读为阳平,后者不变)

把柄 bábǐng	底稿 dígǎo	好久 háojiǔ
保险 báoxiǎn	首长 shóuzhǎng	举止 júzhǐ
笔者 bízhě	粉笔 fénbǐ	耳语 éryǔ
处理 chúlǐ	鼓舞 gúwǔ	勇敢 yónggǎn

4. 上声＋去声（前者读为半上，调值21，后者不变）

法定 fǎdìng　　　　写作 xiězuò　　　　丑化 chǒuhuà
果断 guǒduàn　　　水稻 shuǐdào　　　体现 tǐxiàn

5. 上声＋轻声（前者读为半上，调值21，后者不变）

比方 bǐfang　　　　点心 diǎnxin　　　使唤 shǐhuan
打发 dǎfa　　　　　好处 hǎochu　　　委屈 wěiqu

（二）"一、不"的变调

1. "一"的变调

（1）一＋去声（"一"读为阳平，调值35）：

一半 yíbàn　　　　一带 yídài　　　　一概 yígài　　　　一切 yíqiè
一并 yíbìng　　　　一道 yídào　　　　一律 yílǜ　　　　 一样 yíyàng

（2）一＋阴平（"一"读为去声，调值51）：

一般 yìbān　　　　一番 yìfān　　　　一生 yìshēng　　　一心 yìxīn
一边 yìbiān　　　　一批 yìpī　　　　 一些 yìxiē　　　　一双 yìshuāng

（3）一＋阳平（"一"读为去声，调值51）：

一回 yìhuí　　　　一年 yìnián　　　　一齐 yìqí　　　　一群 yìqún
一连 yìlián　　　　一旁 yìpáng　　　　一如 yìrú　　　　一直 yìzhí

（4）一＋上声（"一"读为去声，调值51）：

一口 yìkǒu　　　　一起 yìqǐ　　　　一统 yìtǒng　　　一览 yìlǎn
一举 yìjǔ　　　　一体 yìtǐ　　　　一种 yìzhǒng　　　一点儿 yìdiǎnr

2. "不"的变调

（1）不＋去声（"不"读为阳平，调值35）：

不是 búshì　　　　不但 búdàn　　　　不倦 bújuàn　　　不利 búlì
不必 búbì　　　　不断 búduàn　　　　不愧 búkuì　　　不懈 búxiè

（2）不＋阴平、阳平、上声（"不"读为去声，调值51）：

不安 bùān　　　　不堪 bùkān　　　　不良 bùliáng　　　不管 bùguǎn
不该 bùgāi　　　　不曾 bùcéng　　　　不同 bùtóng　　　不久 bùjiǔ
不公 bùgōng　　　不乏 bùfá　　　　 不止 bùzhǐ　　　　不免 bùmiǎn

二、轻声练习

本事 běnshì—本事 běnshi　　　　莲子 liánzǐ—帘子 liánzi
地理 dìlǐ—地里 dìli　　　　　　　利害 lìhài—厉害 lìhai
地下 dìxià—地下 dìxia　　　　　 兄弟 xiōngdì—兄弟 xiōngdi
大方 dàfāng—大方 dàfang　　　　大爷 dàyé—大爷 dàye
服气 fúqì—福气 fúqi　　　　　　 近来 jìnlái—进来 jìnlai

三、儿化练习

a→ar：	那儿	话把儿	u→ur：	酒壶儿	门路儿
ia→iar：	纸匣儿	人家儿	ao→aor：	羊羔儿	小草儿
ua→uar：	荷花儿	鞋刷儿	iao→iaor：	面条儿	插销儿
o→or：	锯末儿	媒婆儿	ou→our：	老头儿	高手儿
uo→uor：	对过儿	蝈蝈儿	iou→iour：	抓阄儿	一溜儿
e→er：	小河儿	找乐儿	i→ier：	玩意儿	凉皮儿
iê→iêr：	半截儿	小鞋儿	ü→üer：	毛驴儿	马驹儿
üê→üêr：	旦角儿	肥缺儿	-i→er：	识字儿	新词儿
-i→er：	果汁儿	小事儿	in→ier：	树林儿	费劲儿
ai→ar：	门牌儿	锅盖儿	ün→üer：	花裙儿	
uai→uar：	乖乖儿	木块儿	ang→ãr：	秘方儿	赶趟儿
ei→er：	刀背儿	眼泪儿	iang→iãr：	茴香儿	阴凉儿
uei→uer：	帽盔儿	烟灰儿	uang→uãr：	沾光儿	纸筐儿
an→ar：	收摊儿	拼盘儿	eng→ẽr：	泥坑儿	门缝儿
ian→iar：	小辫儿	冒烟儿	ueng→uẽr：	水瓮儿	
uan→uar：	瓦罐儿	好玩儿	ong→ẽr：	小虫儿	酒盅儿
üan→üar：	绕远儿	花卷儿	ing→iẽr：	打鸣儿	蛋清儿
en→er：	脸盆儿	大婶儿	iong→üẽr：	小熊儿	
uen→uer：	下文儿	飞轮儿			

四、语气词"啊"音变练习

(一) 句子练习

(1) 这是一个好办法啊(ya)！
(2) 要等到期末啊(ya)！
(3) 大家好好喝啊(ya)！
(4) 这件事对大家非常有利啊(ya)。
(5) 要走那么远的路啊(wa)！
(6) 你以为我不知道啊(wa)！
(7) 这一走就是十年啊(na)。
(8) 今天好冷啊(nga)！
(9) 这张纸可不能撕啊[zA]！
(10) 好坚固的牙齿啊(ra)。

(二) 语篇练习

多么美丽的春天啊(na)！阳光真灿烂啊(na)，空气好清新啊(na)，地上的草多绿啊

(ya),树上的花多美啊(ya)！那些天真的孩子啊[zA]，唱啊(nga)，跳啊(wa)，他们玩得多好啊(wa)。春天的景色真是如画如诗啊(ra)！

附录一　普通话"重·次轻"格式词语表

表5-1　普通话"重·次轻"格式词语表

本表所列的词语，一般的词典没有标注轻声，但在普通话的口语中人们却大多读作"后轻"，实际上是"重·次轻"的格式。

这些词语在普通话水平测试中是语音评定的难点，在读双音节词语的时候，应试者读作"中·重"的格式，要判定为正确，因为词典上没有标注为轻声；应试者读作"重·次轻"的格式，也应判定为正确，因为在纯正的普通话口语中大多是这样读的。

不过，当应试者在朗读和说话这两项测试中把这些词语读作"中·重"的格式时，我们就会感到生硬。应试者的普通话达到二级甲等以上的水平后，为了进一步提高普通话水平，把普通话说得纯正自然，就要注意这部分词语的读音了。

A
阿门　爱护　爱惜　安顿　安排　安生　安慰　安置　暗下　傲气

B
巴望　把柄　把握　霸气　白菜　白露　摆弄　拜望　斑鸠　搬弄　办法　扮相
帮助　包庇　宝贝　报务　倍数　鼻涕　比喻　编辑　便利　表示　病人　博士
布置

C
才气　材料　财神　参与　操持　岔口　差役　产物　产业　长度　敞亮　车钱
成绩　成全　承应　乘务　程度　程序　尺度　充裕　仇人　臭虫　处分　处置
春天　绰号　次数　次序　刺激　聪明　错误

D
打开　待遇　担待　倒换　倒是　敌人　嫡系　地步　地势　地位　冬瓜　冬天
董事　动物　动作　斗笠　督促　读物　肚量　度量

E
恩人

F
翻译　反映　犯人　方便　方式　防备　分析　风气　凤凰　缝隙　伏天　服务
福利　富裕

G
干预　干部　根据　工程　购置　估计　观望

H
寒战　行业　和睦　会务　贿赂　货物　豁亮

J
吉他　纪律　技术　季度　家务　家业　价目　建筑　将军　讲求　匠人　将士

| 交代 | 交际 | 交涉 | 较量 | 教育 | 接济 | 节目 | 节日 | 解释 | 界线 | 界限 | 今天 |
| 进度 | 进士 | 近视 | 经济 | 韭菜 | 救济 | 局势 | 剧目 | 觉悟 | 爵士 | 军人 | 军事 |

K

| 刊物 | 控制 |

L

| 老虎 | 礼数 | 里面 | 力度 | 利益 | 利用 | 联络 | 联系 | 烈士 | 猎物 | 邻居 | 吝惜 |
| 灵气 | 零碎 | 伦巴 |

M

| 埋怨 | 面积 | 名分 | 命令 | 摩托 | 模样 | 目的 |

N

| 男士 | 男子 | 南瓜 | 南面 | 能手 | 女儿 | 女士 | 女子 |

O

| 偶尔 |

P

| 牌坊 | 喷嚏 | 批评 | 僻静 | 篇目 | 破费 | 菩萨 |

Q

| 蹊跷 | 气氛 | 气候 | 气量 | 气质 | 器物 | 器重 | 恰当 | 迁就 | 牵涉 | 牵制 | 前天 |
| 轻便 | 轻快 | 清净 | 请示 | 秋季 | 秋千 | 秋天 | 去处 | 趣味 | 权利 | 权力 | 劝慰 |
| 穷人 |

R

| 人物 | 荣誉 | 容易 | 若是 |

S

杀气	伤势	商议	设计	设置	射手	深度	甚至	生计	生物	生育	声势
声音	省份	圣人	诗人	时务	实惠	食物	士气	世道	事故	事务	适应
嗜好	手气	手势	手艺	熟悉	树木	数目	耍弄	税务	顺序	硕士	私下
素质	速度	算是

T

| 太监 | 太阳 | 探戈 | 堂上 | 体会 | 天气 | 天上 | 添置 | 条理 | 调剂 | 统计 | 痛处 |
| 头目 | 腿脚 | 退伍 | 托福（～考试） |

W

| 威风 | 围裙 | 维护 | 卫士 | 文凭 | 文书 | 文艺 | 武士 | 物质 | 误会 |

X

西瓜	习气	席位	媳妇	戏弄	系数	细致	下午	嫌弃	显示	羡慕	乡里
乡亲	香椿	项目	销路	孝敬	孝顺	效率	效益	效应	心计	信任	信用
信誉	刑具	刑事	形式	形势	兴致	性质	休克	序数	学问

Y

| 烟囱 | 延误 | 盐分 | 掩饰 | 样式 | 药材 | 药物 | 要不 | 业务 | 医务 | 仪器 | 仪式 |
| 贻误 | 遗弃 | 义务 | 艺术 | 意气 | 印台 | 印象 | 影壁 | 应承 | 勇士 | 犹豫 | 油性 |

右面　幼稚　于是　院士　愿望　月份　月季　乐器　运动（物质～、体育～）

Z

杂货　杂种　责任　债务　战士　账目　障碍　招待　这里　这样　珍惜　政治
职务　植物　制度　质量　秩序　智慧　智力　重量　重视　装饰　装置　壮士
姿势　滋味　字据　组织　左面　作物　作用

附录二　普通话水平测试用必读轻声词语表

表5-2　普通话水平测试用必读轻声词语表

1. 本表根据《普通话水平测试用普通话词语表》编制。
2. 本表共收词548条（其中"子"尾词207条），按汉语拼音字母顺序排列。
3. 条目中的非轻声音节只标本调，不标变调；条目中的轻声音节，注音不标调号，如："明白 míngbai"。

爱人 àiren	扁担 biǎndan	绸子 chóuzi
案子 ànzi	辫子 biànzi	除了 chúle
巴掌 bāzhang	别扭 bièniu	锄头 chútou
把子 bǎzi	饼子 bǐngzi	畜生 chùsheng
把子 bàzi	拨弄 bōnong	窗户 chuānghu
爸爸 bàba	脖子 bózi	窗子 chuāngzi
白净 báijing	簸箕 bòji	锤子 chuízi
班子 bānzi	补丁 bǔding	刺猬 cìwei
板子 bǎnzi	不由得 bùyóude	凑合 còuhe
帮手 bāngshou	不在乎 bùzàihu	村子 cūnzi
梆子 bāngzi	步子 bùzi	耷拉 dāla
膀子 bǎngzi	部分 bùfen	答应 dāying
棒槌 bàngchui	财主 cáizhu	打扮 dǎban
棒子 bàngzi	裁缝 cáifeng	打点 dǎdian
包袱 bāofu	苍蝇 cāngying	打发 dǎfa
包涵 bāohan	差事 chāishi	打量 dǎliang
包子 bāozi	柴火 cháihuo	打算 dǎsuan
豹子 bàozi	池子 chízi	打听 dǎting
杯子 bēizi	肠子 chángzi	大方 dàfang
被子 bèizi	厂子 chǎngzi	大爷 dàye
本事 běnshi	场子 chǎngzi	大夫 dàifu
本子 běnzi	车子 chēzi	带子 dàizi
鼻子 bízi	称呼 chēnghu	袋子 dàizi
比方 bǐfang	尺子 chǐzi	耽搁 dānge
鞭子 biānzi	虫子 chóngzi	耽误 dānwu

单子 dānzi	份子 fènzi	罐头 guàntou
胆子 dǎnzi	风筝 fēngzheng	罐子 guànzi
担子 dànzi	疯子 fēngzi	规矩 guīju
刀子 dāozi	福气 fúqi	闺女 guīnü
道士 dàoshi	斧子 fǔzi	鬼子 guǐzi
稻子 dàozi	盖子 gàizi	柜子 guìzi
灯笼 dēnglong	甘蔗 gānzhe	棍子 gùnzi
凳子 dèngzi	杆子 gānzi	锅子 guōzi
提防 dīfang	杆子 gǎnzi	果子 guǒzi
笛子 dízi	干事 gànshi	蛤蟆 háma
底子 dǐzi	杠子 gàngzi	孩子 háizi
地道 dìdao	高粱 gāoliang	含糊 hánhu
弟弟 dìdi	膏药 gāoyao	汉子 hànzi
地方 dìfang	稿子 gǎozi	行当 hángdang
弟兄 dìxiong	告诉 gàosu	合同 hétong
点心 diǎnxin	疙瘩 gēda	和尚 héshang
调子 diàozi	哥哥 gēge	核桃 hétao
钉子 dīngzi	胳膊 gēbo	盒子 hézi
东家 dōngjia	鸽子 gēzi	红火 hónghuo
东西 dōngxi	格子 gézi	猴子 hóuzi
动静 dòngjing	个子 gèzi	厚道 hòudao
动弹 dòngtan	根子 gēnzi	后头 hòutou
豆腐 dòufu	跟头 gēntou	狐狸 húli
豆子 dòuzi	工夫 gōngfu	胡萝卜 húluóbo
嘟囔 dūnang	功夫 gōngfu	胡琴 húqin
肚子 dǔzi	公公 gōnggong	糊涂 hútu
肚子 dùzi	弓子 gōngzi	护士 hùshi
缎子 duànzi	钩子 gōuzi	皇上 huángshang
队伍 duìwu	姑姑 gūgu	幌子 huǎngzi
对付 duìfu	姑娘 gūniang	活泼 huópo
对头 duìtou	谷子 gǔzi	火候 huǒhou
多么 duōme	骨头 gǔtou	伙计 huǒji
蛾子 ézi	故事 gùshi	机灵 jīling
儿子 érzi	寡妇 guǎfu	脊梁 jǐliang
耳朵 ěrduo	褂子 guàzi	记号 jìhao
贩子 fànzi	怪物 guàiwu	记性 jìxing
房子 fángzi	关系 guānxi	夹子 jiāzi
废物 fèiwu	官司 guānsi	家伙 jiāhuo

架势 jiàshi	喇叭 lǎba	骡子 luózi
架子 jiàzi	喇嘛 lǎma	骆驼 luòtuo
嫁妆 jiàzhuang	篮子 lánzi	妈妈 māma
尖子 jiānzi	懒得 lǎnde	麻烦 máfan
茧子 jiǎnzi	浪头 làngtou	麻利 máli
剪子 jiǎnzi	姥姥 lǎolao	麻子 mázi
见识 jiànshi	老婆 lǎopo	马虎 mǎhu
毽子 jiànzi	老实 lǎoshi	码头 mǎtou
将就 jiāngjiu	老太太 lǎotàitai	买卖 mǎimai
交情 jiāoqing	老头子 lǎotóuzi	麦子 màizi
饺子 jiǎozi	老爷 lǎoye	馒头 mántou
叫唤 jiàohuan	老子 lǎozi	忙活 mánghuo
轿子 jiàozi	累赘 léizhui	冒失 màoshi
结实 jiēshi	篱笆 líba	帽子 màozi
街坊 jiēfang	里头 lǐtou	眉毛 méimao
姐夫 jiěfu	厉害 lìhai	媒人 méiren
姐姐 jiějie	痢疾 lìji	妹妹 mèimei
戒指 jièzhi	利落 lìluo	门道 méndao
金子 jīnzi	力气 lìqi	密缝 mīfeng
精神 jīngshen	利索 lìsuo	迷糊 míhu
镜子 jìngzi	例子 lìzi	面子 miànzi
舅舅 jiùjiu	栗子 lìzi	苗条 miáotiao
橘子 júzi	连累 liánlei	苗头 miáotou
句子 jùzi	帘子 liánzi	名堂 míngtang
卷子 juànzi	林子 línzi	名字 míngzi
咳嗽 késou	凉快 liángkuai	明白 míngbai
客气 kèqi	粮食 liángshi	蘑菇 mógu
空子 kòngzi	料子 liàozi	模糊 móhu
口袋 kǒudai	两口子 liǎngkǒuzi	木匠 mùjiang
口子 kǒuzi	翎子 língzi	木头 mùtou
扣子 kòuzi	领子 lǐngzi	那么 nàme
窟窿 kūlong	溜达 liūda	奶奶 nǎinai
裤子 kùzi	聋子 lóngzi	难为 nánwei
快活 kuàihuo	笼子 lóngzi	脑袋 nǎodai
筷子 kuàizi	炉子 lúzi	脑子 nǎozi
框子 kuàngzi	路子 lùzi	能耐 néngnai
困难 kùnnan	轮子 lúnzi	你们 nǐmen
阔气 kuòqi	萝卜 luóbo	念叨 niàndao

念头 niàntou	亲家 qìngjia	石榴 shíliu
娘家 niángjia	曲子 qǔzi	时候 shíhou
镊子 nièzi	圈子 quānzi	石匠 shíjiang
奴才 núcai	拳头 quántou	石头 shítou
女婿 nǚxu	裙子 qúnzi	实在 shízai
暖和 nuǎnhuo	热闹 rènao	使唤 shǐhuan
疟疾 nüèji	人家 rénjia	似的 shìde
拍子 pāizi	人们 rénmen	世故 shìgu
牌楼 páilou	认识 rènshi	事情 shìqing
牌子 páizi	日子 rìzi	柿子 shìzi
盘算 pánsuan	褥子 rùzi	收成 shōucheng
盘子 bánzi	塞子 sāizi	收拾 shōushi
胖子 pàngzi	嗓子 sǎngzi	首饰 shǒushi
狍子 páozi	嫂子 sǎozi	舒服 shūfu
盆子 pénzi	扫帚 sàozhou	疏忽 shūhu
朋友 péngyou	沙子 shāzi	叔叔 shūshu
棚子 péngzi	傻子 shǎzi	舒坦 shūtan
脾气 píqi	扇子 shànzi	梳子 shūzi
皮子 pízi	商量 shāngliang	爽快 shuǎngkuai
痞子 pǐzi	晌午 shǎngwu	思量 sīliang
屁股 pìgu	上司 shàngsi	算计 suànji
片子 piānzi	上头 shàngtou	岁数 suìshu
便宜 piányi	烧饼 shāobing	孙子 sūnzi
骗子 piànzi	勺子 sháozi	他们 tāmen
票子 piàozi	少爷 shàoye	它们 tāmen
漂亮 piàoliang	哨子 shàozi	她们 tāmen
瓶子 píngzi	舌头 shétou	台子 táizi
婆家 pójia	身子 shēnzi	太太 tàitai
婆婆 pópo	什么 shénme	摊子 tānzi
铺盖 pūgai	婶子 shěnzi	坛子 tánzi
欺负 qīfu	生意 shēngyi	毯子 tǎnzi
旗子 qízi	牲口 shēngkou	桃子 táozi
前头 qiántou	绳子 shéngzi	特务 tèwu
钳子 qiánzi	师父 shīfu	梯子 tīzi
茄子 qiézi	师傅 shīfu	蹄子 tízi
亲戚 qīnqi	虱子 shīzi	挑剔 tiāoti
勤快 qínkuai	狮子 shīzi	挑子 tiāozi
清楚 qīngchu	拾掇 shíduo	条子 tiáozi

跳蚤 tiàozao	谢谢 xièxie	应酬 yìngchou
铁匠 tiějiang	心思 xīnsi	柚子 yòuzi
亭子 tíngzi	星星 xīngxing	冤枉 yuānwang
头发 tóufa	猩猩 xīngxing	院子 yuànzi
头子 tóuzi	行李 xíngli	月饼 yuèbing
兔子 tùzi	性子 xìngzi	月亮 yuèliang
妥当 tuǒdang	兄弟 xiōngdi	云彩 yúncai
唾沫 tuòmo	休息 xiūxi	运气 yùnqi
挖苦 wāku	秀才 xiùcai	在乎 zàihu
娃娃 wáwa	秀气 xiùqi	咱们 zánmen
袜子 wàzi	袖子 xiùzi	早上 zǎoshang
晚上 wǎnshang	靴子 xuēzi	怎么 zěnme
尾巴 wěiba	学生 xuésheng	扎实 zhāshi
委屈 wěiqu	学问 xuéwen	眨巴 zhǎba
为了 wèile	丫头 yātou	栅栏 zhàlan
位置 wèizhi	鸭子 yāzi	宅子 zháizi
位子 wèizi	衙门 yámen	寨子 zhàizi
蚊子 wénzi	哑巴 yǎba	张罗 zhāngluo
稳当 wěndang	烟筒 yāntong	这么 zhème
我们 wǒmen	胭脂 yānzhi	丈夫 zhàngfu
屋子 wūzi	眼睛 yǎnjing	芝麻 zhīma
稀罕 xīhan	燕子 yànzi	帐篷 zhàngpeng
席子 xízi	秧歌 yāngge	丈人 zhàngren
媳妇 xífu	养活 yǎnghuo	帐子 zhàngzi
喜欢 xǐhuan	样子 yàngzi	招呼 zhāohu
瞎子 xiāzi	吆喝 yāohe	招牌 zhāopai
匣子 xiázi	妖精 yāojing	折腾 zhēteng
下巴 xiàba	钥匙 yàoshi	这个 zhège
吓唬 xiàhu	椰子 yēzi	枕头 zhěntou
先生 xiānsheng	爷爷 yéye	镇子 zhènzi
消息 xiāoxi	叶子 yèzi	知识 zhīshi
乡下 xiāngxia	一辈子 yībèizi	侄子 zhízi
箱子 xiāngzi	衣服 yīfu	指甲 zhǐjia(zhījia)
相声 xiàngsheng	衣裳 yīshang	种子 zhǒngzi
小伙子 xiǎohuǒzi	椅子 yǐzi	珠子 zhūzi
小气 xiǎoqi	意思 yìsi	竹子 zhúzi
小子 xiǎozi	银子 yínzi	主意 zhǔyi(zhúyi)
笑话 xiàohua	影子 yǐngzi	主子 zhǔzi

柱子 zhùzi	锥子 zhuīzi	嘴巴 zuǐba
爪子 zhuǎzi	桌子 zhuōzi	作坊 zuōfang
转悠 zhuànyou	字号 zìhao	指头 zhǐtou(zhítou)
庄稼 zhuāngjia	自在 zìzai	状元 zhuàngyuan
壮实 zhuàngshi	粽子 zòngzi	琢磨 zuómo
庄子 zhuāngzi	祖宗 zǔzong	

附录三　普通话水平测试用儿化词语表

表5-3　普通话水平测试用儿化词语表

1. 本表参照《普通话水平测试用普通话词语表》及《现代汉语词典》编制。加＊的是以上二者未收，根据测试需要而酌增的条目。

2. 本表仅供普通话水平测试第二项——读多音节词语（100个音节）测试使用。本表儿化音节，在书面上一律加"儿"，但并不表明所列词语在任何语用场合都必须儿化。

3. 本表共收词189条，按儿化韵母的汉语拼音字母顺序排列。

4. 本表列出的儿化音节的注音只在基本形式后面加r，如："一会儿 yīhuìr"，不标语音上的实际变化。

刀把儿 dāobàr	门槛儿 ménkǎnr	鼻梁儿 bíliángr
号码儿 hàomǎr	药方儿 yàofāngr	透亮儿 tòuliàngr
戏法儿 xìfǎr	赶趟儿 gǎntàngr	花样儿 huāyàngr
在哪儿 zàinǎr	香肠儿 xiāngchángr	脑瓜儿 nǎoguār
找碴儿 zhǎochár	瓜瓤儿 guārángr	大褂儿 dàguàr
打杂儿 dǎzár	掉价儿 diàojiàr	麻花儿 máhuār
板擦儿 bǎncār	一下儿 yīxiàr	笑话儿 xiàohuar
名牌儿 míngpáir	豆芽儿 dòuyár	牙刷儿 yáshuār
鞋带儿 xiédàir	小辫儿 xiǎobiànr	一块儿 yīkuàir
壶盖儿 húgàir	扇面儿 shànmiànr	茶馆儿 chágu ǎnr
小孩儿 xiǎoháir	差点儿 chàdiǎnr	饭馆儿 fànguǎnr
加塞儿 jiāsāir	一点儿 yīdiǎnr	火罐儿 huǒguànr
快板儿 kuàibǎnr	雨点儿 yǔdiǎnr	落款儿 luòkuǎnr
老伴儿 lǎobànr	聊天儿 liáotiānr	打转儿 dǎzhuànr
蒜瓣儿 suànbànr	照片儿 zhàopiānr	拐弯儿 guǎiwānr
脸盘儿 liǎnpánr	拉链儿 lāliànr	好玩儿 hǎowánr
脸蛋儿 liǎndànr	冒尖儿 màojiānr	大腕儿 dàwànr
收摊儿 shōutānr	坎肩儿 kǎnjiānr	蛋黄儿 dànhuángr
栅栏儿 zhàlanr	牙签儿 yáqiānr	打晃儿 dǎhuàngr
包干儿 bāogānr	露馅儿 lòuxiànr	烟卷儿 yānjuǎnr
笔杆儿 bǐgǎnr	心眼儿 xīnyǎnr	手绢儿 shǒujuànr

刀背儿 dāobèir	胖墩儿 pàngdūnr	在这儿 zàizhèr
出圈儿 chūquānr	砂轮儿 shālúnr	碎步儿 suìbùr
包圆儿 bāoyuánr	冰棍儿 bīnggùnr	没谱儿 méipǔr
老本儿 lǎoběnr	没准儿 méizhǔnr	儿媳妇儿 érxífur
人缘儿 rényuánr	开春儿 kāichūnr	梨核儿 líhúr
绕远儿 ràoyuǎnr	* 小瓮儿 xiǎowèngr	泪珠儿 lèizhūr
杂院儿 záyuànr	瓜子儿 guāzǐr	有数儿 yǒushùr
天窗儿 tiānchuāngr	石子儿 shízǐr	果冻儿 guǒdòngr
摸黑儿 mōhēir	没词儿 méicír	门洞儿 méndòngr
花盆儿 huāpénr	挑刺儿 tiāocìr	胡同儿 hútòngr
嗓门儿 sǎngménr	墨汁儿 mòzhīr	抽空儿 chōukòngr
把门儿 bǎménr	锯齿儿 jùchǐr	酒盅儿 jiǔzhōngr
哥们儿 gēmenr	记事儿 jìshìr	小葱儿 xiǎocōngr
纳闷儿 nàmènr	针鼻儿 zhēnbír	* 小熊儿 xiǎoxióngr
后跟儿 hòugēnr	垫底儿 diàndǐr	红包儿 hóngbāor
别针儿 biézhēnr	肚脐儿 dùqír	灯泡儿 dēngpàor
一阵儿 yīzhènr	玩意儿 wányìr	半道儿 bàndàor
走神儿 zǒushénr	有劲儿 yǒujìnr	手套儿 shǒutàor
大婶儿 dàshěnr	送信儿 sòngxìnr	跳高儿 tiàogāor
杏仁儿 xìngrénr	脚印儿 jiǎoyìnr	叫好儿 jiàohǎor
刀刃儿 dāorènr	花瓶儿 huāpíngr	口罩儿 kǒuzhàor
夹缝儿 jiāfèngr	打鸣儿 dǎmíngr	绝着儿 juézhāor
脖颈儿 bógěngr	图钉儿 túdīngr	口哨儿 kǒushàor
提成儿 tíchéngr	门铃儿 ménlíngr	蜜枣儿 mìzǎor
半截儿 bànjiér	眼镜儿 yǎnjìngr	鱼漂儿 yúpiāor
小鞋儿 xiǎoxiér	蛋清儿 dànqīngr	火苗儿 huǒmiáor
高跟儿鞋 gāogēnrxié	火星儿 huǒxīngr	跑调儿 pǎodiàor
主角儿 zhǔjuér	人影儿 rényǐngr	面条儿 miàntiáor
旦角儿 dànjuér	毛驴儿 máolǘr	豆角儿 dòujiǎor
小人儿书 xiǎorénrshū	小曲儿 xiǎoqǔr	开窍儿 kāiqiàor
跑腿儿 pǎotuǐr	痰盂儿 tányúr	衣兜儿 yīdōur
一会儿 yīhuìr	合群儿 héqúnr	老头儿 lǎotóur
耳垂儿 ěrchuír	模特儿 mótèr	年头儿 niántóur
墨水儿 mòshuǐr	逗乐儿 dòulèr	小偷儿 xiǎotōur
围嘴儿 wéizuǐr	唱歌儿 chànggēr	门口儿 ménkǒur
走味儿 zǒuwèir	挨个儿 āigèr	纽扣儿 niǔkòur
打盹儿 dǎdǔnr	打嗝儿 dǎgér	线轴儿 xiànzhóur
钢镚儿 gāngbèngr	饭盒儿 fànhér	小丑儿 xiǎochǒur

顶牛儿 dǐngniúr	火锅儿 huǒguōr	小说儿 xiǎoshuōr
抓阄儿 zhuājiūr	做活儿 zuòhuór	被窝儿 bèiwōr
棉球儿 miánqiúr	大伙儿 dàhuǒr	耳膜儿 ěrmór
加油儿 jiāyóur	邮戳儿 yóuchuōr	粉末儿 fěnmòr

第六章　普通话音节

第一节　普通话音节概况

一、普通话音节的结构

(一) 普通话音节的构成

音节是听觉上能自然分辨的最小的语音单位,是语音的基本单位。从生理角度看,发音器官肌肉紧张度的每一次增而复减就形成一个音节。

普通话里,除个别情况(儿化)外,一个汉字对应的就是一个音节。从现代语音学角度分析,普通话音节是由音素按一定方式组合的结果。按我国传统汉语音韵学的分析,普通话音节由声母、韵母和声调三个部分构成:

(1) 声母,位于汉语音节开头的辅音,有的音节不以辅音开头,习惯上被称作零声母。

(2) 韵母,指音节中声母后面的部分,韵母内部又可分为韵头、韵腹、韵尾三部分。

① 韵头,又叫介音,是指介于辅音声母和韵腹(即主要元音)之间的音,又叫头音。普通话中只有 i、u、ü 三个介音。

② 韵腹,是韵母中口腔开合度最大的元音,也是音节中最响亮、突出、听觉感受最显著的部分。如果音节中只有一个元音,这个元音就是韵腹。

③ 韵尾,是一个音节的收束部分,发音较短、较弱,又叫尾音。普通话只有 i、u(ao 中的"o"实际上是"u")、n、ng 等几个音素充当尾音。

(3) 声调,指音节中具有区别意义作用的音高变化。普通话有四种基本声调:阴平、阳平、上声、去声。

音节的结构具体如下表所示:

表 6-1　普通话音节结构表

声母(辅音|零声母)	声　调		
	韵母		
	韵头(元音)	韵	
		腹(元音)	尾(元音|辅音)

(二) 普通话音节结构类型

根据组合特点来划分,普通话音节有以下几种类型:

声母＋(韵头＋韵腹＋韵尾)＋声调,如 guài 怪;
声母＋(O＋韵腹＋韵尾)＋声调,如 gāi 该。
声母＋(韵头＋韵腹＋O)＋声调,如 xué 学。
声母＋(O＋韵腹＋O)＋声调,如 tǎ 塔。
O＋(韵头＋韵腹＋韵尾)＋声调,如 yán 延。
O＋(韵头＋韵腹＋O)＋声调,如 wǒ 我。
O＋(O＋韵腹＋韵尾)＋声调,如 ǒu 偶。
O＋(O＋韵腹＋O)＋声调,如 yù 玉。

注意: 为了教学方便,必要时应将汉语拼音的某些拼法加括号予以还原。例如:yi、wu、yu 还原为(i)(u)(ü),iu、ui、un 还原为 i(o)u、u(e)i、u(e)n,ie、üe 还原为 i(ê)、ü(ê)等。

(三) 普通话音节结构特点

普通话音节结构主要有如下特点:

(1) 一个音节最少由一个音素构成,最多可以由四个音素构成。例如:音节 è 有一个音素,音节 tú 有两个音素,音节 dōu 有三个音素,音节 zhuàng 有四个音素。

(2) 有的音节没有辅音,但每个音节都有元音,少则一个(即韵腹),多则三个,10 个单元音都可以做韵腹。

(3) 有辅音的音节里,辅音只在音节的开头或末尾出现,在音节末尾出现的辅音只限于 n 和 ng;而且没有两个辅音相连的音节,声母 zh、ch、sh 和韵尾 ng 分别表示一个辅音,都不是复辅音。

(4) 韵母可以分成韵头、韵腹和韵尾三部分,一个音节可以没有辅音韵头和韵尾,但不能没有韵腹(主要元音);可以充当韵腹的元音有 a、o、e、ê、i、u、ü、er、-i[ɿ]、-i[ʅ],可以充当韵头的只有高元音 i、u、ü,可以充当韵尾的只有高元音 i、u 和鼻辅音 n、ng。

(5) 每个音节都有声调。有几个特殊的叹词音节只有辅音而没有元音。例如:hm(噷)、hng(哼)、m(姆)、n(嗯)、ng(嗯),其中 m、ng 是单辅音,hm、hng 是两个辅音拼合而成。但这只是普通话音节中的个别现象。

以上几点有助于我们了解普通话音节的结构,熟悉和掌握这些特点有助于正确地拼读普通话音节。

二、普通话音节的拼读

普通话音节的拼读,简称拼音,就是按照普通话音节的构成规律,把声母、韵母快速地连读拼合并加上声调而成为一个音节。

(一) 拼音应注意的问题

1. **声母要读本音**

平常念声母一般是念它的呼读音,所谓呼读音都是在声母的本音后面加上一个元音,如 b、p、m、f 后加 o,d、t、n、l、g、k、h 后加 e,j、q、x 后加 i,zh、ch、sh、r 后加-i[ʅ],z、c、s 后加-i[1]。用声母拼音时,应该去掉这个加进去以便呼读的元音,而用它的本音。一般声母念得轻一些、短一些就接近本音。

2. 声母、韵母之间不要有停顿,拼读要快速、连贯

拼音时,发音器官先做好发某个声母本音的姿势,然后在发这个声母本音的同时把后面的韵母顺势念出来。如拼 gǔ(谷)时,g 和 u 之间不能有停顿,否则就会拼成 g(ē)—ǔ(歌舞)。

3. 要念准韵头

对于有韵头的音节,在拼音时要把韵头念准,有意识地让口张得慢一些,把韵头引出来,防止出现丢失韵头或误读韵头的现象。如 luàn(乱)若丢失韵头,就会拼成 làn(滥);xué(学)误读韵头,就会拼成 xié(鞋)。

(二) 拼音的方法

1. 双拼法

音节拼读最常用的方法是双拼法。

其中又以"声韵双拼法"最为常用,即用声母和韵母两个部分进行拼音的方法。用这种方法拼音,要把韵母当作一个整体,如 g—uāng、m—íng。两拼法的拼音要领可以总结为"前音轻短后音重,两音相连猛一碰"。

此外,还有一种"声介合拼法",即先把声母和韵头(介音)合成一个部分,然后同随后的韵母(学名为"韵身")拼合。不过该法只适用于有韵头的音节,如 gu—āng→guāng(光)。

2. 三拼法

把带介音的音节分析成声母、韵头、韵身三个部分,拼音时将声母、韵头、韵身三部分连读成一个音节。该法也只适用于有韵头的音节。拼音时先读声母,再读 i、u 或 ü,然后再读后面的韵母,三部分连续呼出一个音节。如:q—i—áng→qiáng(强)。发音要领是"声轻介快韵母响,三音连读很顺当"。

3. 直呼音节法

把汉语普通话的每个音节当作一个整体,一开始教给学生的就是整个音节,使他们形成整体认读的思维定式,从而达到音节整体直呼的目的。

此外,拼音时还要看清调号,读准调值。声调在拼读时一般有两种读法:

(1) 韵母定调法。声韵拼合时按音节的实际声调读,如"明"m—íng→míng。

(2) 音节数调法。声韵拼合时读阴平,拼成音节时也读阴平,然后再按阳平、上声、去声的顺序挨个儿试,找准要读的那个调子,如"明"mīng—míng—mǐng—mìng。

第二节　普通话单音节字词发音训练

一、难认易混字训练

本节所说的难认易混字,指由方言语音以外的因素造成误读的字。主要有以下几类:

(一)因汉字形近而易误读

汉字中有不少字的形体大同小异,测试时应试人有时只识其大概,匆匆将甲字读成乙字。考生答题时不要一瞥而过,要看清形近(形似)字的细微差别。

辨一辨、读一读下面的形近字:

易混淆的形近字1

绢 juàn　捐 juān	舂 chōng　春 chūn	韦 wéi　苇 wěi
酉 yǒu　晒 shài	窄 zhǎi　乍 zhà	抿 mǐn　眠 mián
磬 qìng　馨 xīn	吮 shǔn　允 yǔn	卒 zú　崒 cuì
瓮 wèng　翁 wēng	缫 sāo　巢 cháo	吠 fèi　犬 quǎn
涮 shuàn　刷 shuā	拙 zhuō　绌 chù	槽 cáo　糟 zāo
鬓 bìn　滨 bīn	硼 péng　蹦 bèng	祛 qū　怯 qiè
谬 miù　廖 liào	昧 mèi　味 wèi	瞟 piǎo　膘 biāo
筛 shāi　帅 shuài	癖 pǐ　僻 pì	债 zhài　责 zé
瘦 shòu　艘 sōu	蕊 ruǐ　芯 xīn	攥 zuàn　纂 zuǎn
蹿 cuān　窜 cuàn	歼 jiān　纤 xiān	妄 wàng　枉 wǎng
踹 chuài　喘 chuǎn	擦 cā　察 chá	蹭 cèng　僧 sēng
饷 xiǎng　响 shǎng	烁 shuò　砾 lì	眨 zhǎ　贬 biǎn
撅 juē　蕨 jué	裴 péi　斐 fěi	焚 fén　婪 lán
拎 līn　岭 lǐng	琼 qióng　晾 liàng	邻 lín　领 lǐng
肘 zhǒu　忖 cǔn	窖 jiào　窘 jiǒng	隋 suí　髓 suǐ
蛹 yǒng　捅 tǒng	幂 mì　幕 mù	畦 qí　畸 jī
獭 tǎ　癞 lài	瘟 wēn　蕴 yùn	拂 fú　佛 fó
凹 āo　凸 tū	栅 zhà　珊 shān	

易混淆的形近字2

匀—均	磕—嗑	隋—惰	弱—溺	阴—荫	浊—烛	响—晌
已—己	险—捡	若—苦	拨—拔	券—卷	拆—折	辍—缀
玖—玫	冼—洗	孳—孽	癣—薛	俩—两	困—团	灸—炙
赢—羸	旅—族	未—末	器—嚣	逢—蓬	仍—扔	堤—提
坯—胚	进—迸	奈—捺	咂—砸	暂—崭	频—濒	篡—纂
塌—蹋—榻	拔—拔—泼	辍—缀—啜	瞥—憋—撇	虱—蚤—骚		

妥—馁—绥　　概—溉—慨　　锹—揪—啾　　皱—诌—绉—邹
垮—挎—夸—跨　　考—烤—拷—铐　　筐—框—匡—眶
若—偌—诺—惹　　疮—怆—舱—苍　　镖—剽—瞟—缥
阐—蝉—婵—禅—掸　　陷—谄—掐—馅—焰　　玄—眩—炫—舷
抠—沤—讴—呕　　挠—铙—饶—绕　　踹—湍—瑞—端—惴—揣

(二) 因偏旁类推而易误读

在现行汉字中,有 90% 以上的字是形声字。形声字的声旁表示读音,就声旁的功能来看,由同一声旁构成的字,其读音大都是相同或大致相同的,有的即使经过长期的语音演变,相互间仍然有规律可以寻找。但是用声旁推导声、韵、调时,要排除少数例外,不可一概而论,否则就会出现"秀才识字读半边"的情况。

需要注意三种情况:一种是声旁的声母变化了,如"挠"不读 ráo 读 náo,"济"不读 qí 读 jì;另一种是声旁的韵母变化了,如"喔"不读 wū 读 wò,"捭"不读 bēi 读 bǎi;还有一种情况就是声旁中的声母、韵母全变了,如"崛"不读 qū 读 jué,"嵩"不读 gāo 读 sōng。

请读一读下面的字(测试字——声旁):

迸——并　　筛——师　　侍——寺　　锹——秋　　疮——仓　　滨——宾
沤——区　　潲——稍　　涮——刷　　捌——别　　掸——单　　铐——考
拗——幼　　鳃——思　　碾——展　　疮——仓　　砣——它　　渍——责

(三) 将双音节词语中的甲字误读作乙字

现代汉语词汇以双音节为主,有些双音节词的甲、乙两字通常是成对出现,且其中某个字或两个字都不常见或不单用时,这类双音节词的甲、乙两字拆开单独认读时往往会出现误读。例如:

吝——啬　　铿——锵　　玫——瑰　　吊——唁　　逮——捕　　酝——酿
喷——嚏　　抽——屉　　镶——嵌　　搪——塞　　褶——皱　　龋——齿
蚌——埠　　妊——娠　　奢——侈　　讹——诈　　继——续　　叛——变
侮——辱　　叙——述　　镶——嵌

(四) 把甲字误读作与甲字意义相近或相关的乙字

有些字词对于一些应试人来说是比较生僻的,他们在口语或书面语中较少使用,日常阅读中结合上下文语境能大略推知其意义,但不明其读音,测试时便容易出现误读。例如:

镍——溴　　疼——痛　　啃——咬　　瞥——瞄　　膻——臊　　刘——割　　拽——拉

(五) 已经统读的异读词的误读

1985 年 12 月,《普通话异读词审音表》经国家语言文字工作委员会、国家教育委员会、广播电视部审查通过并联合发布。审音表的发布为现代汉语异读词的读音确立了标准,但测试中异读词误读现象仍较普遍。例如:

卓 zhuó——zhuō　　呆 dāi——ái　　凿 záo——zuò　　酵 jiào——xiào

(六) 习惯误读的字

习惯误读字是指仅凭主观印象或受他人、社会等的影响而读错的字。如把"气氛"的"氛"读成 fèn（应读 fēn），把"埋怨"的"埋"读成 mái（应读 mán）等。

(七) 生僻字或非常用字

一些汉字不常用，再加上形体较复杂，应试者会因临时记不起该字的读音而空读或错读。

下面这些字容易误读，请注音并熟读：

袄、偿、拆、抽、惩、脆、悼、栋、抚、逢、昏、浆、俊、浸、桓、旅、栗、乃、暖、凝、坡、泼、判、凭、禽、券、圈、锹、揉、染、摄、嘲、肆、俗、腔、蛙、威、侮、叙、絮、熊、冤、愈、崖、御、撞、扎、熬、蚌、埠、捌、侈、苤、揣、舵、瞪、甸、掸、妒、讹、贰、樊、羹、豁、灸、窘、诀、铐、抠、凭、拗、捺、孽、疟、碾、虐、坯、潘、烹、颇、乾、蛆、契、纽、漱、肜、搪、屉、淌、嚣、犀、镶、癣、刑、喑、辙、掷、铡、撤、逞、磋、痔、颓、咯、槛、赢、酶、饶、拈、镍、筐、啪、龋、妾、鳃、擅、粟、佘、嚏、榻、查、唔、剑、冼、遐、魅、荀、鄄、挥、刈、褶

(八) 注意常见成语中特殊字的读音

例如："丢车保帅"的"车"读 jū 不读 chē，"心宽体胖"的"胖"读 pán 不读 pàng，"自怨自艾"的"艾"读 yì 不读 ài 等。

关于成语的具体情况详见下面"易错成语"部分，此处不做详细分析。

二、多音字训练

多音字，顾名思义，就是一字多音。多音字的认读比较复杂，容易出错。

普通话多音字的规范读音应参照《现代汉语词典》和《普通话异读词审音表》。以前的《现代汉语词典》有一些字音与《普通话异读词审音表》不一致，商务印书馆的第 5 版《现代汉语词典》已基本按《普通话异读词审音表》改正了，只有极个别字音没改，若二者有差异，需以《普通话异读词审音表》为准。

(一) 多音字的认读规则

下面介绍一些普通话多音字的认读规则，并举些例子在方法上做一些提示。

1. 区别口语读音与书面语读音

例如，"薄"在书面语中读 bó，如"薄弱""单薄""淡薄""日薄西山""薄利多销"；而在口语中读 báo，如"纸太薄"。又如"熟"在书面语中读 shú，如"熟悉""成熟""深思熟虑""熟视无睹"；而在口语中读 shóu，如"李子熟了"。

请读一读、记一记下表中因语体不同而有不同读音的字：

表 6-2 因语体不同而读音不同的字

	口语	书面语		口语	书面语
壳	脑壳(ké)儿	地壳(qiào)	露	露(lòu)马脚	露(lù)骨
落	落(lào)枕、丢三落(là)四	降落(luò)	熟	苹果熟(shóu)了	成熟(shú)
蔓	瓜蔓(wàn)	蔓(màn)延	钥	钥(yào)匙	锁钥(yuè)
疟	发疟(yào)子	疟(nüè)疾	尾	马尾(yǐ)巴	尾(wěi)巴
片	相片(piān)儿	照片(piàn)	颈	脖颈(gěng)子	颈(jǐng)椎
色	掉色(shǎi)	颜色(sè)	血	流了点血(xiě)	流血(xuè)牺牲

2. 区分单用还是构词

有的字单用时的读音与组成词语后的读音不同。如"剥花生"的"剥"读 bāo,而"剥削"的"剥"读 bō。

请读一读、记一记下表中的多音字:

表 6-3 单用和构词读音不同的字

	单用	构词		单用	构词
削	削(xiāo)皮	削(xuē)足适履	勒	勒(lēi)紧	勒(lè)令
逮	逮(dǎi)耗子	逮(dài)捕	馏	馏(liù)馒头	分馏(liú)
澄	把水澄(dèng)清	澄(chéng)清事实	翘	翘(qiào)尾	翘(qiáo)首
给	给(gěi)国旗行礼	自给(jǐ)自足	薄	薄(báo)饼	薄(bó)弱
虹	天上出了虹(jiàng)	彩虹(hóng)	择	择(zhái)菜	选择(zé)

3. 不同的语音代表不同的语义

有些字,字义不同时,读音也往往不同。根据不同的意义来掌握不同的读音,这是认读多音字的重要方法。比如"载",在表示"年"或者"记载,刊登"意义的时候念 zǎi,如"转载";在表示"装载"意义的时候念 zài,如"载体"。

4. 不同的语音区分词性

有的字,词性不同,读音也往往不同。例如"畜",做名词时读 chù,如"家畜""牲畜",做动词时读 xù,如"畜牧""畜养"。

请读一读、记一记下表中的多音字:

表 6-4 因词性不同而读音不同的字

趟	动词读 tāng 趟地	名词、量词读 tàng 跟上趟、走一趟
扇	动词读 shān 扇凉	名词、量词读 shàn 门扇、一扇门
担	动词读 dān 承担	名词、量词读 dàn 担子、一担柴
铺	名词读 pù 店铺、床铺	动词、量词读 pū 铺床、一铺炕
几	数词读 jǐ 几个人	名词、副词读 jī 茶几、茉肠几断
夫	名词读 fū 车夫、老夫人	代词、助词读 fú 夫人不言、悲夫

(二) 巧记多音字

1. "记少不记多"的方法

多音字可采用"记少不记多"的方法来识记,即记住某些字的少数(或个别)特殊的读音以达到快速识或便捷识记的目的。可使用这种方法识记的多音字主要有如下两类:

(1) 只有一个词读音特殊的多音字。

腌:除"腌臜"读 ā 外,其余都读 yān。
熬:除"熬菜"读 āo 外,其余都读 áo。
蚌:除"蚌埠"读 bèng 外,其余都读 bàng。
臂:除"胳臂"读 bei 外,其余都读 bì。
瘪:除"瘪三"读 biē 外,其余都读 biě。
簸:除"簸箕"读 bò 外,其余都读 bǒ。
打:除量词(十二个为一打)读 dá 外,其余都读 dǎ。
逮:除"逮捕"读 dài 外,其余都读 dǎi。
提:除"提防"读 dī 外,其余都读 tí。
佛:除"仿佛"读 fú 外,其余都读 fó。
红:除"女红"读 gōng 外,其余都读 hóng。
估:除"估衣"读 gù 外,其余都读 gū。
过:除作为姓氏时读 guō 外,其余都读 guò。
勾:除"勾当"读 gòu 外,其余都读 gōu。
纶:除"纶巾"读 guān 外,其余都读 lún。
虾:除"虾蟆"读 há 外,其余都读 xiā。
巷:除"巷道"读 hàng 外,其余都读 xiàng。
溃:除"溃脓"读 huì 外,其余都读 kuì。
奇:除"奇数"读 jī 外,其余都读 qí。
经:除"经纱"读 jìng 外,其余都读 jīng。
靓:除"靓妆"读 jìng 外,其余都读 liàng。
浅:除"浅浅"(拟声词,形容流水声)读 jiān 外,其余都读 qiǎn。
车:除象棋中读 jū 外,其余都读 chē。
据:除"拮据"读 jū 外,其余都读 jù。
槛:除"门槛"读 kǎn 外,其余都读 jiàn。
烙:除"炮烙"读 luò 外,其余都读 lào。
论:除在《论语》中读 lún 外,其余都读 lùn。
埋:除"埋怨"读 mán 外,其余都读 mái。
脉:除"脉脉"读 mò 外,其余都读 mài。
迫:除"迫击炮"读 pǎi 外,其余都读 pò。
胖:除"心广体胖"读 pán 外,其余都读 pàng。
扁:除"扁舟"读 piān 外,其余都读 biǎn。

冯:除"暴虎冯河"读 píng 外,其余都读 féng。
仆:除"前仆后继"读 pū 外,其余都读 pú。
亟:除"亟来闻讯"读 qì 外,其余都读 jí。
稽:除"稽首"读 qǐ 外,其余都读 jī。
亲:除"亲家"读 qìng 外,其余都读 qīn。
稍:除"稍息"读 shào 外,其余都读 shāo。
汤:除"汤汤"(水流大而急)读 shāng 外,其余都读 tāng。
上:除"上声"读 shǎng 外,其余都读 shàng。
拾:除"拾级而上"读 shè 外,其余都读 shí。
什:除"什么"读 shén 外,其余都读 shí。
似:除"似的"读 shì 外,其余都读 sì。
遂:除"半身不遂"读 suí 外,其余都读 suì。
踏:除"踏实"读外 tā,其余都读 tà。
体:除"体己"读 tī 外,其余都读 tǐ。
同:除"胡同"读 tòng 外,其余都读 tóng。
厦:除"厦门"读 xià 外,其余都读 shà。
肖:除作为姓氏读 xiāo 外,其余都读 xiào。
叶:除"叶韵"读 xié 外,其余都读 yè。
殷:除"殷红"读 yān、"殷殷(形容雷声)其雷"读 yǐn 外,其余都读 yīn。
症:除"症结"读 zhēng 外,其余都读 zhèng。

(2) 两个以上词读音特殊的多音字。

秘:除"秘鲁"及作为姓氏时读 bì 外,其余都读 mì。
骨:除"花骨朵、骨碌"读 gū 外,其余都读 gǔ。
结:除"结了果子、开花结果、结巴、结实"读 jiē 外,其余都读 jié。
渐:除"渐染、东渐于海"读 jiān 外,其余都读 jiàn。
会:除"会计、会稽"读 kuài 外,其余都读 huì。
擂:除"擂台、打擂"读 lèi 外,其余都读 léi。
弄:除"里弄、弄堂"等读 lòng 外,其余都读 nòng。
绿:除"绿林、绿营"读 lù 外,其余都读 lǜ。
丽:除"丽水、高丽"读 lí 外,其余都读 lì。
台:除"台州、天台山"读 tāi 外,其余都读 tái。
轧:除"轧钢、轧辊、轧机"读 zhá 外,其余都读 yà。

2. 趣味练习

艾:他在耆艾(qí ài,六十岁以上的人)之年得了艾(ài)滋病,整天自怨自艾(yì)。
拗:这首诗写得太拗(ào)口了,但他执拗(niù)不改,气得我把笔杆都拗(ǎo)断了。
扒:他扒(bā)下皮鞋,就去追扒(pá)手。
把:你把(bǎ)水缸把(bà)摔坏了,以后使用没把(bà)柄了。
膀:膀(páng)胱炎会使人膀(pāng)肿吗?

辟：随意诬陷人搞封建复辟(bì)可不行，得辟(pì)谣。
便：局长大腹便便(pián)，行动不便(biàn)。
伯：我是她的大伯(bó)(父亲的哥哥)，不是她的大伯(bǎi)子(丈夫的哥哥)。
泊：小船漂泊(bó)在湖泊(pō)里。
薄：薄(bò)荷油味不薄(báo)，很受欢迎，但要薄(bó)利多销。
簸：他用簸(bò)箕簸(bǒ)米。
参：人参(shēn)苗长得参(cēn)差不齐，还让人参(cān)观吗？
伧：这个人衣着寒伧(chen)，语言伧(cāng)俗(伧俗：粗俗鄙陋)。
藏：西藏(zàng)的布达拉宫是收藏(cáng)大藏(zàng)经的宝藏(zàng)。
差：他每次出差(chāi)差(chà)不多都要出点差(chā)错。
颤：听到这个噩耗，小刘颤(zhàn)栗，小陈颤(chàn)抖。
朝：我朝(zhāo)气蓬勃朝(cháo)前走。
称：称(chèng同"秤")杆的名称(chēng)、实物要相称(chèn)
澄：澄(dèng)清浑水易，澄(chéng)清问题难。
匙：汤匙(chí)、钥匙(shi)都放在桌子上。
臭：臭气熏天的"臭(chòu)"是指气味难闻，无色无臭、满身铜臭的"臭(xiù)"是泛指一般气味。
处：教务处(chù)正在处(chǔ)理这个问题。
传：《鸿门宴》是汉代传(zhuàn)记而不是唐代传(chuán)奇。
创：勇于创(chuàng)造的人难免会遭受创(chuāng)伤。
单：单(shàn,姓氏)老师说，单(chán)于只会骑马，不会骑单(dān)车。
弹：这种弹(dàn)弓弹(tán)力很强。
倒：瓶子倒(dǎo)了，水倒(dào)了出来。
得：你得(děi,必须)把心得(dé)体会写得(de)具体、详细些。
调：出现矛盾要先调(diào)查，然后调(tiáo)解。
都：大都(dū)市的人口都(dōu,副词)很多。
度：度(dù,姓氏)老师宽宏大度(dù)，一向度(duó,动词)德量力，从不以己度(duó,动词)人。
囤：大囤(dùn)、小囤(dùn)，都囤(tún)满了粮食。
恶：这条恶(è)狗真可恶(wù)，满身臭味，让人闻了就恶(ě)心。
蕃：吐蕃(bō,藏族的前身)族在青藏高原生活、蕃(fán)衍了几千年。
缝：这台缝(féng)纫机的台板有裂缝(fèng)。
脯：胸脯(pú)、果脯(fǔ)不是同一个读音。
干：穿着干(gān)净的衣服干(gàn)脏活，真有点不协调。
给：请把这封信交给(gěi)团长，告诉他，前线的供给(jǐ)一定要有保障。
好：好(hào)逸恶劳、好(hào)为人师的做法都不好(hǎo)。
号：受了批评，那几名小号(hào)手都号叫(háo)起来。
喝：武松大喝(hè)一声："快拿酒来！我要喝(hē)十二碗。"博得众食客一阵喝

(hè)彩。

和：天气暖和(huo)，小和(hé)在家和(huó,动词)泥抹(mò)墙；他讲原则性，是非面前从不和(huò)稀泥，也不随声附和(hè)别人，更不会在麻将桌上高喊："我和(hú)了。"

荷：荷(hé)花旁边站着一位荷(hè)枪实弹的战士。

哄：他那像哄(hǒng)小孩似的话，引得人们哄(hōng)堂大笑，大家听了一哄(hòng)而散。

会：今天召开的会(kuài)计工作会(huì)议一会(huì)儿就要结束了。

几：这几(jǐ)张茶几(jī)几(jī)乎都要散架了。

假：假(jiǎ)如儿童节学校不放假(jià)，我们怎么办？

间：他们两人之间(jiān)的友谊从来没有间(jiàn)断过。

降：我们有办法使从空中降(jiàng)落的敌人投降(xiáng)。

劲：球场上遇到劲(jìng)敌，倒使他干劲(jìn)更足了。

卷：考卷(juàn)被风卷(juǎn)起，飘落到了地上。

卡：这辆藏匿毒品的卡(kǎ)车在过关卡(qiǎ)时被截住了。

看：看(kān)守大门的保安也很喜欢看(kàn)小说。

咳：咳(hāi)！你怎么又咳(ké)起来了？

吭：小李一声不吭(kēng)，小王却引吭(háng)高歌。

空：有空(kòng)闲就好好读书，尽量少说空(kōng)话。

乐：教我们音乐(yuè)的老师姓乐(yuè)，他乐(lè)于助人。

俩：他们兄弟俩(liǎ)耍猴的伎俩(liǎng)不过如此。

量：野外测量(liáng)要量(liàng)力而行。

露：小杨刚一露(lòu)头，就暴露(lù)了目标。

率：他办事从不草率(shuài)，效率(lǜ)一向很高。

埋：他自己懒散，却总是埋(mán)怨别人埋(mái)头工作。

没：驾车违章，证件被交警没(mò)收了，他仍像没(méi)事一样。

模：这两件瓷器模(mú)样很相似，像是由一个模(mó)型做出来的。

耙：你用犁耙(bà)耙(bà)地，我用钉耙(pá)耙(pá)草。

胖：肥胖(pàng)并不都是因为心宽体胖(pán)，而是缺少锻炼。

刨：我刨(bào,推刮)平木头，再去刨(páo,挖掘)花生。

炮：能用打红的炮(pào)筒炮(bāo,烹调方法)羊肉和炮(páo)制药材吗？

屏：他屏(bǐng)气凝神躲在屏(píng)风后面。

曝：参加体育锻炼缺乏毅力、一曝(pù)十寒的事情在校会上被曝(bào)光，他感到十分羞愧。

奇：数学中奇(jī)数是最奇(qí)妙的。

强：小强(qiáng)很倔强(jiàng)，做事别勉强(qiǎng)他。

茄：我不喜欢抽雪茄(jiā)烟，但我喜欢吃番茄(qié)。

塞：塞(sài)外并不闭塞(sè)，塞(sāi)子塞(sāi)不住漏洞。

散：我收集的材料散(sàn)失了,散(sǎn)文没法写了。
丧：他穿着丧(sāng)服,为丧(sāng)葬费发愁,神情沮丧(sàng),垂头丧(sàng)气。
扇：他拿着扇(shàn)子却扇(shān)不来风。
舍：我真舍(shě)不得离开住了这么多年的宿舍(shè)。
省：副省(shěng)长李大强如能早些省(xǐng)悟,就不至于丢官弃职,气得不省(xǐng)人事了。
盛：盛(shèng)老师盛(shèng)情邀我去她家做客,并帮我盛(chéng)饭。
石：两石(dàn)石(shí)子不够装一卡车。
伺：边伺(cì)候他边窥伺(sì)动静。
宿：小明在宿(sù)舍说了一宿(xiǔ)有关星宿(xiù)的常识。
拓：拓片、拓本的"拓"读tà,开拓、拓荒的"拓"读tuò。
系：你得系(jì)上红领巾去学校联系(xì)少先队员来参加活动。
吓：敌人的恐吓(hè)吓(xià)不倒他。
巷：矿下的巷(hàng)道与北京四合院的小巷(xiàng)有点相似。
校：上校(xiào)到校(jiào)场找人校(jiào)对材料。
行：银行(háng)发行(xíng)股票,报纸刊登行(háng)情。
畜：畜(xù)牧场里牲畜(chù)多。
殷：老林家境殷(yīn)实,那清一色殷(yān)红的实木家具令人赞叹不已。
载：据史书记载(zǎi),王昭君多才多艺,每逢汉匈首脑聚会,她都要载(zài)歌载(zài)舞。
扎：鱼拼命挣扎(zhá),鱼刺扎(zhā)破了手,他随意包扎(zā)一下。
轧：轧(zhá)钢车间的工人很团结,没有相互倾轧(yà)的现象。
粘：胶水不粘(nián)了,书页粘(zhān)不紧。
涨：我说她涨(zhǎng)了工资,她就涨(zhàng)红了脸摇头否认。
折：这两批货物都打折(zhé)出售,严重折(shé)本,他再也经不起这样折(zhē)腾了。
重：老师很重(zhòng)视这个问题,请重(chóng)说一遍。
着：你这着(zhāo)真绝,让他干着(zháo)急,又无法着(zhuó)手应付,心里老是悬着(zhe)。

三、单音节字综合训练

(一) 普通话水平测试中语音正确、错误、缺陷的界定

学习普通话的过程是从单一使用方言逐步向全面掌握普通话的过渡。应试人在接受测试时,往往或多或少地遗留方言语音习惯,正确界定正确、错误、缺陷就显得尤为重要。

1. 语音正确

发音时音节的声、韵、调完全准确。

2. 语音错误

指在普通话语音(音位)系统中,把一个音(位)误读作另一个音(位),如把zh读作z,

把 an 读作 ang,把声调中调值平的读作曲折的(如把"吃"的 55 调读作 214 调)等。

3. 语音缺陷

指发音没有完全达到标准的程度,从语音的物理属性方面看存在明显的偏差,但不会在交际中造成误解。主要有如下几种情况:

(1) 发音部位靠前。常见的有 zh、ch、sh、eng、ing。

(2) 前响复韵母读得动程不到位,但还未读作单元音,如 ai、ei、ao、ou。

(3) 单字音中阴平调虽为平调调形,但调值偏低,接近 44,如果再降到 33 就成为语音错误了。

还包括在语音学可以区分描写,而在普通话音位系统中不构成对立的语音现象,如 z、c、s 读作齿间音等。

(二) 读单音节字词的测试指导与训练

普通话水平测试的第一题是读单音节字词,该部分测试是普通话水平测试中的基础测验。

1. 试题基本情况

限时 3.5 分钟,共 10 分,试题的具体构成情况如下:

(1) 共 100 个音节,不含轻声、儿化音节。

(2) 100 个单音节字词中 70%选自《普通话水平测试用普通话词语表》"表一",30%选自"表二"。

(3) 100 个音节里,每个声母的出现一般不少于 3 次,每个韵母的出现一般不少于 2 次,4 个声调出现的比例大体相当。

(4) 方言里缺少或容易混淆的声母、韵母的出现次数,酌情增加 1~2 次。

(5) 声母、韵母或声调相同的音节隔开排列,相邻的音节不出现双声或叠韵的情况。

2. 目的

测查应试人声母、韵母、声调读音的标准程度。

3. 评分标准

语音错误(一个音节的声母、韵母、声调是一个完整的统一体,任何一项错了,这个音节就错了),每个音节扣 0.1 分;语音缺陷(读得不到位、不完整,就是缺陷),每个音节扣 0.05 分。

读单音节字词要读准声、韵、调,扣分争取不超过 2 分,否则难以达到二乙;扣分争取不超过 1 分,否则难以达到二甲。

4. 应试注意事项

(1) 从左至右横向朗读。测试题会将 100 个字分为 10 行,每行 10 个字。朗读时要从第一行由左至右读起,不要从第一个字起从上往下读,还要做到不错行、不跳行、不漏行。

(2) 读错及时纠正。一个字允许读两遍,即应试人发觉某字第一遍读音有误时可马上改读一遍,评分以第二遍的读音为依据,但不允许读第三遍,隔音节改读也无效。

（3）语速要适中。该题有限时3.5分钟的时间要求,有的人担心时间不够,快速抢读,有的字未读完全,降低了准确率,造成语音缺陷,所以切忌抢读。当然朗读也不能太慢,不能每一个字都揣摩或试读,速度太慢说明基础太差,或不熟练、准备不足,而且容易造成超时。其实每个音节读完整,一个接一个地往下读,该题就不会超时。

（4）不涉及音变,不允许读出轻声和儿化音。

（5）每个字要读清楚(吐字归音要清晰)。

① 声母要发准。声母要发准,是指发音时要找准部位,方法正确。一是不能把普通话里的某一类声母读成另一类声母,造成误读,特别要注意 zh、ch、sh 与 z、c、s,f 与 h,n 与 l 不分的问题;二是不能把普通话里的某一类声母的发音部位用较接近的部位代替,造成读音缺陷。

② 韵母要到位。韵母有单韵母、复韵母和鼻韵母。单韵母要单纯,发出来的音要吐字如珠,一个就是一个,不拖泥带水;复韵母和鼻韵母都要有动程,要有变化,变化要自然和谐,归音要到位,发出来的音要圆润。

③ 声调要发全。声调方面,每个字都念本调。第三声要读全上,先降后升,调值为214,如果发音时只降不升,调型就成了降调,调值就成了21。

（6）多音字可选读一音。单音节字词中有不少多音字,一定不要读出该字的所有读音,朗读时念任何一个音都是对的,比如"处",念 chǔ 或 chù 都算对,不必费时间琢磨到底读哪一个音,分散精力,影响情绪。当然,多音字最好还是挑选最拿手的那个音读。

（7）不要省略或漏掉某个字的读音。省略或漏掉的字会被按发音错误对待,该字的分数会被全部扣除。

（8）不认识的字可以猜。不认识的字千万不要跳过去不读,汉字中有大量的形声字,根据声旁合理猜度,不少字也是可以读对的。

（9）看清楚再读,避免误读。很多普通话考试用书中都有"容易读错的字词表",测试前要多读、多记,这有助于清楚地认读音节,避免误读,提高测试成绩。

第三节　多音节词语的发音训练

一、难读词语训练

（一）难点音词语训练

1. 平翘舌音声母词语

按照	昂首	巴掌	白色	办公室	伴随	棒槌
保存	彼此	编纂	辩证法	标准化	宾主	材料
财产	财政	参议院	苍白	苍穹	操纵	侧面
测量	策略	层出不穷	差别	产品	长城	场所
畅所欲言	唱歌儿	超额	超过	吵嘴	车子	扯皮

沉重	成本	成分	成就	成名	成年	成为
承受	诚恳	程序	持久	赤手空拳	冲刷	重叠
仇恨	出发点	出类拔萃	出圈儿	处于	传染病	传统
串联	疮疤	创立	创作	吹牛	春天	纯粹
次日	从此	从而	聪明	粗略	篡改	催化
摧残	摧毁	脆弱	村庄	村子	存在	挫伤
挫折	打算	大战	盗贼	电视台	冻疮	抖擞
耳垂儿	繁殖	放射	分成	奋不顾身	封锁	佛寺
干脆	干燥	感伤	高潮	跟随	工程师	工作日
公司	构成	故事	挂帅	贯彻	光泽	光照
海市蜃楼	合作社	何尝	核算	换算	火车	价值
家长	坚持	角色	捐赠	决策	军事	咳嗽
课程	夸张	快速	矿产	亏损	扩展	劳动者
老实	累赘	凉爽	临床	流传	留声机	卤水
没准儿	蜜枣儿	民主	拇指	脑髓	农村	排斥
赔偿	拼凑	其次	侵占	青霉素	清爽	情操
全身	缺少	群众	日食	如此	丧葬	扫帚
僧尼	杀害	沙发	砂轮儿	傻瓜	扇面儿	善良
伤害	商标	上层	烧饼	少年	少女	社会
身边	深奥	深层	深厚	审美	渗透	生产力
生长	生存	石子儿	世纪	似的	收藏	收成
收购	收回	收缩	手工业	手绢儿	手套儿	首都
首尾	授予	刷新	衰败	衰弱	双亲	双重
霜期	爽快	爽朗	水果	水鸟	私人	思考
死板	四周	似乎	送信儿	算账	虽然	虽说
随便	随后	孙女	缩短	所以	探索	天真
跳蚤	通常	推算	玩耍	王朝	围嘴儿	维持
维生素	卫生	未遂	未曾	握手	洗澡	先生
线轴儿						

2. 前后鼻音韵母词语

白净	报名	奔跑	奔涌	崩溃	辩证法	宾客
宾主	饼子	病变	病人	病榻	波峰	才能
财政	层出不穷	产品	长城	沉重	成本	成虫
成分	成果	成就	成名	成年	成为	承受
诚恳	程序	传染病	聪明	打鸣儿	大学生	灯泡儿
电能	钉子	顶点	定额	定律	断层	恩情
发愣	反省	分辨	分别	分成	分泌	分配
奋不顾身	丰满	风格	封锁	疯狂	佛教	富翁

钢镚儿	革命	根据	根据地	跟前	跟随	工程师
公民	构成	光明	贵宾	海市蜃楼	横扫	红领巾
胡琴	花瓶	坏人	火坑	减轻	他们	今日
景观	警犬	酒精	捐赠	军人	开垦	课程
来客	冷水	临床	另外	留声机	履行	率领
猫头鹰	媒人	门铃儿	蒙古包	民主	敏感	名词
名牌儿	明年	明确	明天	命令	命运	纳闷儿
能量	能耐	霓虹灯	你们	年龄	年轻	旁听
盆子	拼凑	拼命	贫穷	频率	平面	平原
签订	亲切	侵略	侵占	青霉素	青蛙	轻快
轻音乐	清爽	情操	情况	请求	全身	确定
热能	人口	人们	人群	人员	仍旧	仍然
僧尼	上层	烧饼	身边	深奥	深层	深厚
神经质	审美	渗透	生产力	生长	生存	收成
刷新	双亲	私人	送信儿	太平	太阳能	特征
疼痛	天真	铁青	听话	透明	图钉儿	外宾
完成	望远镜	维生素	卫生	未曾	文明	文献
稳妥	我们	先生	显微镜	小瓮儿	心思	心眼儿
新娘	信仰	研究生	眼睛	妖精	因而	音乐
音响	引导	英雄	英勇	婴儿	荧光屏	营养
影响	有劲儿	月饼	月份	咱们	责任感	怎么
增长	增多	增强	帐篷	照明	针鼻儿	侦查
镇压	正常	正好	正面	正确	证明	政策
政党	政权	症状	终身	主人翁	抓紧	作品
做梦						

(二)易读错多音节词语训练

1. 普通话测试中容易读错的一些常用词语

按照——按(àn)不念(ān)

包扎——扎(zā)不念(zhā)

卑鄙——鄙(bǐ)不念(bì)

畚箕——畚箕(běnjī)

摈弃——摈(bìn)不念(bǐn)

摒弃——摒(bìng)不念(bǐng)

簸箕——簸箕(bòji)

参与——与(yù)不念(yǔ)

押面——押(chēn)

称呼——称呼(chēnghu)不念(chēnghū)

踟蹰——踟蹰(chí chú)
冲床——冲(chòng)不念(chōng)
捶布——捶(chuí)
淙淙——淙淙(cóngcóng)
挫折——挫(cuò)不念(cuō)
逮捕——逮(dài)不念(dǎi)
洞穴——穴(xué)不念(xuè)
对称——称(chèn)不念(chèng)
方框——框(kuàng)不念(kuāng)
坊间——坊(fāng)不念(fǎng)
符合——符(fú)不念(fǔ)
滑稽——稽(jī)不念(jì)
划分——划(huà)不念(huá)
脊梁——脊梁(jǐliang)不念(jíliáng)
夹子——夹(jiā)不念(jiá)
间隙——间隙(jiànxì)不念(jiānxī)
节骨眼——节骨(jiēgu)不念(jiégǔ)
结实——结实(jiēshi)不念(jiéshí)
尽量——尽(jǐn)不念(jìn)
矩形——矩(jǔ)不念(jū)
噱头——噱(xué)不念(xuè)
菌类植物——菌(jùn)不念(jūn)
开埠——埠(bù)不念(hù)
模样——模(mú)不念(mó)
磨坊——磨坊(mòfáng)不念(mófǎng)
蓦地——蓦地(mòdì)不念(mùde)
怄气——怄(òu)
撇开——撇(piē)不念(piě)
屏弃——屏(bǐng)不念(píng)
曝晒——曝(pù)不念(bào)
荠菜——荠(jì)
悭吝——悭吝(qiānlìn)
潜入——潜(qián)不念(qiǎn)
强迫——强(qiǎng)不念(qiáng)
翘楚——翘(qiáo)不念(qiào)
翘首以待——翘(qiáo)不念(qiào)
倾听——倾听(qīngtīng)不念(qīntīn)
祛除——祛(qū)不念(qù)

躯壳——壳(qiào)不念(ké)
妊娠——娠(shēn)
偌大——偌(ruò)不念(nuò)
散落——散(sǎn)不念(sàn)
舌苔——苔(tāi)不念(tái)
收敛——敛(liǎn)不念(liàn)
簌簌——簌簌(sùsù)
榫头——榫(sǔn)
太监——监(jiàn)不念(jiān)
提供——供(gōng)不念(gòng)
挑剔——剔(tī)不念(tì)
骰子——骰(tóu)不念(shǎi)
拓本——拓(tà)不念(tuò)
相知相属——属(zhǔ)不念(shǔ)
新颖——颖(yǐng)不念(yǐn)
兴奋——兴(xīng)不念(xìng)
烜赫——烜(xuǎn)不念(xuān)
熏陶——陶(táo)不念(tāo)
一场战争——场(cháng)不念(chǎng)
一匹马——匹(pǐ)不念(pī)
熠熠——熠熠(yìyì)
荫凉——荫(yìn)不念(yīn)
迎面——迎(yíng)不念(yín)
友谊——谊(yì)不念(yí)
早晨——晨(chén)不念(chéng)
召唤——召(zhào)不念(zhāo)
照片——片(piàn)不念(piān)
褶皱——褶(zhě)不念(zhé)
蔗糖——蔗(zhè)不念(zhē)
挣脱——挣(zhèng)不念(zhēng)
症结——症(zhēng)不念(zhèng)
脂肪——脂(zhī)不念(zhǐ)
执拗——拗(niù)
拙劣——拙(zhuō)不念(zhuó)
着落——着(zhuó)不念(zháo)

2. 北京话和普通话发不同音的词语

办公室——室(shì)不念(shǐ)
比较——较(jiào)不念(jiǎo)

档案——档(dàng)不念(dǎng)
即使——即(jí)不念(jì)
一会儿——会(huì)不念(huǐ)

3. 行业术语

密钥——钥(yuè)不念(yào)
下载——载(zài)不念(zǎi)
粘贴——粘(zhān)不念(nián)（"粘"是一个动作，不表示黏性）

二、易读错成语训练

(一) 易读错成语分析

某些成语之所以容易读错，主要是因为其中的某些字容易读错，这些字涉及以下几种类型：

1. 形同义异音异（多音多义）

即字的意义改变了，读音也改变了。

常见的有两种情况：

一种情况是古义读古音造成的多音多义。如"丢卒保车"，"车"意为象棋棋子的一种，读"jū"，不读"chē"。这里"车"并不是指一般的车辆，而是指那种比"卒"战斗力强大得多的战车，保留了古义也保留了古音。

还有一种情况是变音别义造成的多音多义。所谓变音别义，指由于语言表达的需要，为了记录新产生的词语，不再另造字形，而是在已有字形的基础上通过改变读音来表达不同的意义。如"呼天抢地"的"抢"，是触、碰的意思，读"qiāng"，不读第三声；"心宽体胖"的"胖"，是安泰舒适的意思，读"pán"，不读"pàng"；"沐猴而冠"的"冠"为动词，是戴帽子的意思，不同于读第一声的名词"冠"，应读第四声。

请读准下面这些成语中的多音多义字：

茅塞(sè)顿开	处(chǔ)心积虑	荷(hè)枪实弹	顺蔓(wàn)摸瓜
犯而不校(jiào)	反躬自省(xǐng)	兵不血(xuè)刃	未雨绸缪(móu)
人才济济(jǐ)	如法炮(páo)制	泥(nì)古不化	归心似(sì)箭
丢三落(là)四	供(gōng)不应求	数(shǔ)典忘祖	万象更(gēng)新
呱呱(gū)坠地	阿(ē)谀奉承	塞(sài)翁失马	千载(zǎ)难逢
千钧一发(fà)	否(pǐ)极泰来	臧否(zāngpǐ)人物	

2. 形同义同音异

常见的有三种情况：

(1) 古今异读。古代的一些专有名词固定下来，保留了古音，今人习惯上仍按古音来读，从而造成古今异读。例如：绿(lù)林好汉、羽扇纶(guān)巾。

(2) 文白异读。文白异读的多音字，字义基本相同，用在不同的语体中便产生了不同的读音。如"血"有两读"xuè(书面语)""xiě(口语)"，成语"歃血为盟""热血沸腾""呕心沥血"中的"血"都读"xuè"。

（3）语流音变。常用的有"不""一"，具体音变情况见本书"音变"部分，此处不再赘述。

3. 形异义异音同（通假异读）

所谓通假异读，是指在通假现象中通假字按本字的读音去读而造成的异读。例如："博闻强识(zhì)"中"识"通"志"，是记住的意思；"图穷匕见(xiàn)"中的"见"通"现"；"被(pī)发文身"中的"被"通"披"；"暴虎冯(píng)河"中的"冯"通"淜(píng)"，是蹚水过河的意思；"虚与委蛇(wēiyí)"中的"委蛇"通"逶迤"，是随便应顺的意思。

4. 含生僻难读字

休戚(qī)相关	卑鄙龌龊(wòchuò)	负隅(yú)顽抗	步履蹒(pán)跚
戛(jiá)然而止	不容置喙(huì)	功亏一篑(kuì)	长吁(xū)短叹
股肱(gōng)之臣	光风霁(jì)月	官运亨(hēng)通	敛声屏(bǐng)息
绚(xuàn)丽多姿	含英咀(jǔ)华	擘(bò)肌分理	插科打诨(hùn)
吹毛求疵(cī)	汗流浃(jiā)背	大笔如椽(chuán)	莘莘(shēn)学子
舐(shì)犊情深	身陷囹圄(língyǔ)	犄(jī)角之势	麻痹(bì)大意
噤(jìn)若寒蝉	推本溯(sù)源	喟(kuì)然长叹	烜(xuǎn)赫一时
赧(nǎn)颜苟活	怏怏(yàng)不乐	一丘之貉(hé)	秣(mò)马厉兵
奴颜婢(bì)膝	一蹴(cù)而就	皮开肉绽(zhàn)	沆瀣(hàngxiè)一气
沁(qìn)人心脾	针砭(biān)时弊	杀一儆(jǐng)百	惴惴(zhuì)不安
歃(shà)血为盟	振聋发聩(kuì)	稗(bài)官野史	纵横捭阖(bǎihé)
瞠(chēng)目结舌	暴殄(tiǎn)天物	别出机杼(zhù)	揠(yà)苗助长
邂逅(xièhòu)相遇	炙(zhì)手可热	缠绵悱(fěi)恻	良莠(yǒu)不齐
焚膏继晷(guǐ)	蚍蜉(pífú)撼树	刚愎(bì)自用	风声鹤唳(lì)
蛊(gǔ)惑人心	罄(qìng)竹难书	户枢不蠹(dù)	不胫(jìng)而走

（二）易错成语训练

老骥(jì)伏枥	疾首蹙(cù)眉	咄咄(duō)逼人	扪(mén)心自问
鳞次栉(zhì)比	命运多舛(chuǎn)	前倨(jù)后恭	繁文缛(rù)节
茕茕(qióng)孑立	飞扬跋扈(hù)	穷兵黩(dú)武	众口铄(shuò)金
暴戾(lì)恣睢(suī)	时乖命蹇(jiǎn)	鞭辟(pì)入里	并行不悖(bèi)
越俎(zǔ)代庖	饮鸩(zhèn)止渴	不落窠(kē)臼	卖官鬻(yù)爵
风驰电掣(chè)	忧心忡忡(chōng)	浑(hún)水摸鱼	渐臻(zhēn)佳境
垂涎(xián)三尺	佶(jí)屈聱牙	草菅(jiān)人命	矫(jiǎo)枉过正
脍(kuài)炙人口	管窥蠡(lí)测	寥(liáo)若晨星	面面相觑(qù)
色厉内荏(rěn)	提纲挈(qiè)领	锲(qiè)而不舍	咫(zhǐ)尺天涯
卷帙(zhì)浩繁	韬(tāo)光养晦	恬(tián)不知耻	弦(xián)外之音
徇(xùn)私枉法	无耻谰(lán)言	因噎(yē)废食	甘之如饴(yí)

魂牵梦萦(yíng)　鹬(yù)蚌相争　一蹶(jué)不振　同仇敌忾(kài)
拈(niān)轻怕重　呕(ǒu)心沥血　通衢(qú)广陌　春意盎(àng)然
飞扬跋(bá)扈　殚(dān)精竭虑　言简意赅(gāi)　引吭(háng)高歌
放荡不羁(jī)　同仇敌忾(kài)　一脉(mài)相承　赧(nǎn)颜苟活
杞(qǐ)人忧天　相濡(rú)以沫　大张挞(tà)伐　剜(wān)肉补疮
畏葸(xǐ)不前　睚(yá)眦(zì)必报

三、读多音节词语测试的指导与训练

1. 测试内容

读多音节词语与读单音节字词基本相同,但比读单音节字词有更高的要求。该项测试是前一项测试的继续与提升,要求应试者在2.5分钟内正确地读出规定的共100个音节的多音节词语。测试涉及普通话音系的所有声母、韵母、声调及轻声、儿化与连读变调等。

2. 测试目的

该项测试旨在进一步考核应试者在各类多音节(主要是双音节)词语的音节连读中,对普通话声、韵、调发音及轻声词、儿化词、变调发音的掌握情况。

3. 评分标准

该项测试共计20分(占测试总分的20%),即每个词语约占0.4分,每个音节占0.2分。读错一个音节声、韵、调的任何一个部分算该音节发音错误,每错一个音节扣0.2分,读音有明显缺陷的音节扣0.1分。

(1)"双音节词语错误"的判定标准。

① 基本声韵调的发音评判标准与前项测试相同。

② 两个上声音节相连时没有按应有的规律变调。

③ "一、不"在连续变调时发生变调错误。

④ 轻声音节没有读轻声。

⑤ 轻声音节违背轻声的音高模式。

⑥ 儿化音节没有读儿化韵。

⑦ 儿化音节读成两个音节。

⑧ 语气助词"啊"在连续读变调中未按规律音变。

(2)"双音节词语缺陷"的判定标准。

① 基本声、韵、调发音的评判标准与前项测试相同。

② 儿化卷舌色彩不明显或发音生硬。

③ 中·重格式的双音节词语将第一音节读成重音节。

读多音节词语(包括读单音节字词)若失分超过该题总分的10%(即读多音节词语失2分,读单音节字词失1分),应试人的普通话水平基本上就不能进入一级了;应试者若有较为明显的语音缺陷,即使测试总分达到一级甲等也要降级,只能评定为一级乙等。在该项测试中,考二乙最多只能被扣3.5分,考二甲最多只能被扣2分。

4. 限时

2.5分钟,机测到时即止。

5. 测查内容

普通话的声、韵、调及上声变调、轻声和儿化等三种音变。

6. 试题构成

声母、韵母、声调出现的次数与读单音节字词的要求基本相同。其中上声与上声相连的词语不少于3个,上声与非上声相连的词语不少于4个,轻声词语不少于3个,儿化词语不少于4个。测试用词语中70%选自《普通话水平测试用普通话词语表》"表一",30%选自"表二"。

7. 应试注意事项

(1) 注意词的整体感,不能一字一顿。

多音节词语,其前后音节具有不可分割的连续性和紧密性,切记不能一字一顿地读。在普通话水平测试中,应试人由于过分注重音节声母、韵母、声调发音的到位,有时会把一个多音节词语切割开,按字分读,把一词一顿变成了一字一顿,破坏了多音节词语的整体性。

(2) 不要省略或遗漏某个词的读音。

(3) 尽量一次读准,切莫未看清楚就脱口而出。

(4) 发现读错,可以改读一遍(不允许读第三遍、第四遍……)。

(5) 读准多音字在词语中的音。

(6) 注意音变。

① 读多音节词语这一项测试除了考查声、韵、调外,还要测查应试人的变调,其中上声变调是重点。读词语时应该注意上声在四声前都应该变调。

② 注意词语中的"一、不"的变调。应试人在测试时因为注意力较多地集中在字音的准确上,往往会忽视"一、不"的变调问题。"一、不"变调规则可概括为以下口诀:"单说句来念本调,去声前面念阳平,非去声前念去声,夹在词中念轻声。"

③ 注意轻声词判定,朗读要准确。读多音节词语测试中有不少于3个的轻声词,这些轻声词分散排列,测试时首要能准确判断哪些词是轻声词,其次要能正确朗读。

在测试中,三种误读的情况必须引起注意。一是该读轻声的不读轻声,不该读轻声的却读轻声,造成轻声与非轻声混淆。如"苗条""活泼""云彩"是轻声词语,往往会被应试人判定为非轻声词语;"破坏""敌人""情况"是非轻声词语,容易误认为是轻声词语而误读。二是受轻声词语"重·轻格"读音的干扰及其惯性的影响,把排列在轻声词语后面的非轻声词语也读成"重·轻格"。三是轻声词语能够准确判定出来却不能准确朗读。因此需要牢记轻声音节的发音特点:发音时用力特别小,音量特别弱,音长特别短,轻声音节一般跟在与其相应的音节后面,连着念出来。

测试中出现的轻声词语,往往是必读轻声词语,没有规律可循,需要应试人平时不断积累、特别记忆。

④ 注意儿化词语。对于儿化词语,出题的要求是不少于4个。儿化词语都有明显的外在形态作为标志:词尾带有一"儿"字(需要排除像"女儿""健儿"这类非儿化词语)。有"儿"的词语要儿化,没有"儿"的词语不要随便儿化。读词语时有的词语受习惯的影响容

易添加儿化音,如"君子""早点""口头"等,受平时练习的"瓜子儿""一点儿""有点儿"等的影响,容易被读成"君子儿""早点儿""口头儿",这需要引起应试者的注意。

与读轻声词语不同,读儿化词语基本不存在判断是否是儿化词语的困难,关键是怎样正确地发出儿化音。发好儿化音,不能把"儿"与前面的音割裂开来,如"加塞儿",它是三个汉字代表两个音节,读该词时只要在发"sāi"韵母的同时加上一个卷舌动作即可,"er"与韵母"ai"应该连成一个音节,读"sāir"。儿化音节不能重读,读儿化词语时语气要轻快,儿化重读会造成声调缺陷或把"儿"音节与前一音节割裂开。

附录一 普通话多音节字表

表6-5 普通话多音节字表

A部

1. 阿 ① ā 阿罗汉 阿姨 ② ē 阿附 阿胶
2. 腌 ① ā 腌臜 ② yān 腌菜
3. 挨 ① āi 挨个 挨近 ② ái 挨打 挨说
4. 拗 ① ào 拗口 ② niù 执拗 拗不过 ③ ǎo 拗断
5. 熬 ① āo 熬菜 ② áo 熬粥 煎熬

B部

1. 扒 ① bā 扒开 扒拉 扒墙头 ② pá 扒手 扒草 扒鸡
2. 把 ① bǎ 把握 把持 把柄 ② bà 刀把 话把儿
3. 蚌 ① bàng 蛤蚌 ② bèng 蚌埠
4. 薄 ① báo（口语单用）纸薄 ② bó（书面组词）单薄 稀薄
5. 堡 ① bǎo 碉堡 堡垒 ② bǔ 瓦窑堡 吴堡 ③ pù 十里堡
6. 暴 ① bào 暴露 暴躁 ② pù 同"曝"
7. 背 ① bèi 脊背 背景 ② bēi 背包 背枪
8. 奔 ① bēn 奔跑 奔波 ② bèn 投奔
9. 臂 ① bì 手臂 臂膀 ② bei 胳臂
10. 辟 ① bì 复辟 辟邪 ② pì 开辟 精辟 辟谣
11. 扁 ① biǎn 扁担 扁豆 扁铲 扁桃体 ② piān 扁舟
12. 便 ① biàn 方便 便笺 便宜(方便合适) ② pián 便宜(价格低)
13. 膀 ① bǎng 肩膀 臂膀 ② pāng 膀肿 ③ páng 膀胱
14. 磅 ① bàng 磅秤 ② páng 磅礴
15. 绷 ① bēng 绷紧 绷直 绷飞了 绷带 ② běng 绷着脸 ③ bèng 绷瓷儿
16. 骠 ① biāo 黄骠马 ② piào 骠勇
17. 瘪 ① biē 瘪三 ② biě 干瘪
18. 屏 ① bīng 屏营(书面:惶恐状) ② bǐng 屏息 屏气 屏弃 屏除 屏退 ③ píng 屏幕 屏风 屏障 屏蔽
19. 剥 ① bō（书面组词）剥削(xuē) 剥离 剥蚀 剥夺 剥落 ② bāo（口语单用）

剥皮

20. 泊 ① bó 淡泊 停泊 漂泊 ② pō 湖泊 血泊
21. 伯 ① bó 老伯 伯父 ② bǎi 大伯子(夫兄)
22. 簸 ① bǒ 颠簸 ② bò 簸箕
23. 脖 ① bó 赤脖 ② bo 胳脖
24. 卜 ① bo 萝卜 ② bǔ 占卜 卜辞 预卜 卜筮

C部

1. 伧 ① cāng 言语伧俗 ② chen 寒伧
2. 藏 ① cáng 矿藏 躲藏 藏拙 ② zàng 宝藏 藏蓝 藏历 川藏
3. 曾 ① céng 曾经 曾几何时 ② zēng 曾祖 曾孙
4. 噌 ① cēng 噌的一声 ② chēng 噌吰(钟鼓声)
5. 差 ① chā (书面组词)偏差 差错 差池 差可告慰 差强人意 差之毫厘 差别 差价 差异 ② chà (口语单用)差点儿 差劲 ③ chāi 出差 听差 差遣 差役 ④ cī 参差
6. 禅 ① chán 禅师 禅宗 禅杖 坐禅 ② shàn 禅让 封禅
7. 颤 ① chàn 颤动 颤抖 颤音 颤悠 ② zhàn 颤栗
8. 孱 ① chán 孱弱 ② càn 孱头
9. 裳 ① cháng 着我旧时裳 ② shang 衣裳
10. 场 ① cháng 场院 一场(雨) ② chǎng 场合 冷场 场面 场地
11. 嘲 ① cháo 嘲讽 嘲笑 ② zhāo 嘲哳(zhāozhā)
12. 车 ① chē 车马 车辆 ② jū (象棋子名称)
13. 称 ① chèn 称心 对称 ② chēng 称呼 称道
14. 澄 ① chéng (书面)澄清(问题) ② dèng (口语)澄清(使液体变清)
15. 铛 ① chēng 饼铛 ② dāng 铛铛(拟声词)
16. 乘 ① chéng 乘坐 乘机 ② shèng 千乘之国 史乘 野乘
17. 匙 ① chí 汤匙 羹匙 ② shi 钥匙
18. 冲 ① chōng 冲锋 冲击 ② chòng 冲床 冲子
19. 臭 ① chòu 遗臭万年 ② xiù 乳臭 铜臭
20. 处 ① chǔ (动作义)处罚 处置 ② chù (名词义)处所 妙处
21. 畜 ① chù (名物义)牲畜 畜力 ② xù (动作义)畜养 畜牧 畜产
22. 创 ① chuàng 创作 创造 创刊 创见 ② chuāng 重创 创伤 创口 创痕
23. 绰 ① chuò 绰绰有余 绰号 ② chāo 绰起棍子
24. 伺 ① cì 伺候 ② sì 伺机 环伺
25. 兹 ① cí 龟兹(Qiūcí 西域古国) ② zī 今兹 来兹
26. 跐 ① cī 登跐了 ② cǐ 脚跐两只船
27. 枞 ① cōng 枞树 ② zōng 枞阳(地名)
28. 攒 ① cuán 攒动 攒射 ② zǎn 积攒
29. 撮 ① cuō 一撮儿盐 撮合 撮要 ② zuǒ 一撮毛
30. 处 ① chǔ (动词义) 处境 处方 处罚 处置 处于 处治 处事 处世 处分 设身处地

处心积虑 处决　②chù(名词义)住处 长处 大处 处所 总务处 处长

31. 揣　①chuāi 揣在怀里　②chuǎi 揣测 揣度 揣摩
32. 椎　①chuí 椎心泣血　②zhuī 脊椎 椎骨 胸椎

D部

1. 答　①dā 答应 答言　②dá 答案 答复 答卷
2. 大　①dà 大夫(官名)　②dài 大夫(医生) 山大王
3. 沓　①dá 一沓信纸　②tà 杂沓 纷至沓来
4. 逮　①dǎi(口语单用)逮蚊子 逮小偷　②dài(书面组词)逮捕
5. 单　①dān 单独 孤单　②chán 单于　③shàn 单县 姓单
6. 当　①dāng 当场 当今 当时 当年(均指已过去) 当日(当初) 当面 当下 当权 担当 正当 当即 丁当 当问则问 当局 应当 瓦当　②dàng 当日(当天) 当年(同一年) 当真 得当 恰当 妥当 典当 当铺 上当 安步当车
7. 倒　①dǎo 颠倒 倒戈 倒嚼　②dào 倒粪 倒药 倒退
8. 叨　①dāo 叨唠　②dáo 叨咕　③tāo 叨扰 叨光
9. 提　①dī 提防 提溜　②tí 提高 提取
10. 得　①dé 得意扬扬　②de 好得很　③děi 得喝水了
11. 的　①dí 的确 的证　②dì 目的 中的 有的放矢
12. 钿　①diàn 金钿 宝钿　②tián 铜钿(铜钱)
13. 钉　①dīng(名词义)碰钉子　②dìng(动词义)钉扣子 钉钉子
14. 都　①dōu 都来了　②dū 都市 大都(大多)
15. 掇　①duō 采掇(拾取、采取义) 掇拾　②duo 撺掇 掂掇
16. 度　①duó 忖度 揣度 度德量力　②dù 程度 度量
17. 囤　①dùn 粮囤　②tún 囤积 囤聚
18. 垛　①duǒ 城墙垛口　②duò 麦垛 垛好(堆放好)

E部

恶　①è 恶劣 凶恶 恶化　②wù 可恶 厌恶　③ě 恶心　④wū(古代做疑问词或叹词)

F部

1. 发　①fà 理发 结发 发型 令人发指　②fā 发表 打发 发端 发窘 发掘
2. 坊　①fāng 牌坊 坊巷 白纸坊 坊间　②fáng 粉坊 染坊 作坊 磨坊
3. 分　①fēn 区分 分数　②fèn 身分 分子(一员)
4. 缝　①féng 缝合 缝纫 缝缀　②fèng 缝隙 裂缝 见缝插针
5. 服　①fú 服毒 服药　②fù 量词,也作"付",一服中药
6. 菲　①fēi 芳菲 菲菲　②fěi 菲薄 菲礼 菲仪
7. 否　①fǒu 否认 否定 否则 否决　②pǐ 否极泰来 臧否人物
8. 脯　①fǔ 果脯 杏脯 鹿脯　②pǔ 胸脯

G部

1. 轧　①gá 轧账 轧朋友　②yà 轧棉花 轧道机 倾轧　③zhá 轧钢 轧辊

2. 杆　①gān 旗杆 栏杆（粗长）　②gǎn 枪杆 烟杆（细短）
3. 扛　①gāng 力能扛鼎　②káng 扛枪 扛活
4. 膏　①gāo 膏腴 膏药 牙膏　②gào 膏点儿油 膏膏笔
5. 咯　①gē（拟声）咯咯 咯吱 咯噔　②kǎ 咯血 咯痰　③lo（助词）当然咯
6. 搁　①gē 搁置 搁浅　②gé 搁不住揉搓
7. 葛　①gé 葛巾 瓜葛 葛藤　②gě 姓葛
8. 革　①gé 革命 皮革　②jí 病革（病危急）
9. 合　①gě 十分之一升　②hé 合作 合计
10. 给　①gěi（口语单用）给……　②jǐ（书面组词）补给
11. 更　①gēng 更换 少不更事 更新 更迭　②gèng 更加 更好
12. 颈　①gěng 脖颈子　②jǐng 颈项 颈联
13. 供　①gōng 供给 供销 供养 供不应求 提供 供求 供需 供应 供稿　②gòng 口供 上供 供认 供词 供状 供品 供养 供奉 供职 供事
14. 红　①gōng 女红（也写作"女工"）　②hóng 红色 红人
15. 枸　①gōu 枸橘　②gǒu 枸杞　③jǔ 枸橼
16. 估　①gū 估计 估量　②gù 估衣（出售的旧衣，唯一例词）
17. 呱　①gū 呱呱（小儿哭声）　②guā 呱呱叫　③guǎ 拉呱儿（闲谈）
18. 骨　①gū 骨碌 骨朵（仅此二例）　②gǔ 骨肉 骨干
19. 谷　①gǔ 谷子 谷雨　②yù 吐谷浑（族名）
20. 鹄　①gǔ 鹄的（靶心）中鹄　②hú 鹄立 鹄望（鹄即天鹅）
21. 莞　①guǎn 东莞（在广东）　②wǎn 莞尔一笑
22. 纶　①guān 羽扇纶巾　②lún 经纶 涤纶 锦纶
23. 冠　①guān（名物义）加冠 弹冠　②guàn（动作义）冠军 沐猴而冠
24. 桧　①guì 树名　②huì 人名 秦桧
25. 过　①guō 姓氏　②guò 经过

H部

1. 虾　①há 虾蟆　②xiā 对虾
2. 哈　①hǎ 哈达 姓哈　②hà 哈什蚂　③hā 哈萨克族 哈腰
3. 咳　①hāi 咳是叹词，表伤感、后悔、惊异　②ké 咳嗽
4. 汗　①hán 可汗 大汗　②hàn 汗水 汗颜
5. 巷　①hàng 巷道　②xiàng 街巷
6. 吭　①háng 引吭高歌　②kēng 吭声
7. 号　①háo 呼号 号叫　②hào 称号 号召
8. 和　①hé 和睦 和谐　②hè 应和 和诗　③hú 麻将牌戏用语,意为赢　④huó 和面 和泥　⑤huò 和药 两和（量词）
9. 貉　①hé（书面）一丘之貉　②háo（口语）貉绒 貉子
10. 喝　①hē 喝水　②hè 喝彩 喝令
11. 横　①héng 横行 纵横　②hèng 蛮横 横财 横祸

12. 虹　①hóng（书面组词）彩虹 虹吸　②jiàng（口语单用）

13. 哄　①hōng 哄堂大笑 哄传　②hǒng 哄骗 哄人　③hòng 起哄 一哄而散

14. 划　①huá 划船 划算　②huà 划分 计划

15. 晃　①huǎng 明晃晃 晃眼 一晃而过　②huàng 摇晃 晃动

16. 会　①huì 会合 都会　②kuài 会计 财会

17. 混　①hún 混蛋　②hùn 混合 混沌 混充 混淆 混账

18. 豁　①huō 豁口　②huò 豁亮 豁达

J 部

1. 奇　①jī 奇偶　②qí 奇怪 奇异

2. 缉　①jī 通缉 缉拿　②qī 缉鞋口

3. 几　①jī 茶几 几案　②jǐ 几何 几个

4. 济　①jǐ 济宁 济水 人才济济　②jì 救济 同舟共济 济贫 济世 无济于事 假公济私 接济 缓不济急

5. 纪　①jǐ 姓氏　②jì 纪念 纪律

6. 偈　①jì 偈语　②jié（勇武）

7. 系　①jì 系紧缰绳 系好缆绳　②xì 系好马匹 系好船只

8. 稽　①jī 稽查 无稽之谈 反唇相稽 稽留 稽延　②qǐ 稽首

9. 亟　①jí 亟待解决 亟须 亟亟奔走　②qì 亟来闻讯

10. 诘　①jí 诘屈聱牙(同佶屈聱牙)　②jié 反诘 盘诘 诘问

11. 茄　①jiā 雪茄　②qié 茄子

12. 夹　①jiā 夹攻 夹杂　②jiá 夹裤 夹袄

13. 假　①jiǎ 真假 假借　②jià 假期 假日

14. 间　①jiān 中间 人间 间不容发 间架　②jiàn 间断 间谍 当间 间隔 反间计 间歇 间或 间杂 间作 间接 间苗 乘间 相间

15. 将　①jiāng 将军 将来　②jiàng 将校 将兵

16. 嚼　①jiáo（口语）嚼舌 马嚼子　②jué（书面）咀嚼　③jiào 倒嚼（反刍）

17. 侥　①jiǎo 侥幸　②yáo 僬侥（传说中的矮人）

18. 角　①jiǎo 角落 号角 口角（嘴角）　②jué 角色 角斗 口角（吵嘴）角逐

19. 脚　①jiǎo 根脚 脚本　②jué 脚儿（角儿）

20. 剿　①jiǎo 围剿 剿匪　②chāo 剿说

21. 教　①jiāo 教书 教给　②jiào 教导 教派

22. 校　①jiào 校场 校勘 校正 校样　②xiào 学校 院校 将校

23. 解　①jiě 解除 解渴 解嘲 瓦解 解剖　②jiè 解元 押解 解送 起解　③xiè 解县 解不开 浑身解数 姓解

24. 结　①jiē（长出之意）结果 结实　②jié 结网 结合 结果 归根结底

25. 藉　①jiè 枕藉 慰藉　②jí 狼藉

26. 节　①jiē 节骨眼儿（口语）　②jié 节操 节俭 节制 高风亮节

27. 禁　①jīn 禁受 禁不起 禁用 弱不禁风　②jìn 禁忌 禁锢 禁闭 违禁 禁止

28. 尽 ① jǐn 尽早 尽可能 尽着三天办事 先尽女同志 尽前边 ② jìn 取之不尽 想尽办法 尽心尽力 人尽其才 尽职尽责 尽人皆知
29. 矜 ① jīn 矜夸 矜持 骄矜 ② qín 矛柄
30. 仅 ① jǐn 仅有 ② jìn 士卒仅万(将近万人)
31. 劲 ① jìn 干劲 劲头 用劲 没劲儿 ② jìng 强劲 劲草 刚劲 劲敌
32. 龟 ① jūn 龟裂 ② guī 乌龟 龟缩 ③ qiū 龟兹(cí)(西域古国)
33. 咀 ① jǔ 咀嚼 ② zuǐ 嘴
34. 据 ① jū 拮据(只此一词) ② jù 盘踞 据实 凭据 据理力争
35. 菌 ① jūn 细菌 霉菌 ② jùn 香菌 菌子

K部
1. 卡 ① kǎ 卡车 卡片 卡通 ② qiǎ 关卡 卡子
2. 看 ① kān 看守 看管 ② kàn 看待 看茶
3. 坷 ① kē 坷垃 ② kě 坎坷
4. 壳 ① ké (口语)贝壳 脑壳 ② qià (书面)地壳 甲壳 躯壳
5. 可 ① kě 可恨 可以 ② kè 可汗
6. 克 ① kè 克扣 克服 ② kēi (口语)申斥
7. 空 ① kōng 领空 空洞 空想 空忙 ② kòng 空白 空闲 空额 空隙 空暇 空缺 空房 空地
8. 溃 ① kuì 溃决 溃败 ② huì 同"殨","溃脓"同"殨脓"

L部
1. 蓝 ① lán 蓝草 蓝图 ② lan 苤蓝(piělan)
2. 烙 ① lào 烙印 烙铁 ② luò 炮(páo)烙
3. 勒 ① lè (书面组词)勒令 勒索 勒派 悬崖勒马 勒石 勒碑 ② lēi (口语单用)勒紧点儿
4. 肋 ① lē 肋脦 ② lèi 肋骨 鸡肋
5. 擂 ① léi 擂鼓 擂他一拳 ② lèi 擂台 打擂(仅此二词)
6. 累 ① lèi (受劳义)劳累 ② léi (多余、连缀、颓丧义)累赘 果实累累 累赘 累累若丧家之狗 ③ lěi (牵连、积累、屡次义)牵累 连篇累牍 连累 累进 罪行累累 累卵 累年
7. 蠡 ① lí 管窥蠡测 以蠡测海 ② lǐ 蠡县 范蠡
8. 俩 ① liǎ (口语,不带量词)咱俩 俩人 ② liǎng 伎俩
9. 量 ① liáng 丈量 计量 思量 酌量 端量 量度 量程 量具 ② liàng 量入为出 量力而为 量才录用 量体裁衣 量刑 气量 胆量 流量 质量 力量 饭量 ③ liang 打量 掂量
10. 踉 ① liáng 跳踉小丑(同跳梁小丑) ② liàng 踉跄
11. 潦 ① liáo 潦草 潦倒 ② lǎo (书面)积潦(积水)
12. 燎 ① liáo 星火燎原 ② liǎo 燎头发 燎眉毛
13. 淋 ① lín 淋浴 淋漓 淋巴 ② lìn (过滤义)淋硝 淋盐 淋病
14. 馏 ① liú 蒸馏 ② liù (口语单用)馏口饭
15. 镏 ① liú 镏金(涂金) ② liù 金镏(金戒指)

16. 碌　①liù 碌碡(zhou)　②lù 庸碌 劳碌
17. 遛　①iiú 逗遛　②liù 遛马 遛鸟 遛弯儿
18. 溜　①liū 溜达 溜冰 溜须拍马　②liù 溜缝儿 一溜儿
19. 笼　①lóng（名物义）笼子 牢笼　②lǒng（动作义）笼络 笼统
20. 偻　①lóu 佝偻　②lǚ 伛偻
21. 搂　①lōu 搂钱　②lǒu 搂抱
22. 露　①lù（书面）露天 露骨　②lòu（口语）露头 露马脚
23. 捋　①lǚ 捋胡子　②luō 捋袖子
24. 绿　①lǜ（口语）绿地 绿茵　②lù（书面）绿林 鸭绿江
25. 络　①luò 络绎 经络　②lào 络子
26. 落　①luò（书面组词）落魄 着落　②lào（常用口语）落枕 落色　③là（遗落义）丢三落四 落下

M部

1. 抹　①mā 抹布 抹桌子 抹下脸　②mǒ 涂抹 抹杀 抹黑 抹脖子　③mò 转弯抹角 抹墙
2. 脉　①mò 脉脉(仅此一例)　②mài 脉络 山脉
3. 埋　①mái 埋伏 埋藏　②mán 埋怨
4. 蔓　①màn（书面）蔓延 枝蔓　②wàn（口语）瓜蔓 压蔓
5. 氓　①máng 流氓　②méng 古指百姓
6. 闷　①mēn 闷热 闷头干 闷声闷气　②mèn 愁闷 闷雷 闷闷不乐
7. 没　①méi 没有　②mò 没收 没落 没世 没齿不忘
8. 蒙　①mēng 蒙骗 瞎蒙 蒙头转向　②méng 蒙昧 蒙蔽 蒙头盖脑　③měng 蒙古
9. 眯　①mí 眯眼(迷眼)　②mī 眯眼(合眼)
10. 靡　①mí 靡费 奢靡　②mǐ 披靡 靡靡之音 靡日不思
11. 秘　①bì 秘鲁 姓秘　②mì 秘密 秘诀
12. 泌　①mì（口语）分泌　②bì（书面）泌阳
13. 模　①mó 模范 模型　②mú 模具 模样
14. 摩　①mó 摩擦 摩挲（用手抚摸）　②mā 摩挲(sa)(轻按着并移动)
15. 缪　①móu 未雨绸缪　②miù 纰缪　③miào 缪(姓)

N部

1. 难　①nán 困难 难兄难弟(贬义)　②nàn 责难 难兄难弟(共患难的人)难民 难友 难胞
2. 泥　①ní 泥泞 泥沼 泥淖　②nì 拘泥 泥古 泥子 泥墙
3. 宁　①níng 安宁 宁静　②nìng 宁可 姓宁
4. 弄　①nòng 玩弄　②lòng 弄堂 里弄
5. 疟　①nüè（书面）疟疾　②yào（口语）发疟子
6. 娜　①nuó 袅娜 婀娜　②nà（用于人名）安娜

O 部

哦 ① ó 哦，是这么回事。 ② ò 哦，我明白了。 ③ é 吟哦

P 部

1. 排 ① pái 排除 排行 ② pǎi 排子车
2. 迫 ① pǎi 迫击炮 ② pò 逼迫
3. 胖 ① pán 心宽体胖 ② pàng 肥胖
4. 刨 ① páo 刨除 刨土 ② bào 刨床 刨冰
5. 炮 ① páo 炮制 炮格(烙) ② pào 火炮 高炮 ③ bāo 炮干(烘干)
6. 跑 ① páo 虎跑泉 ② pǎo 跑步
7. 喷 ① pēn 喷射 喷泉 喷嚏 ② pèn 喷香
8. 劈 ① pī 劈头盖脸 劈面 劈胸 ② pǐ 劈开 劈叉
9. 便 ① pián 便宜 大腹便便 ② biàn 方便 便条 便笺 便宜行事
10. 片 ① piàn 影片儿 ② piān 唱片儿
11. 缥 ① piāo 缥缈 ② piǎo 青白色的丝织品
12. 撇 ① piē 撇开 撇弃 ② piě 撇嘴 撇到脑后
13. 仆 ① pū 前仆后继 ② pú 仆从
14. 朴 ① pǔ 俭朴 朴质 ② pō 朴刀 ③ pò 厚朴 朴树 ④ piáo 姓朴
15. 瀑 ① pù 瀑布 ② bào 瀑河(水名)
16. 曝 ① pù 一曝十寒 ② bào 曝光

Q 部

1. 栖 ① qī 两栖 栖息 ② xī 栖栖
2. 蹊 ① qī 蹊跷 ② xī 蹊径
3. 稽 ① qǐ 稽首 ② jī 滑稽
4. 荨 ① qián（书面）荨麻 ② xún（口语）荨麻疹
5. 欠 ① qiàn 欠缺 欠债 ② qian 呵欠
6. 抢 ① qiāng 呼天抢地 ② qiǎng 抢夺 争抢
7. 强 ① qiáng 强渡 强取 强制 ② qiǎng 勉强 强迫 强词夺理 强人所难 ③ jiàng 倔强
8. 呛 ① qiāng 呛着了 ② qiàng 油烟呛人
9. 戗 ① qiāng 戗水 戗风 说戗了 ② qiàng 戗面馒头
10. 悄 ① qiāo 悄悄话 ② qiǎo 悄然 悄寂
11. 翘 ① qiào（口语）翘尾巴 ② qiáo 翘首 连翘
12. 切 ① qiē 切磋 切割 ② qiè 急切 切实
13. 趄 ① qiè 趄坡儿 ② jū 趔趄
14. 亲 ① qīn 亲近 亲密 ② qìng 亲家
15. 曲 ① qū 河曲 大曲 弯曲 ② qǔ 曲调 曲艺 曲牌
16. 雀 ① qiāo 雀子 ② qiǎo 雀盲眼 ③ què 雀斑 雀跃 麻雀
17. 圈 ① quān 圈点 圈占 圈套 圈阅 ② juān 圈牛 圈马 ③ juàn 猪圈 羊圈

18. 阙　①quē 阙如　阙疑　②què 宫阙

R部

1. 嚷　①rǎng 吵嚷　喧嚷　②rāng 嚷嚷
2. 任　①rèn 信任　任命　担任　②rén 姓任　任县(地名)

S部

1. 散　①sǎn 懒散　零散(不集中、分散)散兵游勇　散居　散漫　散记　松散　散射　散曲　散架　②sàn 散布　散失　散发　分散　散播　发散　散传单　散心　解散　散摊子
2. 丧　①sāng 丧葬　丧服　丧乱　丧钟　②sàng 丧失　丧权　丧气　丧魂落魄　③sang 哭丧着脸
3. 色　①sè(书面)色彩　色泽　②shǎi(口语)落色　掉色
4. 塞　①sè(书面 动作义)堵塞　阻塞　②sāi(口语 名动义)活塞　塞车　③sài 塞翁失马　边塞　塞外
5. 煞　①shā 煞尾　收煞　煞笔　煞风景　②shà 煞白　恶煞　煞气　煞费苦心　煞有介事
6. 厦　①shà 广厦　大厦　②xià 厦门　噶厦
7. 杉　①shān(书面)红杉　水杉　②shā(口语)杉篙　杉木
8. 苫　①shàn(动作义)苫屋　草苫布　②shān(名物义)草苫子
9. 汤　①shāng 河水汤汤　浩浩汤汤　②tāng 汤水　热汤　赴汤蹈火
10. 折　①shé 折本　②zhē 折腾　③zhé 折合
11. 舍　①shě 舍弃　抛舍　②shè 校舍　退避三舍
12. 拾　①shè 拾级而上　②shí 拾取　拾掇　拾遗　拾人牙慧
13. 什　①shén 什么　②shí 什物　什锦
14. 葚　①shèn(书面)桑葚　②rèn(口语)桑葚儿
15. 识　①shí 识别　识字　②zhì 标识　博闻强识
16. 似　①shì 似的　②sì 相似
17. 属　①shǔ 隶属　归属　亲属　属实　属相　②zhǔ 属意　属望　前后相属　属文
18. 熟　①shóu(口语)庄稼熟了　饭熟了　②shú 熟悉　熟谙　熟稔　熟思　熟习
19. 刷　①shuā 洗刷　粉刷　刷新　②shuà 脸刷白
20. 说　①shuì 游说　说客　②shuō 说话　说辞
21. 数　①shuò(副词)数见不鲜　②shǔ(动词)数落　数数(shù)　③shù(名词)数字　数目
22. 忪　①sōng 睡眼惺忪　②zhōng 忪忪(恐惧)
23. 宿　①sù 宿舍　宿志　宿将　耆宿　宿舍　宿主　②xiǔ 三天两宿　半宿　③xiù 星宿　二十八宿
24. 遂　①suí 半身不遂　②suì 遂心如意　天遂人愿　遂意

T部

1. 踏　①tā 踏实　②tà 踏步　践踏　踏勘　踏看　踏青
2. 沓　①tà 杂沓　复沓　纷至沓来　②dá 一沓子
3. 趟　①tāng 趟水(也写作:蹚水)　②tàng 走一趟　半趟街

126

4. 苔　①tái（书面）苍苔 苔藓　②tāi（口语）青苔 舌苔

5. 调　①tiáo 调皮 调配(调和配合) 调解 调剂 调侃 调唆 调谑 调羹 调停　②diào 调换 调配(调动分配) 调防 调遣 曲调 调换 调集 调拨 调度

6. 帖　①tiē 妥帖 服服帖帖　②tiě 帖子 请帖 庚帖　③tiè 碑帖 法帖

7. 通　①tōng 通知 通过 交通　②tòng 挨了一通说

8. 吐　①tǔ 谈吐 吐露 吐字 吐故纳新　②tù 吐沫 吐血 呕吐 上吐下泻

9. 褪　①tuì 褪色 褪毛　②tùn 褪去 褪着手 褪套儿

10. 拓　①tuò 拓荒 拓宽 开拓　②tà 拓本 拓片

W部

1. 瓦　①wǎ 瓦当 瓦蓝 砖瓦　②wà 瓦刀

2. 圩　①wéi 圩子　②xū 圩场

3. 委　①wēi 委蛇＝逶迤　②wěi 委曲(qū) 委屈(qu)

4. 尾　①wěi 尾巴　②yǐ 马尾

5. 尉　①wèi 尉官 姓尉　②yù 尉迟(姓) 尉犁(地名)

6. 遗　①wèi 遗之千金(赠送)　②yí 遗失 遗憾 遗嘱

7. 纹　①wén 花纹 纹饰 纹理 纹丝　②wèn 裂纹

8. 乌　①wū 乌黑　②wù 乌拉草(la 草名)

X部

1. 吓　①xià 吓唬 吓人　②hè 威吓 恐吓 恫吓

2. 鲜　①xiān 鲜卑(古代北方民族) 鲜美 鲜明 鲜艳　②xiǎn 鲜见 鲜有 鲜为人知

3. 纤　①xiān 纤长 纤毫 纤细 纤尘 纤弱 十指纤纤　②qiàn 纤夫 纤绳 纤手

4. 相　①xiāng 相当 相反　②xiàng 相册 相片 相机

5. 行　①xíng 举行 发行　②háng 行市 行伍　③hàng 树行子　④héng 道行

6. 省　①xǐng 反省 省亲　②shěng 省份 省略

7. 削　①xuē（书面）剥削 瘦削　②xiāo（口语）切削 削皮

8. 血　①xuè（书面组词）贫血 心血 血液 血统 血型 血性 血迹 血泪 血泊 血气 血洗 血汗 血债 血晕　②xiě（口语常用）鸡血 流了点血 血淋淋 血糊糊

9. 熏　①xūn 熏染 熏陶 熏风 熏制　②xùn 被煤气熏着了(中毒)

10. 兴　①xīng 新兴 复兴 兴起 兴办 兴修 不兴胡说 兴许 兴盛 兴师动众　②xìng 兴趣 兴致 豪兴 助兴 败兴

11. 旋　①xuán 盘旋 回旋 旋即 凯旋 旋转　②xuàn 旋风

Y部

1. 哑　①yā 哑哑(象声词)学语　②yǎ 哑然 哑场 哑谜 哑然失笑

2. 殷　①yān 殷红　②yīn 殷实 殷勤 殷切 殷商　③yǐn 殷殷(象声词,形容雷声)

3. 咽　①yān 咽喉　②yàn 狼吞虎咽 咽气　③yè 呜咽 哽咽

4. 约　①yāo 用秤约 约斤肉　②yuē 预约 制约 条约 特约 约束

5. 钥　①yào（口语）钥匙　②yuè（书面）锁钥

6. 掖　①yē 掖进去　②yè 扶掖 奖掖

127

7. 耶 ① yē 耶和华 耶稣 ② yé(语气助词)是耶非耶

8. 叶 ① yè 叶落归根 叶公好龙 ② xié 叶韵(和谐义)

9. 艾 ① yì 自怨自艾 惩艾 ② ài 方兴未艾 艾草

10. 迤 ① yí 逶迤 ② yǐ 迤逦

11. 应 ① yīng 应届 应许 应声 应该 应允 应名儿 应分 ② yìng 应付 应承 应运 应变 应从 应对 应和 应急 应景 应聘 应时 应诺 应用 应验 应征 应邀 应招 应诊 应制 应接不暇

12. 佣 ① yōng 雇佣 佣工 女佣 ② yòng 佣金 佣钱

13. 熨 ① yù 熨帖 ② yùn 熨烫

14. 与 ① yǔ 与其 与人为善 与日俱增 与虎谋皮 ② yù 参与 与会 与闻 ③ yú 同"欤"

15. 吁 ① yù 呼吁 吁请 吁求 ② yū 吆喝牲口(象形词) ③ xū 长吁短叹 气喘吁吁

16. 予 ① yú(文言"我")予取予求 ② yǔ 授予 予以

17. 晕 ① yūn 晕倒 头晕 晕厥 ② yùn 月晕 日晕 晕车 晕船 晕机 晕针 晕场 红晕

Z 部

1. 咋 ① zǎ 咋办 咋样 ② zé 咋舌 ③ zhā 咋呼

2. 载 ① zǎi 记载 登载 转载 千载难逢 三年五载 刊载 ② zài 装载 载运 载歌载舞 载体 载荷 载重 怨声载道 风雪载途

3. 脏 ① zāng 肮脏 ② zàng 心脏 内脏 脏腑

4. 择 ① zé 选择 抉择 ② zhái 择菜 择席 择不开(仅此三词)

5. 扎 ① zhá 挣扎 ② zhā 扎根 扎实 扎堆 扎眼 扎营 ③ zā 扎彩(捆束)一扎啤酒 扎腰带

6. 轧 ① zhá 轧钢 轧辊(挤制义) ② yà 倾轧 轧棉花 轧场(碾压)

7. 炸 ① zhá 炸糕 油炸 ② zhà 炸药 炸弹

8. 粘 ① zhān 粘贴 粘连 ② nián 姓粘

9. 涨 ① zhǎng 涨落 高涨 涨潮 涨幅 物价上涨 水涨船高 暴涨 ② zhàng 泡涨 头昏脑涨 脸涨得通红

10. 占 ① zhān 占卜 占卦 ② zhàn 占据 攻占 强占

11. 爪 ① zhǎo 爪牙 鹰爪 张牙舞爪 ② zhuǎ 爪子 爪儿

12. 着 ① zháo 着急 着迷 着凉 着忙 着魔 着三不着两 ② zhuó 着落 着重 着手 着力 着装 着笔 着实 着想 着眼 着意 着陆 ③ zhāo 失着 着数 高着(招)

13. 蜇 ① zhē 蜜蜂蜇人 切洋葱蜇眼睛 ② zhé 海蜇

14. 症 ① zhēng 症结 ② zhèng 病症 症状 症候

15. 正 ① zhēng 正月 新正 正旦(农历正月初一) ② zhèng 正常 正旦(戏曲中称女主角)

16. 殖 ① zhí 繁殖 殖民 ② shi 骨殖

17. 只 ① zhī 只身前往 只言片语 ② zhǐ 只顾 只见 只有

128

18. 中 ① zhōng 中国 人中(穴位) ② zhòng 中奖 中靶 看中 中选
19. 种 ① zhǒng 种类 种族 点种(种子) ② zhòng 耕种 种植 点种(播种)
20. 轴 ① zhóu 画轴 轮轴 轴承 轴线 ② zhòu 大轴戏 压轴戏
21. 著 ① zhù 著名 著述 ② zhuó 同"着",动词,穿著 附著
22. 拽 ① zhuāi 拽皮球 拽东西 ② zhuài 拽住不放 生拉硬拽
23. 转 ① zhuǎn 转运 转折 转圜 转身 ② zhuàn 转动 转速 转悠
24. 幢 ① zhuàng 一幢楼房 ② chuáng 经幢
25. 缴 ① zhuó 系在箭上的丝绳,射鸟用 ② jiǎo 上缴 收缴 缴纳 缴械
26. 综 ① zèng 织机零件之一 ② zōng 综合 错综
27. 仔 ① zī 仔肩(书面语:责任,负担) ② zǐ 仔细 仔密 仔鸡 仔猪 仔兽 ③ zǎi 打工仔 华仔 胖仔
28. 钻 ① zuān 钻探 钻孔 ② zuàn 钻床 钻石
29. 柞 ① zuò 柞蚕 柞绸 ② zhà 柞水(在陕西)
30. 作 ① zuō 作坊 小器作 ② zuò 工作 习作

附录二 普通话难读字词表

表6-6 普通话难读字词表

A

1. 挨紧 āi 2. 挨饿受冻 ái 3. 白皑皑 ái 4. 狭隘 ài 5. 不谙水性 ān 6. 熬菜 āo 7. 煎熬 áo 8. 鏖战 áo 9. 拗断 ǎo 10. 拗口令 ào

B

1. 纵横捭阖 bǎihé 2. 稗官野史 bài 3. 扳平 bān 4. 同胞 bāo 5. 炮羊肉 bāo 6. 剥皮 bāo 7. 薄纸 báo 8. 并行不悖 bèi 9. 蓓蕾 bèilěi 10. 奔波 bō 11. 投奔 bèn 12. 迸发 bèng 13. 包庇 bì 14. 麻痹 bì 15. 奴颜婢膝 bìxī 16. 刚愎自用 bì 17. 复辟 bì 18. 濒临 bīn 19. 针砭 biān 20. 屏气 bǐng 21. 摒弃 bìng 22. 剥削 bōxuē 23. 波涛 bō 24. 菠菜 bō 25. 停泊 bó 26. 淡薄 bó 27. 哺育 bǔ

C

1. 粗糙 cāo 2. 嘈杂 cáo 3. 参差 cēncī 4. 差错 chā 5. 偏差 chā 6. 差距 chā 7. 搽粉 chá 8. 猹 chá 9. 刹那 chà 10. 差遣 chāi 11. 谄媚 chǎn 12. 忏悔 chàn 13. 羼水 chàn 14. 场院 cháng 15. 一场雨 cháng 16. 赔偿 cháng 17. 徜徉 cháng 18. 绰起 chāo 19. 风驰电掣 chè 20. 瞠目结舌 chēng 21. 乘机 chéng 22. 惩前毖后 chéng 23. 惩创 chéngchuāng 24. 驰骋 chěng 25. 鞭笞 chī 26. 痴呆 chī 27. 痴心妄想 chī 28. 白痴 chī 29. 踟蹰 chíchú 30. 奢侈 chǐ 31. 整饬 chì 32. 炽热 chì 33. 不啻 chì 34. 叱咤风云 chìzhà 35. 忧心忡忡 chōng 36. 憧憬 chōng 37. 崇拜 chóng 38. 惆怅 chóuchàng 39. 踌躇 chóuchú 40. 相形见绌 chù 41. 黜免 chù 42. 揣摩 chuǎi 43. 椽子 chuán 44. 创伤 chuāng 45. 凄怆 chuàng 46. 啜泣 chuò 47. 辍学 chuò 48. 宽绰 chuò 49. 瑕疵 cī 50.

伺候 cì　51. 烟囱 cōng　52. 从容 cóng　53. 淙淙流水 cóng　54. 一蹴而就 cù　55. 璀璨 cuǐ　56. 忖度 cǔnduó　57. 蹉跎 cuōtuó　58. 挫折 cuò

D

1. 呆板 dāi　2. 答应 dā　3. 逮老鼠 dǎi　4. 逮捕 dài　5. 殚思极虑 dān　6. 虎视眈眈 dān　7. 肆无忌惮 dàn　8. 档案 dàng　9. 当（本）年 dàng　10. 追悼 dào　11. 提防 dī　12. 瓜熟蒂落 dì　13. 缔造 dì　14. 掂掇 diānduo　15. 玷污 diàn　16. 装订 dìng　17. 订正 dìng　18. 恫吓 dònghè　19. 句读 dòu　20. 兑换 duì　21. 踱步 duó

E

1. 阿谀 ēyú　2. 婀娜 ēnuó　3. 扼要 è

F

1. 菲薄 fěi　2. 沸点 fèi　3. 氛围 fēn　4. 肤浅 fū　5. 敷衍塞责 fū yǎn sè zé　6. 仿佛 fú　7. 凫水 fú　8. 篇幅 fú　9. 辐射 fú　10. 果脯 fǔ　11. 随声附和 fùhè

G

1. 准噶尔 gá　2. 大动干戈 gē　3. 诸葛亮 gě　4. 脖颈 gěng　5. 提供 gōng　6. 供销 gōngxiāo　7. 供给 gōngjǐ　8. 供不应求 gōngyìng　9. 供认 gòng　10. 口供 gòng　11. 佝偻 gōulóu　12. 勾当 gòu　13. 骨朵 gū　14. 骨气 gǔ　15. 蛊惑 gǔ　16. 商贾 gǔ　17. 桎梏 gù　18. 粗犷 guǎng　19. 皈依 guī　20. 瑰丽 guī　21. 刽子手 guì　22. 聒噪 guō

H

1. 哈达 hǎ　2. 尸骸 hái　3. 稀罕 hǎn　4. 引吭高歌 háng　5. 沆瀣一气 hàngxiè　6. 干涸 hé　7. 一丘之貉 hé　8. 上颌 hé　9. 喝彩 hè　10. 负荷 hè　11. 蛮横 hèng　12. 飞来横祸 hèng　13. 发横财 hèng　14. 一哄而散 hòng　15. 糊口 hú　16. 囫囵吞枣 húlún　17. 华山 huà　18. 怙恶不悛 hù quān　19. 豢养 huàn　20. 病入膏肓 huāng　21. 讳疾忌医 huìjí　22. 诲人不倦 huì　23. 阴晦 huì　24. 污秽 huì　25. 浑水摸鱼 hún　26. 混淆 hùnxiáo　27. 和泥 huó　28. 和药 huò　29. 豁达 huò　30. 霍乱 huò

J

1. 茶几 jī　2. 畸形 jī　3. 羁绊 jī　4. 羁旅 jī　5. 放荡不羁 jī　6. 无稽之谈 jī　7. 跻身 jī　8. 通缉令 jī　9. 汲取 jí　10. 即使 jí　11. 开学在即 jí　12. 疾恶如仇 jí　13. 嫉妒 jí　14. 棘手 jí　15. 贫瘠 jí　16. 狼藉 jí　17. 一触即发 jí　18. 脊梁 jǐ　19. 人才济济 jǐ　20. 给予 jǐyǔ　21. 觊觎 jìyú　22. 成绩 jì　23. 事迹 jì　24. 雪茄 jiā　25. 信笺 jiān　26. 歼灭 jiān　27. 草菅人命 jiān　28. 缄默 jiān　29. 渐染 jiān　30. 眼睑 jiǎn　31. 间断 jiàn　32. 矫枉过正 jiǎo　33. 缴纳 jiǎo　34. 校对 jiào　35. 开花结果 jiē　36. 事情结果 jié　37. 结冰 jié　38. 反诘 jié　39. 拮据 jiéjū　40. 攻讦 jié　41. 桔梗 jié　42. 押解 jiè　43. 情不自禁 jīn　44. 根茎叶 jīng　45. 长颈鹿 jǐng　46. 杀一儆百 jǐng　47. 强劲 jìng　48. 劲敌 jìng　49. 劲旅 jìng　50. 痉挛 jìng　51. 抓阄 jiū　52. 针灸 jiǔ　53. 韭菜 jiǔ　54. 内疚 jiù　55. 既往不咎 jiù　56. 狙击 jū　57. 咀嚼 jǔjué　58. 循规蹈矩 jǔ　59. 矩形 jǔ　60. 沮丧 jǔ　61. 龃龉

jǔyǔ 62. 前倨后恭 jù 63. 镌刻 juān 64. 隽永 juàn 65. 角色 jué 66. 口角 jué 67. 角斗 jué 68. 角逐 jué 69. 倔强 juéjiàng 70. 崛起 jué 71. 猖獗 jué 72. 一蹶不振 jué 73. 诡谲 jué 74. 矍铄 jué 75. 攫取 jué 76. 细菌 jūn 77. 龟裂 jūn 78. 俊杰 jùn 79. 崇山峻岭 jùn 80. 竣工 jùn 81. 隽秀 jùn

K

1. 同仇敌忾 kài 2. 不卑不亢 kàng 3. 坎坷 kě 4. 可汗 kèhán 5. 恪守 kè 6. 倥偬 kǒngzǒng 7. 会计 kuài 8. 窥探 kuī 9. 傀儡 kuǐ

L

1. 邋遢 lā ta 2. 拉家常 lā 3. 丢三落四 là 4. 书声琅琅 láng 5. 唠叨 láo 6. 落枕 lào 7. 奶酪 lào 8. 勒索 lè 9. 勒紧 lēi 10. 擂鼓 léi 11. 羸弱 léi 12. 果实累累 léi 13. 罪行累累 lěi 14. 擂台 lèi 15. 罹难 lí 16. 潋滟 liàn 17. 打量 liang 18. 量入为出 liàng 19. 撩水 liāo 20. 撩拨 liáo 21. 寂寥 liáo 22. 瞭望 liào 23. 趔趄 lièqie 24. 恶劣 liè 25. 雕镂 lòu 26. 贿赂 lù 27. 棕榈 lú 28. 掠夺 lüè

M

1. 抹桌子 mā 2. 阴霾 mái 3. 埋怨 mán 4. 耄耋 màodié 5. 联袂 mèi 6. 闷热 mēn 7. 扪心自问 mén 8. 愤懑 mèn 9. 蒙头转向 mēng 10. 蒙头盖脸 méng 11. 靡费 mí 12. 萎靡不振 mǐ 13. 静谧 mì 14. 分娩 miǎn 15. 酩酊 mǐng dǐng 16. 荒谬 miù 17. 脉脉 mò 18. 抹墙 mò 19. 蓦然回首 mò 20. 牟取 móu 21. 模样 mú

N

1. 羞赧 nǎn 2. 呶呶不休 náo 3. 泥淖 nào 4. 口讷 nè 5. 气馁 něi 6. 拟人 nǐ 7. 隐匿 nì 8. 拘泥 nì 9. 亲昵 nì 10. 拈花惹草 niān 11. 宁死不屈 nìng 12. 泥泞 nìng 13. 忸怩 niǔní 14. 执拗 niù 15. 驽马 nú 16. 虐待 nüè

O

1. 偶然 ǒu

P

1. 扒手 pá 2. 迫击炮 pǎi 3. 心宽体胖 pán 4. 蹒跚 pán 5. 滂沱 pāngtuó 6. 彷徨 páng 7. 炮制 páo 8. 咆哮 páoxiào 9. 炮烙 páoluò 10. 胚胎 pēi 11. 喷喷香 pèn 12. 抨击 pēng 13. 澎湃 péngpài 14. 纰漏 pī 15. 毗邻 pí 16. 癖好 pǐ 17. 否极泰来 pǐ 18. 媲美 pì 19. 扁舟 piān 20. 大腹便便 pián 21. 剽窃 piāo 22. 饿殍 piǎo 23. 乒乓 pīngpāng 24. 湖泊 pō 25. 居心叵测 pǒ 26. 糟粕 pò 27. 解剖 pōu 28. 前仆后继 pū 29. 奴仆 pú 30. 风尘仆仆 pú 31. 玉璞 pú 32. 匍匐 púfú 33. 瀑布 pù 34. 一曝十寒 pù

Q

1. 休戚与共 qī 2. 蹊跷 qīqiao 3. 祈祷 qí 4. 颀长 qí 5. 歧途 qí 6. 绮丽 qǐ 7. 修葺 qì 8. 休憩 qì 9. 关卡 qiǎ 10. 悭吝 qiān 11. 掮客 qián 12. 潜移默化 qián 13. 虔诚 qián 14. 天堑 qiàn 15. 戕害 qiāng 16. 强迫 qiǎng 17. 勉强

qiǎng 18. 强求 qiǎng 19. 牵强附会 qiǎng 20. 襁褓 qiǎng 21. 翘首远望 qiáo 22. 讥诮 qiào 23. 怯懦 qiè 24. 提纲挈领 qiè 25. 锲而不舍 qiè 26. 惬意 qiè 27. 衾枕 qīn 28. 倾盆大雨 qīng 29. 引擎 qíng 30. 亲家 qìng 31. 曲折 qū 32. 祛除 qū 33. 黢黑 qū 34. 水到渠成 qú 35. 清癯 qú 36. 瞿塘峡 qú 37. 通衢大道 qú 38. 龋齿 qǔ 39. 兴趣 qù 40. 面面相觑 qù 41. 债券 quàn 42. 商榷 què 43. 逡巡 qūn 44. 麇集 qún

R

1. 围绕 rào 2. 荏苒 rěnrǎn 3. 稔知 rěn 4. 妊娠 rènshēn 5. 仍然 réng 6. 冗长 rǒng

S

1. 缫丝 sāo 2. 稼穑 jiàsè 3. 堵塞 sè 4. 刹车 shā 5. 芟除 shān 6. 潸然泪下 shān 7. 禅让 shàn 8. 讪笑 shàn 9. 赡养 shàn 10. 折本 shé 11. 慑服 shè 12. 退避三舍 shè 13. 海市蜃楼 shèn 14. 舐犊之情 shì 15. 教室 shì 16. 有恃无恐 shì 17. 狩猎 shòu 18. 倏忽 shū 19. 束缚 shùfù 20. 刷白 shuà 21. 游说 shuì 22. 吸吮 shǔn 23. 瞬息万变 shùn 24. 怂恿 sǒngyǒng 25. 塑料 sù 26. 簌簌 sù 27. 虽然 suī 28. 鬼鬼祟祟 suì 29. 婆娑 suō

T

1. 趿拉 tā 2. 鞭挞 tà 3. 叨扰 tāo 4. 熏陶 táo 5. 体己 tī 6. 孝悌 tì 7. 倜傥 tìtǎng 8. 恬不知耻 tián 9. 殄灭 tiǎn 10. 轻佻 tiāo 11. 调皮 tiáo 12. 妥帖 tiē 13. 请帖 tiě 14. 字帖 tiè 15. 恸哭 tòng 16. 如火如荼 tú 17. 湍急 tuān 18. 颓废 tuí 19. 蜕化 tuì 20. 囤积 tún

W

1. 逶迤 wēiyí 2. 违反 wéi 3. 崔嵬 wéi 4. 冒天下之大不韪 wěi 5. 为虎作伥 wèi chāng 6. 龌龊 wòchuò 7. 斡旋 wò 8. 深恶痛绝 wù

X

1. 膝盖 xī 2. 檄文 xí 3. 狡黠 xiá 4. 厦门 xià 5. 纤维 xiānwéi 6. 翩跹 xiān 7. 屡见不鲜 xiān 8. 垂涎三尺 xián 9. 勾股弦 xián 10. 鲜见 xiǎn 11. 肖像 xiào 12. 采撷 xié 13. 叶韵 xié 14. 纸屑 xiè 15. 机械 xiè 16. 省亲 xǐng 17. 不朽 xiǔ 18. 铜臭 xiù 19. 星宿 xiù 20. 长吁短叹 xū 21. 自诩 xǔ 22. 抚恤金 xù 23. 酗酒 xù 24. 煦暖 xù 25. 眩晕 xuànyùn 26. 炫耀 xuàn 27. 洞穴 xué 28. 戏谑 xuè 29. 驯服 xùn 30. 徇私舞弊 xùn

Y

1. 倾轧 yà 2. 揠苗助长 yà 3. 殷红 yān 4. 湮没 yān 5. 筵席 yán 6. 百花争妍 yán 7. 河沿 yán 8. 偃旗息鼓 yǎn 9. 奄奄一息 yǎn 10. 赝品 yàn 11. 佯装 yáng 12. 怏怏不乐 yàng 13. 安然无恙 yàng 14. 杳无音信 yǎo 15. 窈窕 yǎotiǎo 16. 发疟子 yào 17. 耀武扬威 yào 18. 因噎废食 yē 19. 揶揄 yéyú 20. 陶冶 yě 21. 呜咽 yè 22. 摇曳 yè 23. 拜谒 yè 24. 笑靥 yè 25. 甘之如饴 yí 26. 颐和园 yí 27. 迤逦 yǐlǐ 28. 旖旎 yǐnǐ 29. 自怨自艾 yì 30. 游弋 yì 31. 后裔

yì 32. 奇闻轶事 yì 33. 络绎不绝 yì 34. 造诣 yì 35. 友谊 yì 36. 肄业 yì 37. 熠熠闪光 yì 38. 一望无垠 yín 39. 荫凉 yìn 40. 应届 yīng 41. 应承 yìng 42. 应用文 yìng 43. 应试教育 yìng 44. 邮递员 yóu 45. 黑黝黝 yǒu 46. 良莠不齐 yǒu 47. 迂回 yū 48. 向隅而泣 yú 49. 愉快 yú 50. 始终不渝 yú 51. 逾越 yú 52. 年逾古稀 yú 53. 娱乐 yú 54. 伛偻 yǔlǚ 55. 舆论 yú 56. 尔虞我诈 yú 57. 囹圄 yǔ 58. 参与 yù 59. 驾驭 yù 60. 家喻户晓 yù 61. 熨帖 yù 62. 寓情于景 yù 63. 鹬蚌相争 yù 64. 卖儿鬻女 yù 65. 断瓦残垣 yuán 66. 苑囿 yuànyòu 67. 头晕 yūn 68. 允许 yǔn 69. 晕船 yùn 70. 酝酿 yùnniàng

Z

1. 扎小辫 zā 2. 柳荫匝地 zā 3. 登载 zǎi 4. 载重 zài 5. 载歌载舞 zài 6. 怨声载道 zài 7. 拒载 zài 8. 暂时 zàn 9. 臧否 zāngpǐ 10. 宝藏 zàng 11. 确凿 záo 12. 啧啧称赞 zé 13. 谮言 zèn 14. 憎恶 zēng 15. 赠送 zèng 16. 驻扎 zhā 17. 咋呼 zhā 18. 挣扎 zhá 19. 札记 zhá 20. 咋舌 zé 21. 择菜 zhái 22. 占卜 zhān 23. 客栈 zhàn 24. 破绽 zhàn 25. 精湛 zhàn 26. 颤栗 zhàn 27. 高涨 zhǎng 28. 涨价 zhǎng 29. 着慌 zháo 30. 沼泽 zhǎo 31. 召开 zhào 32. 肇事 zhào 33. 折腾 zhē 34. 动辄得咎 zhé jiù 35. 蛰伏 zhé 36. 贬谪 zhé 37. 铁砧 zhēn 38. 日臻完善 zhēn 39. 甄别 zhēn 40. 箴言 zhēn 41. 缜密 zhěn 42. 赈灾 zhèn 43. 症结 zhēng 44. 拯救 zhěng 45. 症候 zhèng 46. 诤友 zhèng 47. 挣脱 zhèng 48. 脂肪 zhī 49. 踯躅 zhízhú 50. 近在咫尺 zhǐ 51. 博闻强识 zhì 52. 标识 zhì 53. 质量 zhì 54. 脍炙人口 zhì 55. 鳞次栉比 zhì 56. 对峙 zhì 57. 中听 zhōng 58. 中肯 zhòng 59. 刀耕火种 zhòng 60. 胡诌 zhōu 61. 啁啾 zhōu 62. 压轴 zhòu 63. 贮藏 zhù 64. 莺啼鸟啭 zhuàn 65. 撰稿 zhuàn 66. 谆谆 zhūn 67. 弄巧成拙 zhuō 68. 灼热 zhuó 69. 卓越 zhuó 70. 啄木鸟 zhuó 71. 着陆 zhuó 72. 穿着打扮 zhuó 73. 恣意 zì 74. 浸渍 zì 75. 作坊 zuō 76. 柞蚕 zuò

附录三　普通话水平测试模拟试题30套

普通话水平测试模拟试题（第1号）

一、读单音节字词

梦	仅	拐	夺	折	闪	早	枪	浪	瘦
凡	盆	床	白	软	胸	趁	捕	峡	肉
岁	吹	鱼	针	湿	歪	暗	刺	抓	梨
爬	响	顶	猜	二	胃	俩	日	登	瞧
走	黑	优	擦	宽	扔	仰	些	劝	甩
托	肥	隔	多	蹭	臀	阔	怒	内	穴
硅	崖	莫	聘	捅	寺	映	寻	乙	弦
捏	祸	吞	眨	搀	波	溜	掷	挎	堤

| 免病 | 涌闹 | 蒜滑 | 旅约 | 掐较 | 总共 | 偿接 | 湾矿 | 岔准 | 涮扶 |

二、读多音节词语

造句	轮船	强调	飞机	本领
综合	客人	材料	夏天	栅栏
能够	伯母	外国	著作	快乐
约会	群众	游泳	全部	迅速
风味	妥协	贬低	赞美	起身
高粱	侧面	猖狂	纽扣儿	敏感
绷带	散发	恰当	平日	铲子
算卦	锐角	凝滞	藕节儿	来龙去脉
血缘	收摊儿	瑞雪	家园	改进
针对	航模	小曲儿	槽床	

普通话水平测试模拟试题(第2号)

一、读单音节字词

帮	存	镁	瞧	评	丢	暧	添	肯	隔
梦	大	刮	肥	醉	出	雄	丛	装	夺
女	孔	滑	昀	振	走	勤	锅	押	软
丝	映	茶	穷	歪	甩	仍	尺	银	剩
癌	趴	俯	旅	亏	掘	投	总	灵	冤
耐	彼	磷	俊	护	卸	贰	施	液	叁
泼	返	怒	茁	尊	翁	笋	帘	特	悬
跛	盲	褪	勺	贯	匡	泅	痣	赠	幌
锉	豫	仁	瘘	梯	焚	徽	夏	箫	赚
糙	培	慰	萨	巢	讪	酱	瘟	婵	瘸

二、读多音节词语

存在	标题	所有	憎恶	破坏
发明	机械	乔装	纤维	山区
特点	购买	永远	稳当	工夫
科学	会客	随手	匆忙	牛奶
土壤	火锅儿	箩筐	超过	年头儿
贯彻	亲身	挖掘	宣言	风筝
类似	内政	病毒	林场	抓举
壮实	窜犯	混杂	认领	柏树
顶针	难听	羊毛	草莓	不以为然
打算	心慌	琼脂	小曲儿	

普通话水平测试模拟试题(第3号)

一、读单音节字词

纺	贰	帅	袄	憋	吞	搓	鹰	鸣	废
穷	厚	花	膜	软	收	群	木	块	拔
质	疮	视	锁	子	晾	此	掐	霉	捞
翁	拒	须	匀	绝	聋	犬	颇	兄	瓜
砍	瓶	夏	醋	逛	愁	丢	讲	留	您
灯	王	捅	脱	走	暖	伞	阴	坐	由
秒	疯	亩	忍	隔	望	滚	拿	输	袋
稗	耿	蝙	吝	飘	脓	饯	聂	犊	涛
瑰	郑	愧	甄	赫	驯	酵	癣	俊	迤
苍	粤	嫦	按	赦	穗	涮	豺	褥	孽

二、读多音节词语

熊猫	原谅	背后	而且	教训
这样	此外	专业	好玩儿	可以
鸦片	困难	光荣	没事儿	丧失
采访	胆怯	狭窄	军装	削弱
声调	表彰	态度	办公室	聪明
预赛	咨询	墨水儿	恒星	播送
徘徊	悬挂	犹如	贫乏	转化
最初	穷人	力争	尺寸	检查
否决	能够	妇女	皮板儿	邻居
供给	身边	尊敬	因地制宜	

普通话水平测试模拟试题(第4号)

一、读单音节字词

群	窗	所	确	字	而	使	虚	这	拐
披	秒	方	丢	跨	搭	吴	逃	留	块
领	摸	搞	灰	临	够	红	桥	他	您
举	雄	嘉	穷	军	次	棵	撞	抓	嘴
捐	涌	昏	网	掘	翁	娘	匀	要	日
彼	棚	原	抽	饶	欲	捅	寺	播	迷
偿	砸	奶	蚕	泄	霞	怒	瑞	粉	
稗	荠	玷	沧	撰	锉	羌	绚	颂	旨
湘	僻	胚	哽	霍	痧	铲	舜	聂	茯
铿	痱	儒	薏	赊	惶	晶	煸	遣	臣

二、读多音节词语

虽然	耳朵	抄写	下课	聊天儿
人民	所有	聪明	声音	诚恳
影子	压迫	窗户	内容	外面
品种	存在	头发	勇敢	氨基酸
胸膛	地毯	磋商	寡妇	沼泽
敞开	疲倦	饱满	玩意儿	饲养
取代	月光	财会	加油儿	婀娜
叱咤	蔷薇	桎梏	堑壕	卑怯
硫璜	迸裂	疆域	辩证法	眩晕
痉挛	勋爵	嘟囔	绸缎	

普通话水平测试模拟试题(第5号)

一、读单音节字词

讯	锄	乳	因	勃	涛	凯	习	润	秧
倍	翻	拿	古	穷	摔	催	围	壁	撵
青	丑	饶	笋	帮	兜	盥	骗	女	椰
飘	防	您	孔	修	肉	死	遇	聘	灵
平	灯	俩	黄	织	字	赛	月	末	夸
征	视	罪	映	嘭	佟	话	缺	沙	旺
密	段	亮	井	吃	早	鹅	军	粉	狠
啄	生	雌	九	渺	鸳	袈	枕	痤	辕
灭	甜	根	春	册	而	流	拟	火	全
终	耍	叁	翁	妃	联	谨	踹	涩	匈

二、读多音节词语

军种	改变	葡萄	瓜分	帐篷
蒙受	奇怪	狂风	予以	旦角儿
巨测	优美	笔直	孪生	洽谈
骚乱	筷子	柔软	寻找	拔尖儿
黑枣	值得	履行	帮工	粮食
费劲	采取	汹涌	吵嘴	别处
着想	说明	锻炼	混纺	风景
滚动	花色	纽扣	司机	标准
假定	小麦	那么	格言	而且
劝告	词素	勇敢	胸有成竹	

普通话水平测试模拟试题(第6号)

一、读单音节字词

银	类	而	药	碑	爱	冷	份	烤	穷
罪	腔	烟	棚	师	涌	日	赏	啄	阔
摸	夏	郊	怕	群	次	刮	洒	您	波
流	私	皇	普	吨	略	圆	怪	铜	女
岁	赢	忍	棒	雄	日	愁	耐	疼	顾
娃	啃	坯	厚	芽	岔	怀	置	讹	捐
铡	鹌	枷	蠲	辙	蝎	佟	挠	斐	糙
樊	屈	潺	荞	邹	湫	冥	鼎	赘	匡
匠	湍	戎	碘	鳃	颧	盟	薛	硕	吝

二、读多音节词语

悔改	摆脱	革新	范畴	导体
纳税	品质	断绝	紧迫	粉末儿
马虎	口语	运用	假条	所有
文章	存在	原因	快乐	顶牛儿
葬送	参差	啮齿	吹奏	甚而
刷新	思谋	冤家	牛蝇	出类拔萃
罪孽	群众	业余	明确	爆肚儿
测验	可能	漂亮	足球	容易
于是	感染	荒凉	废除	创造
表彰	倒霉	冶炼	揣摩	

普通话水平测试模拟试题(第7号)

一、读单音节字词

嘴	陈	开	嚷	穷	军	女	矮	睡	望
耍	脆	掰	搓	否	蹦	氖	赴	绑	文
抓	丢	吹	躲	刺	肥	蠢	拐	闯	号
割	肩	黑	肯	灭	克	扫	您	飘	牛
坡	齐	扔	缺	洒	筐	探	雄	疼	雪
患	节	料	里	驴	命	娘	泉	烤	碑
寻	蠕	态	愣	尊	拴	庸	梳	挺	众
拼	翁	耸	偶	玄	雇	擦	愈	憨	尚
而	痴	改	靠	刮	密	表	夏	蛙	聂
久	乾	莲	泯	亮	快	凝	享	痣	恰

二、读多音节词语

北方	脑袋	否则	人影儿	体面

潦草	退还	峡谷	洽谈	猛然
品德	化妆	军用	磁铁	衰弱
窜犯	囊括	疙瘩	禅让	那样
阻挡	孔雀	夸奖	老爷	分子
雄伟	旅馆	酒盅儿	本质	女儿
平等	便宜	迅速	重叠	璀璨
球场	玻璃	破坏	权子	窘况
任务	绕远儿	蜷缩	诈降	揣测
遂心	就学	卷宗	多数	棉球儿

普通话水平测试模拟试题(第8号)

一、读单音节字词

拟	溜	产	视	捏	赏	料	瞎	荡	秉
翁	脆	情	酿	葱	阔	型	抡	俊	履
毁	娶	寻	霜	券	笋	悬	税	督	聘
割	塔	吃	耳	紫	脖	勇	确	浓	蹲
雄	宽	团	孔	逛	存	闯	富	躲	决
怪	喊	追	换	锅	组	卖	赔	扫	刷
座	摔	愁	找	私	摘	费	挖	忍	冒
探	肩	别	肯	药	灭	飘	肉	疼	奖
另	敲	填	家	匹	逢	脸	如	梦	软
搜	何	眨	锌	陌	崩	帆	奏	优	惨

二、读多音节词语

自觉	突然	教训	构造	朋友
狭窄	化学	排球	准时	大学生
快乐	宾馆	朗读	积累	操场
侵略	辅导	描写	宿舍	耳垂儿
指挥	针鼻儿	配合	而且	价格
聪明	内容	柏树	思想	广阔
耐用	笨拙	群体	提成儿	采访
抹杀	平凡	捐款	纯粹	请柬
储蓄	勉强	穷人	短暂	自力更生
纳闷儿	旋律	展览馆		

普通话水平测试模拟试题(第9号)

一、读单音节字词

奏	咬	脆	爱	挪	飞	葱	唱	荒	逢
吞	软	客	牙	卸	款	瓷	熟	聘	拟

闻	稍	腔	正	熊	面	抖	爬	妥	碗
梗	垒	挖	匹	刁	糠	煮	伞	贰	钟
翁	佳	籽	真	用	富	舵	娶	庙	帮
卖	坡	色	圈	黑	找	运	首	病	咽
葱	浓	饱	辆	填	插	拐	扔	刮	罪
广	望	眯	甩	拨	雨	秃	吹	嫩	园
夸	占	动	染	约	茎	溜	室	狠	歪
赖	裙	就	折	悬	肋	印	尺	按	穴

二、读多音节词语

战略	群众	锻炼	整理	所谓
差点儿	蓬勃	潦草	尊敬	打算
忍耐	内科	洽谈	描写	粮食
充足	安排	墨水儿	狂风	秋天
兄弟	目前	回头	次数	背诵
态度	勇敢	寻找	瓜分	代理
花色	花瓶儿	窗户	说明	全体
鸦片	衰弱	纺织	让步	玩意儿
筷子	而且	举行	挫折	新陈代谢
法律	决心	刚才	春节	

普通话水平测试模拟试题（第10号）

一、读单音节字词

伙	伞	托	训	瘸	窨	聚	从	目	涌
紧	贼	侧	而	洒	织	拽	吃	翁	巧
嗅	勤	扣	锌	券	箱	带	视	辣	尝
丝	掐	跌	衔	哼	难	乖	疼	粥	替
身	家	棉	昏	懒	给	流	煤	赶	破
酿	膜	发	宝	赔	摆	鸣	描	穴	恶
拨	梁	籽	草	捐	认	教	游	富	扩
熊	追	均	归	春	霜	前	鲜	虹	日
情	耍	如	嘴	柄	喷	防	娶	绝	浓
旋	坑	广	暖	屯	断	荒	挂	稍	挎

二、读多音节词语

胸怀	洽谈	改变	穷人	盆地
入手	困难	选举	几乎	滑雪
动用	黄瓜	创作	心情	陌生
寻求	分割	烟卷儿	农村	有关
耳朵	辞职	愉快	好玩儿	扩充

插嘴	冰棍儿	奖品	内战	商量
码头	起飞	自卑	保险	此起彼伏
倒霉	考虑	反正	叫唤	蛋白质
确凿	热爱	冤枉	丧失	军队
思想	铁路	微电影		

普通话水平测试模拟试题(第11号)

一、读单音节字词

多 推 肿 狂 缺 选 灭 评 托 绿
兄 民 扑 而 伞 内 桃 家 色 词
翁 高 记 学 侵 开 寺 烟 资 合
爸 坡 飞 投 缸 列 讲 请 瓜 甩
从 云 播 盘 粉 地 用 娘 乘 困
虹 倦 取 寻 拥 杯 盆 凤 丢 棉
漆 虾 多 体 恰 团 瓦 绕 志 插
手 粗 且 屯 球 山 周 完 视 肉
赞 伤 寒 章 扔 走 岁 如 胜 先
若 钱 戏 喘 拆 漾 银 组 让 鸟

二、读多音节词语

能源	风俗	私自	爱人	只有
面前	海军	针对	伺候	生意
决战	铁路	奖品	好玩儿	尺寸
巴结	破旧	怎么	口袋	美术
老头儿	倒霉	儿童	被子	厕所
放大	学问	包干儿	批发	模型
暖和	在于	询问	旷工	水果
轻快	春季	抓紧	聊天儿	胸怀
捐款	常用	安心	空虚	大自然
纲要	融洽	抢救	刷洗	光明

普通话水平测试模拟试题(第12号)

一、读单音节字词

苔 盯 诽 秒 聘 卜 鸣 泼 否 堤
涂 撵 粒 逛 槛 哼 绝 挠 播 美
圈 辙 熏 冲 闪 若 籽 损 铀 窜
改 肋 家 面 蹄 逢 畔 辈 岛 踏
磕 坏 俊 墙 峡 掷 疮 润 邹 涮
存 涩 鸥 国 翁 私 痤 葬 忍 诗

岔	巷	捉	穷	夹	鹤	筐	篝	磷	锯
御	而	雌	嘴	痛	臊	耍	味	软	铡
许	桩	瘸	嫌	胶	红	铐	流	瞪	挂
赖	闷	俯	蚌	瞥	笨	趟	捏	揣	裆

二、读多音节词语

磁场	疹子	愣神儿	凯旋	婆家
隔壁	水果	夏天	抽屉	尊重
拐弯	党羽	治学	朋友	撒谎
拱桥	反悔	魔术	法庭	内疚
胭脂	贬低	跑腿儿	列入	疟疾
费用	色彩	门道	搜查	使唤
猥琐	聪明	人群	凶猛	产业
安全	民族	热情	爱护	标准
确信	村庄	旅行	恐怕	平均
别扭	夸奖	凝固	强化	有点儿

普通话水平测试模拟试题(第13号)

一、读单音节字词

呼	罗	者	磁丝	厅	劝	闩	尊	人	远
叶	资	奖	丝	温	影	史	亮	换	暖
耻	桑	拱	扣	虐	等	柔	枪	客	增
村	缺	楼	衰	晓	固	上	笔	溪	靠
促	今	宾	糟	坑	写	拽	走	狂	操
租	英	晕	鸡	鱼	递	设	康	扣	癣
明	扪	弄	捕	梦	凹	优	饿	耳	翁
百	藏	别	牛	黑	喘	岸	绒	欧	月
恩	哑	春	炯	巷	家	润	鸟	蓝	昧
军	矿	若	周	松	亲	佛	嫩	欢	职

二、读多音节词语

否则	广场	寻求	聊天儿	窗户
旅行	举重	角色	儿童	小孩儿
演讲	藕粉	名堂	英语	绿豆
烟嘴儿	甘苦	南宁	青蛙	磁铁
北京	女兵	体力	讨论	发动机
改良	了解	粉笔	玻璃	处理
一直	疟疾	司机	烹调	月夜
飘扬	声音	聪明	小组	紫花
汹涌	三轮儿	善良	尺寸	当事人

内脏　　　血液　　　脉搏　　　迥然

普通话水平测试模拟试题(第14号)

一、读单音节字词

寺	映	寻	乙	弦	捏	祸	吞	眨	拣
多	捅	波	掷	揪	垮	堤	免	蒜	旅
病	闹	滑	约	较	共	接	矿	准	扶
梦	仅	拐	夺	折	闪	早	枪	浪	瘦
凡	盆	床	白	愿	胸	捕	趁	肉	鱼
岁	吹	针	湿	歪	暗	刺	梨	抓	响
顶	猜	二	胃	俩	日	登	瞧	走	黑
擦	宽	扔	抑	些	劝	甩	托	肥	隔
瞥	阔	怒	内	穴	硅	崖	莫	翁	聘
掐	总	偿	湾	—	优	蹭	涌	溜	匀

二、读多音节词语

预赛	咨询	播送	恒星	墨水儿
徘徊	稀罕	犹如	贫乏	转化
最初	穷人	力争	秧歌	检查
否决	聊天儿	能够	妇女	邻居
采访	胆怯	狭窄	军装	削弱
供给	身边	尊敬	稍微	球场
声调	表彰	态度	没事儿	果然
聪明	熊猫	原谅	背后	疏忽
教训	这样	此外	专业	悬挂
好玩儿	鸦片	光荣	困难	丧失

普通话水平测试模拟试题(第15号)

一、读单音节字词

加	伤	踩	犯	门	江	肉	风	锅	充
乖	消	贰	枚	库	雄	优	获	暖	配
绝	实	断	叠	捐	容	翁	归	塌	君
挺	违	霞	葬	匀	堤	旅	琴	腮	餐
粉	胞	蔫	薛	舜	隋	瞟	惬	朱	涩
剁	裆	襄	笙	宋	钠	梯	邢	踹	讴
嗑	舔	铡	幅	川	秧	赡	挠	痣	唇	邹
败	幅	跨	劝	人	许	斯	班	电	矿	穷
杂	我	坡	黑	咱	则	回	平	流	画
窄	膜	临	超	—	吹	光	即	词	废

142

二、读多音节词语

草率	增产	在于	苍蝇	指甲
混淆	劝阻	说谎	齿轮	出人意料
死活	首饰	娘胎	悲叹	剖析
谋划	团粉	允诺	藕节儿	瞥见
鸟枪	穷酸	落后	琢磨	旦角儿
人民	安静	去年	广场	纠正
快乐	下课	然而	词典	城市
费用	挂号	公路	群众	全面
拼命	雄伟	旅馆	宣传	蛋黄儿
剥削	魔术	得罪	倒腾	

普通话水平测试模拟试题(第16号)

一、读单音节字词

我	词	风	跌	超	人	闻	员	跳	短
始	苗	筐	棉	顺	谋	阔	废	寻	堤
债	购	挪	聋	帐	迟	翁	善	播	饶
墨	贰	捏	怀	瞥	广	贫	众	夸	泉
无	撕	于	除	鬼	用	秋	缩	砸	含
约	派	拔	直	黑	修	名	擦	丢	鹅
层	夹	在	团	扔	绿	同	早	瓶	表
熊	捐	俊	虐	幅	否	踹	软	瞎	窘
爽	尊	隋	孙	脆	炉	枪	话	宾
洽	垦	放	特	泪	热	联	笔	先	匠

二、读多音节词语

狮子	友好	选择	统治	咳嗽
体重	小气	区别	忍受	破坏
黑暗	漂亮	开辟	国家	发表
耳朵	群众	世故	面包	迷彩
组长	飞船	胸膛	云彩	轮船
使节	撒谎	仍旧	穷人	柠檬
绿化	纳税	全民	念头	敏感
中耳	丑角儿	瑕疵	脸蛋儿	船篷
匡算	字号	翡翠	一顺儿	宽心
虐待	当今	挂齿	快艇	决定

普通话水平测试模拟试题(第17号)

一、读单音节字词

败	猫	富	而	杂	岸	次	考	则	笔
来	朵	肥	呆	闹	敢	害	诗	涨	家
聊	前	奖	描	搭	喝	折	矮	神	超
日	夏	巧	甜	党	刮	货	摔	软	全
雄	女	跟	南	密	酸	存	油	热	抓
铁	举	乱	画	军	员	如	略	船	广
罢	配	抖	粉	扯	饶	邻	舟	坑	呈
翁	酿	聘	拽	税	攻	柄	蜂	锁	葱
寻	涌	厅	穴	蚕	形	评	蹦	胶	锈
硅	狂	量	笋	腔	亏	终	罪	笨	破

二、读多音节词语

雄厚	课本	光荣	成长	打量
发挥	找碴儿	散步	美丽	清楚
曾经	旅馆	活跃	方案	铁匠
悲痛	白净	暖气	耳朵	表演
互相	当然	采购	领导	能耐
激烈	热心	迫切	森林	能源
逮捕	造价	寻求	纳闷儿	快速
刹车	血压	阐明	趣味	瓜分
文凭	舆论	失踪	群体	照片儿
扁担	选用	夸奖	投掷	徘徊

普通话水平测试模拟试题(第18号)

一、读单音节字词

旅	聘	颇	括	尊	凭	瞪	翁	瞒	兜
屑	窜	耕	聚	拟	捐	猛	桩	敬	格
锁	锅	艇	搓	法	嫩	蠢	锌	验	氢
屉	胞	鹤	妾	冼	粽	赘	褂	藕	潘
裆	宠	刑	铐	虐	秦	邹	童	润	浙
痣	笙	鳃	凋	淌	悦	黯	韵	涩	薛
摸	拨	次	秒	摔	矿	插	伤	早	吹
类	唱	娘	乱	军	环	扶	扔	全	而
紫	加	牛	催	穷	百	从	左	逛	脸
日	跌	坏	女	花	肺	输	辆	雄	夏

二、读多音节词语

出息	天下	人生	纯粹	苍蝇
悔改	洽谈	海滨	停顿	盘旋
拍照	巡逻	播送	悲哀	爽快
想念	风景	合同	隔壁	刀把儿
森林	美丽	抓紧	缺乏	永远
履行	侵略	总结	苹果	朗读
允许	厕所	热情	旦角儿	马虎
匡算	揣摩	暖房	焦油	机械
琼脂	石榴	孽障	阔气	酿造
谋划	死扣儿	种子	表演	老板

普通话水平测试模拟试题(第19号)

一、读单音节字词

茎	秦	摔	穴	刷	沤	惹	剜	嗒	留
分	煤	黑	兆	蛙	赐	洒	秤	足	匹
胖	碑	即	闩	捆	塞	神	尊	否	抢
从	妾	梗	窗	踹	镖	嗑	孙	瘸	惨
徐	通	夏	菌	索	皆	扛	蹲	虐	穷
癣	供	券	骨	防	鹤	室	贰	丝	铀
脏	嵌	随	翁	卷	左	寻	绿	拨	判
寒	绕	邹	涌	凹	铡	贵	习	磨	憧
苔	增	痣	折	窄	因	翎	催	酿	趴
摈	扶	妊	戛	缅	坑	嫡	命	暖	猜

二、读多音节词语

缺少	曾经	枕套	和煦	酒盅儿
优良	群众	谄谀	妖怪	藏匿
秋天	花色	裁缝	穷困	热烈
纯粹	党员	广播	跟头	调查
团结	快乐	增长	白炽	千方百计
收入	指引	东南	纳闷儿	蹦跶
奖品	剖析	膏药	作呕	灯泡儿
抓瞎	然而	送礼	嗓子	古文
唱片儿	劳驾	混乱	劝阻	费用
暧昧	咯血	军装	明年	

普通话水平测试模拟试题（第 20 号）

一、读单音节字词

碑	投	泡	蓝	脑	掐	痣	增	二	溜
丢	镖	拈	乐	晒	俏	邻	掂	判	盟
购	相	刮	福	摔	粗	坡	缔	来	趁
夸	鸣	尼	糖	怪	就	漱	才	班	动
均	不	能	去	宽	砒	聘	槛	沓	姜
混	讯	缩	追	床	瘪	兵	晃	铡	让
草	苏	约	雄	矿	丁	接	舜	砖	吞
蚌	税	夹	揉	司	鹤	非	暖	秦	隋
员	童	篇	煤	云	端	且	枕	自	犬
絮	逢	扎	人	红	邹	薛	米	池	翁

二、读多音节词语

八成	蜜蜂	投降	摆摊儿	瓜子
苍老	打嗝儿	挂号	会计	公文
女性	强盗	规律	火候	穷苦
松懈	准确	代表	窜犯	总结
出圈儿	梅雨	品名	皮肤	耳朵
球场	次数	偏差	得病	困难
巡逻	杂碎	纠正	动弹	翠绿
瑞雪	家园	改进	针对	下课
厚实	电车	日光	聊天儿	藕粉
坏处	走神儿	综合	因地制宜	

普通话水平测试模拟试题（第 21 号）

一、读单节字词

歪	右	城	丢	夏	内	吨	孔	挂	趁
装	杂	春	私	草	催	软	日	胸	运
盆	胖	而	车	学	左	页	猜	穷	朵
鱼	慌	按	再	亏	拟	均	目	捐	坑
颇	品	谋	封	归	粉	桨	腹	联	滴
翁	卵	本	狂	遮	夸	虹	窜	置	居
石	胞	秧	笙	铐	雁	宁	梨	哑	鹤
蛹	响	蟹	脑	武	舌	轴	宵	判	膛
应	团	刺	略	妾	胃	泉	丁	耐	辣
碑	药	鳃	邢	踹	秦	她	润	砒	

二、读多音节词语

首都	方针	电台	家庭	明年
玻璃	女儿	费用	咳嗽	法律
加塞儿	喜欢	脊梁	群众	资格
透亮儿	帮助	能源	漂亮	积极
尽管	跑腿儿	替代	恩爱	妄想
殴打	散文	宣告	执照	迟疑
冰棍儿	场所	培训	敏锐	挖掘
迥然	沙瓤	寸阴	怀旧	憋气
掐算	撇嘴	街坊	词序	滑动
赠阅	牛虻	族人	快慰	云彩

普通话水平测试模拟试题(第22号)

一、读单音节字词

犯	襄	软	克	用	贫	褶	略	踹	连
镖	龙	驴	拼	钠	捆	嗬	略	蛙	司
怀	邢	扔	岸	孙	瘸	兵	晃	铡	让
旬	稍	匀	猜	旺	艘	蛆	夏	蜂	藕
夸	鸣	尼	糖	怪	就	漱	才	班	动
均	不	能	去	宽	砣	聘	槛	沓	姜
混	讯	缩	棚	捐	吴	灾	改	追	床
草	苏	约	雄	矿	丁	接	舜	砖	吞
蚌	税	夹	揉	司	鹤	非	暖	秦	隋
絮	逢	扎	人	红	邹	薛	米	池	翁

二、读多音节词语

民主	怀念	模仿	卖弄	免费
许可	标准	热爱	党员	染色体
苍老	将就	挂号	经历	公文
会计	松懈	出圈儿	准确	祖宗
代表	当初	梅雨	品名	皮肤
耳朵	球场	次数	偏差	得病
困难	巡逻	直接	纠正	加速度
翠绿	瑞雪	家园	改进	针对
下课	厚实	电车	日光	夹缝儿
藕粉	坏处	走神儿	综合	

普通话水平测试模拟试题(第 23 号)

一、读单音节字词

冶	师	犁	硅	庙	捺	哼	耗	偶	坡
惊	郓	蹲	磷	焾	跳	刮	贰	军	彼
挠	赌	黑	翁	明	港	掰	秦	赚	拖 鳃
揍	鸭	雌	潘	泥	熔	摸	纫	枚 倦
初	驾	昫	瘸	份	司	疯	混	榍 蛙	则
揪	隋	乖	浮	锣	于	叠	草	酿	愁
贱	圆	尊	旺	扔	鸣	掐	歇	踹	连
犯	襄	软	克	用	贫	褶	略	嗍	亩
洗	留	层	剁	剑	胸	铡	苦	争	筐
旬	捞	门	捆	妾	傻	童	抓		笋

二、读多音节词语

苍茫	登记	陈规	好奇	缺少
别提	至今	因而	香皂	拾掇
碎步	彩色	怪癖	战胜	世界
老本儿	参观	播送	走道	喘息
袜子	划分	拥有	梦想	洽谈
群众	丘陵	赃款	锅贴儿	谬论
匀实	庄严	屡次	累赘	扯谎
经销	收获	邮戳儿	日语	穷人
民主	怀念	模仿	卖弄	免费
许可	标准	热爱	网购	跳蚤

普通话水平测试模拟试题(第 24 号)

一、读单音节字词

搬	硅	药	插	墨	而	终	蔫	揪	聊
清	踹	堆	用	缸	秦	唤	奖	爷	尼
盯	逛	临	贰	俏	窜	修	姊	闩	早
灭	哭	草	奸	煤	怪	挥	尚	翁	涩
胸	籽	罚	坨	优	评	类	铐	枕	池
拼	钠	捆	嗍	略	蛙	镖	龙	驴	司
怀	邢	扔	岸	孙	棚	艘	捐	吴	改
旬	稍	匀	猜	旺	因	蛆	夏	灾	藕
至	凝	若	黑	憨	惨	点	坡	蜂	跃
门	加		选	梯	浮		锅	杂	论	熔

148

二、读多音节词语

奶羊	寒战	所属	女婿	偶然
麻烦	恰当	街道	双全	抓阄儿
胚胎	苍蝇	感动	军装	位置
豁免	胜利	群众	随时	牙刷儿
可爱	爽快	从头	瓜分	批准
穷人	近亲	儿童	快乐	脉搏
歪斜	怎么	能量	词缀	露馅儿
支援	把关	自流	酿造	佛教
秋天	嘴唇	矿床	化学	雄伟
打扰	潜藏	下颌	热心	非常

普通话水平测试模拟试题（第25号）

一、读单音节字词

赛	二	脆	彼	屈	胞	丢	坏	搓	叠
铐	嘣	两	块	帆	钙	梨	裆	略	根
播	茧	捺	囊	群	孔	荒	浸	妾	剜
逛	抓	捐	谋	润	蛆	瓶	字	掐	俊
佘	笙	球	富	涌	跃	舜	闩	风	松
熊	冤	粟	孙	草	趁	续	翁	榻	竣
穿	黑	熔	拽	挪	满	武	裹	瞟	面
顶	贼	耍	宵	铡	您	超	抽	挎	啬
内	停	醒	酿	辙	捧	郑	硬	颇	药	墙
烫	扯	邹	港	忘		冷	袄	壤	安

二、读多音节词语

粮食	领导	出息	早点	病因
怪癖	暖和	日常	商榷	玩笑
讨教	佛经	企图	深厚	委屈
谬论	妥当	穷困	南方	分配
组成	牙齿	翡翠	梅雨	质量
白干儿	农村	矿藏	转化	调查
拼命	挑刺儿	贵重	人权	来年
增长	铺盖	思念	碎步儿	同样
可以	开拓	旦角儿	请假	热爱
装载	凯旋	发廊	揣摩	牛蛙

普通话水平测试模拟试题(第 26 号)

一、读单音节字词

卧	鸟	纱	悔	掠	酉	终	撤	甩	蓄
秧	车	仍	叫	台	婶	贼	耕	半	掐
布	癣	翁	弱	刷	允	床	改	逃	春
驳	纯	导	虽	棒	伍	知	末	枪	蹦
港	评	犬	课	淮	炯	循	纺	拴	李
赛	捡	梯	呕	绳	揭	陇	搓	二	棉
桩	皿	宋	内	唷	字	环	州	秒	狭
抛	代	关	停	祛	德	孙	旧	崔	凝
烈	倪	荆	擒	案	砸	垮	焚	帝	聊
颠	涌	牛	汝	粤	篇	竹	草	迟	泛

二、读多音节词语

参考	船长	艺术	聪明	她们
红军	煤炭	工厂	发烧	嘟囔
黄瓜	效率	别针儿	责怪	雾霾
喷洒	保温	产品	佛学	童话
男女	做活儿	缘故	含糊	穷困
今日	完整	决定	斜坡	疲倦
爱国	能量	英雄	口罩儿	让位
叶子	封锁	核算	而且	转脸
人群	飞快	牙签儿	丢掉	奶酪
罪恶	核桃	房奴	寂静	瓜子

普通话水平测试模拟试题(第 27 号)

一、读单音节字词

锅	兑	挺	休	缴	朱	循	榜	弗	彼
捏	廓	茬	搜	褶	挖	谎	投	举	晒
砍	耐	夺	信	稿	啼	粪	存	列	虫
窖	蒜	耍	略	江	码	颇	闯	恩	首
缺	末	巅	阳	遵	媚	婚	磁	巴	旁
底	抓	自	擒	远	绕	喊	用	掐	值
敲	蛾	筐	雅	铭	闹	评	善	汞	时
叶	搭	讽	埠	扔	团	乖	渺	群	件
撮	嗓	楼	卧	贼	逆	亡	根	泵	儒
选	而	柳	震	惊	骗	升	怀	票	吕

二、读多音节词语

胸口	爆炸	儿童	衰竭	温柔
民歌	乐曲	冠军	傲慢	飞快
做活儿	配偶	农产品	柜子	语法
得到	凄凉	妓女	佛寺	方向盘
改编	清楚	状态	日益	画面
无穷	疲倦	黑人	鲁莽	谬论
深层	顶牛儿	在乎	本领	完全
苍蝇	豪爽	虽然	下等	财政
夸张	小瓮儿	维持	中学	亏损
运动	铁索	掉价儿	传播	

普通话水平测试模拟试题(第28号)

一、读单音节字词

急	激	艇	腻	裹	外	妈	酿	盘	衬
暖	录	丢	唤	棕	驾	仍	毁	日	四
硅	乱	颠	牛	晒	眨	寸	取	立	蕊
材	讨	咂	旺	守	仓	苯	设	贫	双
日	咸	谎	钩	匹	膜	她	词	僧	罗
翻	寝	蒜	穷	对	允	台	押	做	津
扣	瞥	雄	叠	招	镁	轮	敢	牵	寡	波
苦	堂	抚	肥	踹	脂	鸣	疆	穴
掉	熏	昂	并	桥	癣	快	袄	虹	鞭
导	蛙	耳	苑	贼	春	禾	亩	橘	怎

二、读多音节词语

也许	客观	战略	时光	亏损
赞成	佛经	拥有	香肠儿	应酬
夸张	骚扰	风格	从而	打盹儿
强烈	聋子	排斥	状况	玩耍
民族	婢女	难怪	摧残	老虎
窘迫	被窝儿	全体	觉悟	妥当
情怀	恶化	面条儿	群众	恰好
公司	柔软	卫生	活塞	配偶
主人翁	细菌	地下水	门票	整修
厌倦	头发	内在	来宾	

普通话水平测试模拟试题(第29号)

一、读单音节字词

鸟	框	歪	淌	蹲	缕	潮	乌	袄	趴
笋	灭	欧	内	瞻	愁	灰	试	广	社
改	眯	梵	必	亡	剑	尺	自	而	宾
绳	癣	侧	诊	喳	缠	松	害	椒	用
很	刘	衍	雄	锅	您	嗓	博	返	鸭
墙	法	熔	晾	癖	秋	兑	息	坎	鲸
润	眸	确	脓	末	邪	者	坪	入	钧
垫	坑	特	贼	袜	呆	逛	词	蜂	足
练	允	眉	帅	刮	袍	关	隋	丙	捐
躲	嫩	软	迁	腿	恰	手	弧	雪	伶

二、读多音节词语

劳动	日益	儿女	撒谎	痢疾
存在	被窝儿	规格	佛像	热门
饲料	传说	来源	通讯	窟窿
窘迫	膀子	双方	所属	开创
绝着儿	新娘	煤气	苟且	贫寒
苍穹	难怪	命题	后跟儿	群众
定额	早婚	冲刷	全部	露馅儿
曲解	飞快	财主	下级	甲板
附近	苗头	大约	花白	干脆
正面	阴阳	丢掉	教程	采纳

普通话水平测试模拟试题(第30号)

一、读单音节字词

类	我	壁	罕	困	掳	庞	栓	盆	桌
允	春	曹	段	批	肺	因	肠	矮	刷
选	翁	底	钧	绢	灯	踹	妆	味	锁
穷	或	矩	募	广	囊	坑	齿	偏	迷
讽	字	氛	样	头	告	饱	群	窄	日
摸	疗	薛	妾	此	谬	嘴	乍	爹	南
跳	而	歉	歇	笨	缕	鹅	顷	俗	缰
达	算	班	惹	波	纳	甲	裴	虎	筐
您	窜	魂	洒	仍	松	拐	凝	卖	皇
收	雄	怎	淘	抓	洽	龄	朽	攥	迁

152

二、读多音节词语

典雅	窘迫	骆驼	权力	明年
没谱儿	黑暗	拥有	棉花	妇女
街坊	财产	饭盒儿	傍晚	人脉
追随	生存	小巧	八卦	太空
干脆	茧子	动员	文章	戏法儿
颓丧	正好	冠军	深层	南宁
仇恨	柔软	夏季	虐待	高粱
衰老	偶尔	佛像	寻找	听众
肚脐儿	失去	王国	月亮	创作
商品	快乐	恳求	楼盘	喇嘛

第七章　普通话朗读

朗读是养成正确发音习惯的一个重要途径,是学习和运用普通话的重要手段,也是提升自身语言素养的重要手段。

国家普通话水平测试标准指出,朗读"测查应试人使用普通话朗读书面作品的水平。在测查声母、韵母、声调读音标准程度的同时,重点测查连读音变、停连、语调以及流畅程度"。

第一节　普通话朗读概述

一、什么是朗读

朗读,是把文字语言变为有声语言的过程。朗读不仅是简单地把文字读出来,而且是对文字语言的改造和创作,是有声语言的艺术化,同时也是对普通话声母、韵母、声调、音变的综合运用、综合考查。它要求朗读者在对文字材料充分理解的基础上,运用一定的技巧,把文字材料用口头有声语言表现出来。由于书面形式本身的局限性,文字材料中蕴涵的情、景、事、理都需要朗读者首先自己领会,然后再利用一定的节律把它们充分地还原。如果读得好,不但能很好地传达出作者的原意,还能用鲜活的、有感染力的立体语言为原文增色。在朗读的时候,需要充分调动所有的发音器官,运用一切必要的语音技巧,既需要发好每个音节的声母、韵母和声调,又要注意种种音变现象,还必须运用好节律的各个要素。所以,朗读既是提高分析表达能力的良好方法,又是练习普通话,训练普通话语感的重要方式。

朗读不同于朗诵。朗诵是一种艺术表演形式,使用的是表演语言。而朗读则是用"读而不板,说而不演"的朗读语言。朗读具有转述性、知识性、质朴性、严肃性;而朗诵则具有表演性、角色性、夸饰性。它在语调、语气甚至音量方面都要比朗读更加夸张,更加角色化。普通话水平测试考察的是朗读而非朗诵。

普通话朗读具有如下特点:

规范化——朗读时的语音必须是以北京语音为标准音的规范语音。

口语化——以口头语言为基础,明白通俗,流畅自然。

艺术化——朗读是对作品的再创作。朗读者需要恰当地运用语言技巧,通过富有艺术感染力的声音,生动地再现文章的思想内容和艺术形象。

二、朗读的要求

叶圣陶先生曾指出:"有很多地区,小学里读语文课本还是一字一拍的,这根本不成语言了。中学里也往往不注意读,随口念一遍,就算是读了,发音不讲究,语调不揣摩,更不用说表出逻辑关系,传出神情意态了。这是不能容忍的。"叶先生指出的这种现象目前仍然存在而且相当普遍。

朗读绝不是一个见字出声的自发的过程,而是一个需要心理和生理的良好协作,由思维、情感和气息共同参与的全面驾驭语言的过程。在这个过程中,朗读者要充分调动自身思想和语感的储备,在极短的时间内做出准确的判断和选择;用清晰响亮的声音把文字内容自然流畅、有情有味地表达出来。

普通话朗读短文是从《普通话水平测试用朗读作品》中选取的,评分以朗读作品的前400个音节(不含标点符号和括注的音节)为限,之后的音节不作为评分的依据。

普通话水平测试中有关朗读的评分(扣分)标准有如下六项:

(1) 每错1个音节,扣0.1分;漏读或增读1个音节,扣0.1分。
(2) 声母或韵母的系统性语音缺陷,视程度扣0.5分、1分。
(3) 语调偏误,视程度扣0.5分、1分、2分。
(4) 停连不当,视程度扣0.5分、1分、2分。
(5) 朗读不流畅(包括回读),视程度扣0.5分、1分、2分。
(6) 超时扣1分。

在考试中减少失误,需要养成良好的朗读习惯,可从以下方面入手:

(一) 使用普通话朗读作品

首先要做到读准每个音节的声母、韵母、声调;在此基础上要注意音节在句子中的音变(轻声、儿化、"一、不"的变调、语气词"啊"的音变),确保音变正确。

读准每个音节的读音是朗读作品的最基本要求,要真正做到却不是一件很容易的事情。遇到不认识的字,除了查商务印书馆出版的《现代汉语词典》等权威工具书之外,还要做到:

1. 读准多音多义字

一个字字音不同,字义也不同,这叫多音多义字。如"看",念"kān"时有看押、照料、监视等意思,"看管""看家""看押""看守"中的"看"都要读"kān";念"kàn"时表示使视线接触人或物,加以观察、判断,或访问、探望等意思,"看书""看望""看待""看不起"中的"看"要读"kàn"。有些多音字是因为词性不同造成的,如"长",读"cháng"是形容词,读"zhǎng"则是动词。有些多音字是因为用法不同造成的,如"血"字,用于复音词及成语时读"xuè","心血""血液""呕心沥血"中的"血"都要读"xuè"。"血"在口语中则要读"xiě",如"血晕""血淋淋""鸡血"。

2. 读准形近字

形体结构相近的字叫形近字。形近字差别小,需要仔细辨别。例如:
荼(chá)——荼(tú) 盲(máng)——肓(huāng) 崇(chóng)——祟(suì)

3. 读准形声字

现行汉字大部分是形声字。形声字分为形旁和声旁两部分,形旁表义,声旁表示读音。有少数形声字按声旁读是对的，如"同胞(bāo)、麻痹(bì)、汲(jí)取"等。但大部分形声字的声旁，表音是不准确的，如果按声旁的读音读形声字，读音往往是错的，如"泥泞(nìng)、粗糙(cāo)、烘焙(bèi)"。

4. 读准异读词

普通话词汇中，有一部分词（或词中的语素），意义相同或基本相同，但在习惯上有两个或几个不同的读法，被称为"异读词"。1985年，国家公布了《普通话异读词审音表》，要求全国文教、出版、广播及其他部门、行业所涉及的普通话异读词的读音、标音，均以这个审音表为准。

5. 熟练掌握语流音变

普通话语流音变包括轻声、儿化、"啊"的音变、"一、不"的音变等。朗读中应特别注意上述音变。需要强调的是，轻声是普通话中一种重要的音变现象，该读轻声的音节一定要读轻声。《普通话测试用必读轻声词语表》共收轻声词545条，其中"子"尾词206条，其他339条，这些词语出现在朗读作品中必须读轻声。

（二）发音吐字要清晰

朗读是用有声语言表达书面材料。既然声音是表达的唯一载体，那么就必须注意发音的清晰和响亮，不可含含混混。因为在测试的时候，测试员只是对声音进行评判，这就要求朗读者必须保证一定的音量。如果音量过小的话，读得再好，也难以达到自己预期的效果。要尽量做到字正腔圆、饱满到位。当然，清晰不仅指音量足够大，还包括吐字归音的正确处理。这些通过训练，都可以有明显的进步。

（三）朗读要流利

流利，就是要读得连贯、流畅、快慢适度。

要流利地朗读作品，首先不能读破词语、读破句子。读破词语或句子，主要是指停顿不当，以致让人无法理解词语或句子的意思，如作品3号中有一句话，应该这样停顿："终有／一日，村子里／来了／一个／天文学家"，有的人却读成了："终／有一／日，村子里／来了／一个／天／文学家"，这种读法当然是错误的，因为它破坏了句子的原意。

其次，不能重复。在朗读作品时，有的人因为心理紧张，或者准备不太充分，在某处出现了失误，第一反应就是重复，这在普通话作品朗读中是不允许的，因为重复会破坏作品朗读的流畅度。

再次，不能加字，也不能减字。要把作品中的每个音节（一般一个音节对应一个汉字）清晰地读出来，既不能减少一个音节，也不能增加一个音节。

最后，朗读的语速要适中。语速过快或者过慢都会影响流畅度，朗读的速度应该和平常说话的速度大体一致。

（四）朗读要有感情

朗读要有感情，这是对应试者的较高要求。文字材料都是表达一定的思想内容的。

貌似死板的书面文字,其实蕴涵着作者各种细腻而又复杂的感情。优秀的文章里字字句句都体现着作者的匠心,根据体裁的不同,或叙事,或说明,或描写,或抒情,或说理。这就要求朗读者首先要充分体会作者的用心,然后再用自己的声音尽量传达出感受到的文字中的深层含义。只有恰当地把握作者的感情脉络,才有可能使作者的书面文字变为亲切灵动,富有感染力的有声语言。

虽然普通话水平测试中的朗读测试并不重点考察应试人的感情丰富程度和朗读时艺术感染力的强弱,但是,恰如其分地运用感情无疑会为朗读的整体效果增色。而感情运用不当,势必也会反映为语调不自然和节律失当,肯定会直接影响该项得分。

第二节 朗读的技巧

朗读的基本技巧主要包括发声技巧和节律技巧。发声技巧还可以细分为呼吸技巧、共鸣技巧、吐字归音技巧等,节律技巧则包括停延、重音、句调及语速等方面。

一、发声技巧

(一) 呼吸技巧

开口讲话离不开用气,"气动则声发"。气息和声音的关系就如同电力和机械的关系,朗读需要有充足和连续的气流支持。有的人讲起话来底气十足、声音洪亮;有的人则显得有气无力、气喘吁吁。除了自身声带状况的差异外,和用气的技巧也有一定的关系。

最常见的呼吸方式有三种:胸式呼吸、腹式呼吸和胸腹联合呼吸。

(1) 胸式呼吸又叫浅呼吸,主要靠肋骨的呼吸运动来实现。在呼吸的时候,虽然处于胸腹之间的横膜也略微向下移动,但是并没有对胸腔容积的扩大起到多大的作用。这样呼吸,吸进和呼出的气流较弱,发出的音往往窄细、轻飘或者比较僵硬。有时能看到发音者的双肩明显上耸,给人没有底气的感觉。由于声带一直处于比较紧张的状态,因此,在需要提高音高的时候,常常会中气不足。如果在较长时间的演说中一直用这种方法的话,还会造成喉部肌肉负担过重,致使声音不能持久。所以,在公共场所大声讲话,最好不要用这种呼吸方式。

当然,事物都有两面性,这种呼吸方式也并非一无是处,在我们需要表现特定的语气或者模仿特定的人物口吻时,这种呼吸方式可以帮助我们。

(2) 腹式呼吸是一种深呼吸。和胸式呼吸正好相反,腹式呼吸主要靠向下运动横膈膜来吸入气流。这种呼吸法吸气量大,并且吸得深沉。运用这种方式时,腹部的肌肉往往放松,并且可以看到一动一动的。而胸部则看不出明显的活动来。这种方法男同志采用得较多。在日常交谈中用这样的呼吸方法显得从容、沉稳,但是如果在演说或者辩论到了高潮的地方,需要高音的时候,它就无能为力了。

(3) 胸腹联合呼吸又叫胸膈呼吸。这种方法是靠肋骨和横膈膜共同运动,互相配合来发音的。也可以理解为胸式呼吸和腹式呼吸的联合应用。它不但具有前面两种方法各自的优点,还有它们无法比拟的独到之处。首先,这种方法吸入的气流量最大,因为用这种方法的时候,肋骨和横膈膜同时扩张;其次,这种呼吸方式使胸、腹和横膈膜的关系更为密切,它们互相配合,互相帮助,使呼吸更为稳健,有利于控制。再次,它还有助于音色的美化。这种方法产生的音色不但坚实稳定而且响亮干净,在公共场所能够最大限度地保证声音的效果。

(二) 共鸣技巧

声带是人最主要的发音体,从肺部流出的气流振动声带可以发出微弱的声音,这种微弱的声音再经过共鸣器官的共鸣放大,传到听者的耳朵里,就是响亮的声音。

那么什么是共鸣呢? 共鸣又叫共振。一个物体振动的时候,会影响到附近的物体,如果附近的物体振动频率和原来的物体相同,那么它会跟着一起振动,反过来又加强了原来物体的振动。这样一来,本来微弱、单调、干涩的声音经过共鸣放大,就变得清晰、饱满、圆润。

人的身上有多处共鸣器官。对声音面貌影响最大、最直接的是喉、咽、口、鼻四个空腔。另外,胸腔、前额、两颧等部位也能起到辅助共鸣的作用。一般情况下,我们在说话的时候应该以口腔共鸣为主,以胸腔共鸣为基础,同时也略微带上一点鼻腔共鸣,用这种共鸣方式发出来的音,显得沉实、厚重并且清晰有力。如果不是这样,比如只利用口腔和咽腔的话,声音就会显得单薄、干涩,既没有穿透力,又没有磁性。这里介绍自如控制共鸣的两种技巧。

一种叫作"通"。顾名思义,"通"就是通畅、不阻塞。有的人在说话的时候喉部的肌肉特别紧张,使得本来就不宽敞的气流通道变得更加狭窄,声音硬"挤"出嗓子眼,效果很不好。我们应该在发音的时候,让背部和颈部自然伸直,胸部应该自然放松,不应该感觉到憋闷和僵硬。喉头充分地放松,口腔也打开到适当的程度,让气流可以十分通畅地流出发音。

一种叫作"挂"。"挂"的意思就是不要让声音从声道里直直地跑出来,而是要充分控制住气流,让它们好像受到一股磁力的吸引,能"挂"在硬腭的前部。这样发出来的音节,声音肯定响亮、清晰、饱满、厚重。大家可以通过练习一些简单的韵母来体会"通"和"挂"的感觉。比如可以发"a、ai、ao、ou、ia、uo"等。

(三) 吐字归音技巧

字音是否清晰影响到大家的听感,虽然音质很好,音量也很大,但不能把字咬清楚,同样会影响到表达的效果。朗读的时候,吐字必须清晰、集中、饱满、自如。为了达到这个要求,必须进行吐字归音的训练。吐字归音原来是中国说唱艺术在咬字方面的一个术语,它把一个音节的发音分为"出字、立字、归音"三个阶段,每个阶段都有明确的要求,如果能够达到那些要求,吐出的字就会显得清晰、饱满、有弹性。

1. 发音器官训练

(1) 练舌:舌头尽量向前平伸,再尽量往后收缩,先慢后快,反复数次,可以增强它前后运动的能力,增强它的位置感。舌尖翘起,从前往后依次抵住上齿背、上齿龈、硬腭前部等部位,由慢到快反复数次。舌尖平伸向前,再卷起,然后再平伸向前,再卷起,反复数次。然后,连续地发"za——da——jia——zha——ga"等声音,体会舌头用力部位的变化。

（2）练口腔:把嘴张到最大,注意不要只张开前面,后面也要跟着打开。

（3）练双唇:把嘴唇尽量向前撮圆,像发ü的样子,再用力向两边展开,像发i的样子,由慢而快,反复数次。

2. 吐字归音的要领

一个成分最完整的音节包括声母、韵头（又叫介音）、韵腹、韵尾和声调五个部分。习惯上我们把音节的五个部分分别叫作"头、颈、腹、尾、神"。下面我们以"团"（tuán）这个五部分齐全的音节为例子,来分析吐字归音对各个部分的具体要求。

（1）出字:出字指的是发声母（头）和韵头（颈）的阶段。这个阶段的要求是发音部位一定要准确,并且弹发有力。其实在具体发音时,这个要求主要体现在声母的发音上。比如:tuán这个音节,t的发音过程是,先让舌尖和上齿龈形成阻碍,然后积蓄气流（持阻）,最后用强烈的气流冲破这个阻碍,爆发出声。

有句俗话叫作"叼字如叼虎",意思就是人们"叼字"时和大老虎叼小老虎跳越障碍一样,如果叼得过紧,就会把小老虎叼死,如果叼得太松,又会把小老虎摔死,因此要掌握好火候,不紧也不松,恰到好处。这样就不至于造成生硬和松垮这两种不好的感觉。字颈都是由舌位最高的高元音充当的,这些音素虽然是韵头,但实际发音过程中它们和声母的关系更密切,往往让人感觉它们好像是一个整体。

（2）立字:立字阶段就是发韵腹的阶段。韵腹是一个音节中最响亮的部分,是响度的中心,音节的音色主要是由韵腹决定的。以tuán为例,韵腹就是开口度最大的a,出字后就应该把发音部位放松,同时口腔大开。即便是开口度较小的高元音,如i、u、ü等,做韵腹时,开口度也要尽量大些,这样才能使音节立得住。在立字阶段,应注意声母和介音的配合,中间不能拉太长。

（3）归音:归音是指音节后部的收尾过程,也就是发完韵腹向韵尾过渡的过程。充当韵尾的都是开口度最小的高元音,归音时应该干净利索、不拖沓、不含糊。常见的毛病有两种,一是拖泥带水;二是火候不够,归音不到家。tuán这个音节发出响亮的韵腹a后,舌头应该迅速地抬高并且前伸,向上齿龈方向移动,最后到达上齿龈,同时软腭下降,打开鼻腔通道,带出鼻音色彩。如果音节发完,舌尖没有接触到上齿龈的话,就会归音不到位。普通话中能够做韵尾的只有四个音素:i、u、n、ng（o在韵母的结尾其实只是一种改写,发音实际是u）,各自归音时要注意以下问题:

i做韵尾的时候,要注意舌位最后要达到一定的高度,假如音节结束时舌位比较低,肯定会造成归音不到位。比如"柴"（chái）、"类"（lèi）的发音。

u做韵尾的时候,要注意把嘴唇拢圆,舌头要退到口腔的后部。比如"抽"（chōu）、"丢"（diū）的发音。

n做韵尾的时候,要把舌尖收到上齿龈,挡住气流通过口腔的出路,但不要太过,等鼻音色彩一出现发音就结束。如果舌尖根本接触不到上齿龈,那么肯定前鼻音归音不到位。如"天"（tiān）、"准"（zhǔn）的发音。

ng做韵尾的时候,舌头的前半部分应该放松,发音结束的时候,舌根应该接触到软腭,挡住气流通过口腔的出路,一有了鼻音色彩就马上结束。比如"长"(cháng)、"请"(qǐng)的发音。

（4）珠圆玉润——枣核形:吐字归音应该以枣核形为理想状态。所谓枣核形,指以声母和韵头为音节的开头,像枣核的一端;韵尾为音节的结尾,像枣核的另一端;响亮清晰的韵腹为音节的核心部分,就像一个枣核鼓起的中间部分。

前面我们对吐字归音的各个阶段进行了详细的分析,需要注意的是,真正发音时绝对不能把各个部分割裂开来单独用力,整个音节是一个连贯的整体。"前音轻短后音重,两音相连猛一碰"说的就是声介和韵腹韵尾拼合时的要领。字头是整个字音的着力点,字腹是字音中最响亮的部分,字尾则是字音的收束。这几个部分紧密联系在一起,成为一个饱满完整的音节。有的音节并没有介音或者韵尾,零声母音节甚至没有声母,那么这些音节的发音是否也能做到枣核形呢?只要多注意,是可以的。因为无论什么音节,其发音都是从闭口到开口再到闭口的一个过程,用心揣摩,刻苦训练,你就能让每一个音节饱满圆润。

二、节律技巧

语音的最小单位是音素,在一种具体的语言中,音素又以音位的形式合成音节。音节是能够自然感到的最小的语音片段,是语音的基本单位。一般情况下,书面上的一个汉字,反映在口头上就是一个音节。汉语的音节一般都由声、韵、调三个要素构成。因此,学习普通话,纠正方音,必须从声母、韵母、声调这些最基本的成分开始,进而掌握每一个音节的正确发音。

但是,仅仅在静态的条件下发好单个音节的声、韵、调还远远不等于能说好普通话。因为在实际朗读或者说话的时候,我们发出来的往往是由音节和音节连接配合而构成的长短不等的语流。一方面,在语流中由于受到前后音节的影响,某些音节的声母、韵母或者声调的发音会发生一定的变化;另一方面,从表达的角度看,想要准确、得体、传神地说出一句话、一段话来,还必须处理好声音的语气、轻重、快慢、停连、句调等问题,所有这些要素构成了普通话的节律。

节律就是节奏或韵律。它主要是由非音质成分构成的。为了更好地传达出语言的内容,更好地表现出自己的思想感情,我们应该了解节律的表达作用。节律主要表现在停延、轻重、句调、语速等几个方面,是这些方面的互相配合、综合运用。同样的内容,用不同的节律来处理,则可以表达出不同的意思,收到不同的效果。

例如"我赞美白杨树",不加标点,就说明它并没有进入交际,只是个短语,是语言备用单位,还不是一个语言表达单位,如果加上句号、问号或叹号,并伴有一定语调,它就成了语言表达的基本单位——句子。加不同的标点,则表达出不同的句意。标点反映的实际上是语气的区别。

相同的语言符号序列,使用陈述、疑问、感叹三种不同的语气,能表达三种不同的句义,构成三个不同的句子。例如:

  我赞美白杨树。
  我赞美白杨树?
  我赞美白杨树!

相同的语言符号序列,语气相同,重读的词语不同,就能强调不同的对象,表达不同的句义。例如:

我赞美白杨树。
我赞美白杨树。
我赞美白杨树。

相同的语言符号序列,语气相同,重读的词语也相同,在词语和词语之间进行长短不同的停顿或延宕,可以表达出不同的情味色彩。例如:

我赞美/白杨树!
我——赞美白杨树!
我——赞美/白—杨—树!

停延、轻重、长短、升降、快慢等都是表达句义的重要手段。掌握节律要素在表达中的作用,恰当地运用这些表达手段,可以使朗读和说话声情并茂、准确妥帖。

语言是用来交际的工具。语义是内容,语音是形式,形式要为内容服务。节律是语言表达的重要手段,不同节律要素在句义表达上有不同的作用。下面我们对停延、重音、句调、语速等节律的重要组成要素进行分析。

(一) 停延

1. 停延的含义和作用

停延就是口头表达时声音的停顿和延续(用"/"表示停顿,用"—"表示延续,具体时间的长短则通过数量变化表示)也有人用"停顿"代替"停延",但是"停顿"只表示语流中的中断和停歇,而在实际的表达中,除了中断和停歇,某些音节根据表意的需要往往还有延长。因此我们采用"停延"的说法。

停顿是音节之间语音的中断造成的,延续是音节尾音音长增加而形成的。停顿和延续既是生理上换气的必然要求,也是更好地传达语言内容的重要方法。

我和哥哥拿着叔叔帮我们做的风筝,高高兴兴地来到体育场。

这句话比较长,如果一口气读下来,读的人感到气息不够用,听的人也会觉得不自然。而如果这样处理,读着轻松,听得也明白:

我和哥哥/拿着—叔叔帮我们做的风筝,//高高兴兴地/来到体育场。

其中,"哥哥"和"高高兴兴"的后面应该做适当的停顿,而"拿着"后面则要通过声音的延续来区分动词和宾语。如果"拿着"后面没有停延的话,这句话就很容易被听成"我和哥哥拿着叔叔",因而闹笑话。

2. 停延的种类

我们把停延分为两种:语法停延、强调停延。

除此之外,还有生理停延的说法。生理停延其实就是由生理上换气的需要而产生的停延,在口头表达的实际过程中,虽然调节气息的现象不可避免且非常频繁,但是每次因为换气需要停延的时候,我们往往也要照顾到语法和强调的需要,把停延放在一个意群、句子、段落之后,很少有为了换气而不顾语意的需要随时随处停顿的情况。

(1) 语法停延。语法停延就是反映语言内部结构层次关系的停延。语言中大大小小的单位词、短语、句子、句群之间存在着各种各样的结构关系。语法停延就是为了适应表达语言内部结构关系的需要而做出的语音处理。这是最基本的停延。

① 句子内部的停延。句子内部的停延一般时间都比较短。往往发生在主语和谓语，述语和宾语，定语、状语和中心语之间。在这些成分的中间略做停延，可以更加清楚地表明整个句子的结构层次、结构关系，更好地传达整个句子的含义。

主语和谓语之间。主语是被陈述的对象，谓语是对主语的陈述、说明，在它们之间略做停延，可以突出主语的情况，让听者更好地把握全句的意思。

这一片片白帆/是能教人想得很远、很远的。
彩虹/是幸福的桥。
离开家乡/已经六年了。
我们/都忘了看红叶。

述语和宾语之间。述语（动词）和宾语之间是支配、关涉的关系，在这里略做停延，可以引起听者注意，突出宾语。

我们上了/半山亭，朝东一望，真是/一片好景。
南国的人们也真懂得/欣赏这些春天的使者。
在草坪中央的几方丈的地面上，聚集着/数以万计的美丽的蝴蝶。

定语、状语和中心语之间。定语和状语属于句子的修饰成分，被它们修饰的成分是中心语。一个中心语往往有不止一个修饰成分，在每个成分之间略做停延，以便听者更好地理解句子的层次。但是，一般情况下，与中心语最接近的那个修饰成分后不应该有停延。

使你看不到宽大的天幕上/更多的/亮晶晶的星儿。
又像迫人而来的河岸上/缀满珠子的峰峦。
有撑起伞/慢慢走着的人。
不会游泳的母亲费了许多力气/将我/从死神手中拉了回来。

其他语法停延。除了以上常见的句法成分之间的停延，某些句子中还需要利用停延来区别词语的意义和词性，从而排除歧义。这也属于语法停延。

我/跟他去北京。（"跟"是介词）
我跟他/去北京。（"跟"是连词）
她看到儿子/有些奇怪。（感到奇怪的是"她"）
她看到/儿子有些奇怪。（感到奇怪的是"儿子"）

② 复句和句群内的停延。前面分析的是发生在句子（单句）内部的停延。由分句构成的复句内部，除了各个分句内应按照规律在成分之间进行停延外，分句之间的停延更为明显。而且，多重复句内部的停延是揭示分句间逻辑关系的重要方法。句群内的停延和复句的情况相同。

没有月光的晚上，/这路上阴森森的，/有些怕人。//今晚却很好，/虽然月光也还是淡淡的。
有的人活着，/他已经死了；//有的人死了，/他还活着。

去的尽管去了,/来的尽管来着;//去来的中间,/又怎样地匆匆呢?

在书面上,标点符号和段落也反映话语的结构关系,因此,它们也是确定停延的重要标志。一般情况下,句号、叹号、问号的停延要长于分号、冒号、逗号,逗号又长于顿号。省略号和破折号则可以根据具体情况适当掌握。

(2) 强调停延。强调停延就是根据表情达意的需要,在没有标点或者语法停延规律要求之外的地方进行停延。这样做,往往可以起到突出某种语意、强调某种观点和加强某种感情的作用。

强调停延是在语法停延的基础上做出的进一步的处理。它可以变换语法停延的规律,在不必做语法停延的地方停延;还可以根据需要,对语法停延的时间长短做出变更。这是一种更高层次的技巧,也是反映一个人普通话水平和口头表达能力的重要指标。

我觉察他去的/匆匆了,伸出手遮挽时,他又从遮挽着的手边/过去。

这句话中,在"去的"后略做停延,可以突出后面的"匆匆";在"手边"后面略做停延,可以强调"过去"的不可避免,发人深思。

第二天的清晨,这个小女孩/坐在墙角里,两腮/通⁻红⁻,嘴上/带着/微⁻笑⁻。她/死/了,在旧年的大年夜/冻⁻死⁻了⁻。

这句话中的"小女孩""两腮""嘴上"本来也是语法停延的地方(主谓之间),但是,处理得应该比一般情况下的主谓间停延时间明显加长,以便更加引起听者的关注。而"通红""微笑"两个词,每个音节都应该略做延长,以便使小女孩的形象更加生动鲜明。"她死了"应该一字一顿,渲染这个悲惨的结局。接下来的"在旧年的大年夜"应该加快速度,加大音量,同时后面应有较长的停顿,最后的"冻死了"则应该声音延长,呼应前面的"她死了",把听者的感情带向高潮。

这时候最热闹的,要数树上的蝉声/和水里的蛙声;但⁻热闹是它们的,我⁻什么也没有。

这句话中,"蝉声"后面略做停顿,可以突出强调这两种热闹的声音。而后面的"但"略做延续,使前面那种快乐的气氛陡然转换,表达出作者的感情变化。而最后在"我"字后进行较长时间的延续,则更加反衬出作者的孤独和失意。

需要说明的是,对某些句子来说,停延的处理方法可能不是唯一的。在不同的位置进行停延,虽然节律形式上可能有较大的差异,但都会收到良好的效果。不论如何停延,都有一个基本的出发点,那就是更好地表达语言的内容。

你⁻是一颗明珠,镶嵌在南中国的海岸。
你是⁻一颗明珠,镶嵌在南中国的海岸。
你是一颗⁻明珠,镶嵌在南中国的海岸。

这句话在朗诵的时候,可以有以上三种不同的处理方法,很难说哪一种是效果最好的。在充分理解内容,熟练掌握停延技巧的情况下,表达者可以根据自己的习惯、理解,对同样的文字做出不同的处理,显示出一定的个人风格。

(二) 重音

1. 重音的含义和作用

由于表意的需要,语流中某些音节的发音较为明显突出,这就是重音。重音主要是由音强决定的。音长、音高也起到一定的作用。需要指出的是,虽然我们把这种现象叫作重音,并不意味着只要加大音强,增加音量就能形成重音(词重音除外)。这里的"重"理解为"突出、明显、重要"更合适些。

因此,普通话重音的表现形式也是多种多样的,最常见的是加大音量,除此之外还有减小音量、扩大音域、增加或缩短音长、前后稍做停顿、利用虚声、气声等。不论哪种方式,目的都是一样的:在语流中,通过对比反衬,突出表意的重点,引起听者的注意。

单个音节无所谓轻重,轻重都是相对而言的,因此,重音现象也只会出现在语流中。小到一个双音节的词语,大到一个复句,在口头表达过程中都会遇到重音的问题。和停延一样,重音也是普通话节律的重要构成要素,直接影响到语音面貌。

2. 重音的种类

广义的重音可以分为词重音和语句重音两种。词重音主要是指双音节词语的基本轻重模式。词重音中的"重"的确就是音强较强的意思。

普通话双音节词语的语音轻重格式主要有三种,即重·轻格(轻声词)、重·中格和中·重格(下面列举时,用加粗的楷体字表示"重",用普通楷体字表示"中"和"轻")。这三种格式中,中·重格的词语占绝大多数。

① 重·轻格:处理为重·轻格的词语也就是普通话中的轻声词。前一个音节发音时音强较强,音长也比较长,后一个音节则发音轻短模糊,失去了原有的声调。如:

抽屉 **闺女** **马虎** **体面** **糊涂** **会计** **裙子** **伺候** **岁数** **别扭**

② 重·中格:也叫重·次轻格。这类词语前一个音节的发音跟重·轻格前一个音节相同,重音也是放在前一个音节上。后一个音节则明显地重于重轻格中的后一个音节。如:

把柄 **操**持 **产**物 **翻**译 **老**虎 **批**评 **恰**当 **穷**人 **智**力 **责**任

③ 中·重格:这也是普通话双音节词语最基本的轻重格式。这种格式掌握得是否好,直接影响到普通话语音面貌的好坏。在测试中,读双音节词语题项的失分往往跟这个问题有关,而朗读项的方言语调和说话项的语音面貌则更是跟这个问题密切相关。这种格式是将重音放在后一个音节上,前面的音节明显弱于后一个音节(音长略短,音强略弱)。如:

内**疚** 标**准** 国**家** 土**地** 平**均** 村**庄** 拐**弯** 磁**场** 民**族**

狭义的重音则专指语句重音,即句子内部的词语之间相比较而出现的重音现象。或者是语言结构的需要,或者是主观因素的影响,语流中总有某些音节需要重读、突出。前者是语法重音,后者是强调重音。

下面我们重点谈谈狭义的重音。

(1) 语法重音。根据句子的结构关系,某些句子成分往往需要读得略重一些,这就是语法重音。

语法重音并不表示什么特殊的意义,只是一种固定的结构规律在语音上的表现,因此位置也比较固定。语法重音也是语句重音的基本形式。一般情况下，以下成分需要重读：

① 主谓短语构成的短句中，谓语中心词要重读。如：

东风来了，春天的脚步近了。

今天星期三。

山朗润起来了，水涨起来了，太阳的脸红起来了。

燕子去了，有再来的时候；杨柳枯了，有再青的时候；桃花谢了，有再开的时候。

② 偏正短语中的修饰语要重读，包括定语和状语。如：

那千千万万朵笑脸迎人的鲜花，仿佛正在用清脆细碎的声音浅笑低语。

现在，我终于亲眼看到这思慕已久的雄关了。

我对白帆还有另外一种更深的追念。

一个欢乐的声音从背后插进来。

③ 述宾短语中，宾语往往要重读。如：

那株大榕树，它像一个长者，默默地启示着我们。

我越来越喜欢植物世界了，因为这个世界里充满了和谐与生机，充满了宁静与安详。

几个年轻的姑娘赤着脚，提着裙子，嘻嘻哈哈追着浪花玩。

为了装点这凄清的除夕，友人从市集上买来一对红烛。

④ 述补短语中，补语要重读。如：

天冷极了。

树叶儿绿得发亮，小草也青得逼你的眼。

他紧张得连大气也不敢出。

⑤ 疑问代词、指示代词和活用的代词(任指、虚指、不定指)要重读。如：

谁让你来的？

这不是很伟大的奇观么？

他无论谁的话也听不进去。

想不到苦雨孤灯之后，会有这么一幅清美的图画。

(2) 强调重音。强调重音又叫逻辑重音或者感情重音，指在口头表达时根据表情达意的需要而对某些音节做重音处理，以突出该音节的意义，使听者更好地理解。

相对于语法重音，强调重音可以说是一种高级的重音形式。它不像语法重音那样有固定的规律可以参照，在什么地方重读应完全根据上下文语境及表达的需要来决定。强调重音和强调停延一样，可以反映出一个人的理解能力和语言素养。

例如"我知道你会唱歌"这句话，可以有多种读法，而每一种读法背后都暗含着不同的语义背景，即"潜台词"：

我知道你会唱歌。（谁知道？）

我知道你会唱歌。（你知道吗？）

我知道你会唱歌。（谁会唱歌？）

我知道你会唱歌。（别谦虚了！）

我知道你会唱歌。(跳舞会不会就不清楚了。)
我知道你会唱歌。(写歌会不会不知道。)
我知道你会唱歌。(你不会唱戏。)

可见强调重音在口头表达中是多么重要,如果摆错了位置,即使每个音节的发音都没有问题,也未必能表达出实际需要表达的意义。再比如:

弯弯的杨柳的稀疏的倩影,却又像是画在荷叶上。

这句话里应该重读的是"画"字,因为这是一个寻常词语艺术化的使用。把月光下的树影映在荷叶上用"画"这个动词来表现,显得新颖灵动,别有风味。但好多人却没有意识到这一点,不恰当地重读了"荷叶",显得没有道理。

学习普通话,练习说话、朗读,应该对重音,尤其是强调重音给予高度重视。在同一句话中,强调重音要比语法重音读得更重些,因为强调重音的音节肯定是整个语句的表意核心。但要注意的是,重和轻是相对的,在一句话中重读的成分不能太多,那样容易失去表意的重心——都是重点也就没有了重点。尽管强调重音不像语法重音那样在语句中有比较固定的位置,但它还是有一定规律可循的。有的时候,强调重音所在的位置和语法重音的位置是一致的,这时需要在原来语法重音的基础上加大力度,突出强调该音节,使重音更为鲜明。而有的时候,则需要具体体会分析,在语法重音之外专门考虑强调重音的问题。

(三) 句调

1. 句调的含义和作用

句调是贯穿于整个句子的高低升降的变化。这种变化主要由音高构成,和音强、音长、音色也有密切的关系。虽说它贯穿于整个句子,但是表现最明显的还是句子末尾的音节。句调和音节的声调有关,但句调绝对不是音节声调的简单相加。一般把句调分为平、降、升、曲四种基本类型,虽然和声调的类型一样,但是句子的高低升降变化要远比音节的高低升降变化复杂。这也只是一个大致的分类。句调在语流中有非常重要的作用,它是句子语气类型划分的依据,也是表情达意过程中重要的辅助表达手段,是语调的主体。

2. 句调的种类

(1) 平调。句子(或分句)末尾部分的高低没有特别明显的升降变化,语势平直舒缓。一般用来朗读表达客观、严肃、冷淡、庄重情绪的陈述、说明性的句子。如:

峨眉山下,伏虎寺旁,有一种蝴蝶,比最美丽的蝴蝶可能还要美丽些,是峨眉山最珍贵的特产之一。(客观)

我没有什么要交代的。(冷淡)

在历次战斗中牺牲的英雄们永垂不朽。(庄重)

(2) 降调。句子(或分句)末尾部分下抑,语势前高后低或前平后降。随着语气的不同,这种变化有的明显,有的微弱。一般用来朗读表达请求、感叹、赞扬、坚决、沉痛等语气的陈述句、祈使句和疑问代词处于句首的疑问句。如:

广州今年最大的花市设在太平路,就是历史上著名的十三行一带。(肯定)

多么蓝的天啊！（感叹）

举起手来！（命令）

再给我一次机会吧！（请求）

你再也不要吸烟了！（劝阻）

谁告诉你的？（疑问）

（3）升调。句子(或分句)末尾上升,语势前低后高或前平后扬。一般用来朗读设问、反问、疑问、号召、鼓动、惊异等语气的疑问句和感叹句。如：

这是什么树？怎么不大像枫叶？（疑问）

为什么我的眼里常含泪水？因为我对这土地爱得深沉。（设问）

难道你觉得树只是树？（反问）

中华人民共和国成立了！中国人民站起来了！（感叹）

（4）曲调。整个句子的语势呈现出明显的曲折变化,一般分为降升调和升降调两种。表示怀疑、讽刺、夸张、幽默、双关等语气的疑问句、陈述句、祈使句多用曲调来朗读。如：

你行,你什么都行！（讽刺）

我不会说普通话？（怀疑）

你这个人真是太好了！（讽刺）

（四）语速

1. 语速的含义和作用

语速指口头表达时的快慢,主要取决于音长。音节的音长较短且连接得比较紧密,语速就快；反之则慢。在普通话的节律中,语速和停延、重音、句调会互相影响,因为速度的快慢取决于内容的特点和表达者的情感态度。一般来说,欢快、兴奋、激动、紧张、惊恐、愤怒时,语速较快；而忧郁、压抑、悲痛、庄严、平静、迟疑、失望时,语速较慢。语速不但是节律的重要组成部分,而且还可以体现出一段话的基调。

2. 语速的种类

（1）快速。表现热闹的场景或激动的心情：

在苍茫的大海上,狂风卷集着乌云。在乌云和大海之间,海燕像黑色的闪电,在高傲地飞翔。一会儿翅膀碰着波浪,一会儿又箭一般直冲云霄,它叫喊着,——在这鸟儿勇敢的叫喊声里,乌云听出了欢乐。在这叫喊声里,充满了对暴风雨的渴望！在这叫喊声里,乌云感到了愤怒的力量,热情的火焰和胜利的信心。（热闹）

现在,我终于亲眼看到这思慕已久的雄关了。啊,好一座威武的雄关！果然名不虚传：那气势的雄伟,那地形的险要,在我所看到的重关要塞中,是没有能与它伦比的了。（激动）

哎呀,大会马上就开始了,他怎么还不来啊？（焦急）

（2）中速。适用于一般性的陈述、说明：

月光如流水一般,静静地泻在这一片叶子和花上,薄薄的青雾浮起在荷塘里。叶子和花仿佛在牛乳中洗过一样,又像笼着轻纱的梦。（陈述）

空间在人类的发展中,是无所不在的、不可或缺的。但是,个体的局限性,使我们无法了解空间的无限,只能在有限的空间内生活。就是在这有限的空间中,我们也只是沧海一粟。(说明)

(3)慢速。适用于表现沉重的情绪、压抑的气氛:

在这千万被饲养者中间,没有光,没有热,没有希望……(压抑)

就在那年秋天,母亲离我们去了,小弟弟一生下来不哭也不动,也追随母亲去了。为了我的生存,母亲去了,弟弟也去了。母亲生育了我,又从死神手中救了我。(沉痛)

这只是对语速的粗略分类,在具体的表达过程中,根据内容的需要和表达者的感情变化,语速也呈现出多种多样的组合变化形式。在任何一篇文章、一段话内部,我们都可以发现总是存在着快慢的对比和变化;否则,语言也就失去了美感和生命力。

停延、重音、句调、语速等要素构成了语音的节律特征,节律可以起到避免单调呆板、突出表达重点、更好地实现语言交际功能的重要作用。

第三节　不同体裁作品的朗读

一、说明文朗读要领

(一) 把握说明文文体特点

说明文是介绍、说明工农业生产、科学技术研究和日常生活中事物的性质、特点及规律的文章,以说明为主要表达方式,语言特点是准确、简明、平实。

(二) 明确说明文朗读方法

第一,全面认识和理解所说明事物的本质特征,明白无误、质朴自然地恰当表达出来,总体基调是平实的;

第二,区别说明的种类,有针对性地确定朗读的基调和具体技巧;

第三,从整体和局部梳理和把握文章的逻辑层次,恰当地运用朗读的内部技巧和外部技巧;

第四,重点明确和准确运用语势、停顿、重音、节奏等技巧,显示文章的层次和事物的特征。

二、记叙文朗读要领

记叙文无论记人、记事、写景、状物,总要给人以启迪,却很少说教。朗读记叙文要注意以下几点:

第一,要抓住作品的发展线索,还要看作品的立意。

第二,记叙文语言细腻,其主要的篇幅用于叙述。朗读叙述语时,要注意把语句区分清楚,防止吃字、滚字。而朗读描写语句,必须把握生活的真实再现,切忌自我陶醉,不过多地使用长时间停顿、延长音节、拖长句尾等技巧。

第三,记叙文中常常有人物出现。在朗读时,一般以人物的精神境界、思想深度为重点,也要照顾到人物的性格特征、年龄大小和人物之间的关系(包括与"我"的关系)。

第四,朗读记叙文时,声音要轻柔,给人以启发和美感享受。

例子:这一天,总理办公室通知我去中南海政务院。我走进总理的办公室。那是一间高大的宫殿式的房子,室内陈设极其简单,一张不大的写字台,两把小转椅,一盏台灯,如此而已。总理见了我,指着写字台上一尺来高的一叠文件,说:"我今晚要批这些文件。你们送来的稿子,我放在最后。你到隔壁值班室去睡一觉,到时候叫你。"

…………

在回来的路上,我不断地想,不断地对自己说:"这就是我们的总理。我看见了他一夜的工作。他是多么劳苦,多么简朴!"(《一夜的工作》)

三、议论文朗读要领

(一) 把握议论文文体特点

作者用明确的事实、严密的逻辑和有力的语言来阐述个人主张。议论文有"三要素",即论点、论据、论证。论证方法有举例、对比、引用等。议论文的文体特点为摆事实,讲道理;观点明确,是非清楚;感情浓重,情理并重;逻辑严密,层次清晰。

(二) 明确议论文朗读方法

第一,朗读议论文要清晰、自然、语义连贯;
第二,摆事实,讲道理,要读得明白无误,坚定有力;
第三,正反对比,要用不同语气表达出来;
第四,读出层次结构,注意停顿、重音、语速、音量;
第五,恰当运用语势、语调,感情饱满,爱憎分明。

四、寓言、童话、故事朗读要领

(一) 寓言

寓言分为一般寓言和童话寓言两种。它是用比喻、拟人、象征等含蓄手法写成的小故事。运用通俗、假托的小故事隐喻一定的道理,说明一个哲理性的主题,使读者从中受到启发和教育。其特点是语言含蓄,生动活泼,篇幅短小,情节紧凑,富于浪漫夸张,人或物的个性形象鲜明,感情外露明显,是非特点突出,说理具体深刻。朗读寓言,必须仔细分析寓言中每个字词的含义,人物的个性心理,故事的情节及其蕴含的哲理。人物的个性心理通过故事中人物的言行表现出来,寓言的哲理是通过故事中角色的愚行窘态展现出来的,在朗读中必须通过恰当的语调、否定的语气,淋漓尽致地加以表现。

例子:古时候有个人,他巴望自己田里的禾苗长得快些,天天到田边去看。可是一天,两天,三天,禾苗好像一点儿也没有长高。他在田边焦急地转来转去,自言自语地说:"我得想个办法帮它们长。"

一天,他终于想出了办法,就急忙跑到田里,把禾苗一棵一棵往上拔,从中午一直忙到太阳落山,弄得筋疲力尽。

他回到家里,一边喘着气一边说:"今天可把我累坏了!力气总算没白费,禾苗都长高了一大截。"

他的儿子不明白是怎么回事,第二天跑到田里一看,禾苗都枯死了。(《揠苗助长》)

(二) 童话

童话是根据儿童特点,从儿童的心理状况出发,使用儿童语言,写给儿童的故事。童话从内容形式上分,有三种:第一种是故事童话。它既有故事情节,又以童话的形式出现,特点是借助人或动植物的思想和活动反映、宣传某种观念。如《卖火柴的小女孩》《乌鸦喝水》《捞月亮》等。第二种是寓言童话。以童话的形式出现,隐喻一个哲理。如《狐假虎威》《狐狸和乌鸦》等。第三种是科学童话。其特点是以动植物的发展变化,说明事物的成因、机理、本质属性,揭示自然奥秘,展示某种科学道理。如《小壁虎借尾巴》《植物妈妈有办法》等。

童话的朗读,要体现儿童口吻,激发儿童的兴趣,以使儿童的思维和情感顺利地进入童话故事之中。要做到:

第一,适合儿童幼稚好奇的心理状态;

第二,确定好褒贬对象,恰当地表现立场和情感;

第三,体现不同角色说话的音色特点。

例子:没有尾巴多难看哪!小壁虎想:向谁去借一条尾巴呢?

小壁虎爬呀爬,爬到小河边。他看见小鱼摇着尾巴,在河里游来游去。小壁虎说:"小鱼姐姐,您把尾巴借给我行吗?"小鱼说:"不行啊,我要用尾巴拨水呢。"

小壁虎爬呀爬,爬到大树上。他看见老牛甩着尾巴,在树下吃草。小壁虎说:"牛伯伯,您把尾巴借给我行吗?"老牛说:"不行啊,我要用尾巴赶蝇子呢。"

小壁虎爬呀爬,爬到房檐下。他看见燕子摆着尾巴,在空中飞来飞去。小壁虎说:"燕子阿姨,您把尾巴借给我行吗?"燕子说:"不行啊,我要用尾巴掌握方向呢。"

小壁虎借不到尾巴,心里很难过。他爬呀爬,爬回家里找妈妈。(《小壁虎借尾巴》)

(三) 故事

故事通过深刻的主题,使听者从中受到潜在的情感教育。其朗读要注意以下四点:

第一,叙述事情发展的内容(叙述)与记载人物语言的内容(记言)要使用不同的音高表现。一般来说,叙述的内容读音宜低,记言的内容读音宜高。

第二,不同人物的语言,朗读时,要根据具体情况,恰当地用高低语音将它们区分开来,以便让人清楚地意识到哪是甲说的、哪是乙说的,或者谁是正面人物,谁是反面人物。

第三,要根据故事情节,灵活调整朗读的语速。平铺直叙的内容要用中等语速读;情节紧张的内容要快读;情节沉缓的内容要慢读。

第四,要调配好各种朗读的语气因素,把内容读得恰如其分,情真意切。

例子:每天放学回家,牛顿就钻进屋子丁丁当当地忙个不停。过了些日子,一架小小的风车果然做成了,用扇子一扇,风车就吱吱地转起来。奶奶说:"你的风车能磨面吗?"牛顿天真地说:"能。"奶奶笑了。

第二天上学,牛顿把他那小小的风车带去,摆在课桌上。同学们都围上来看。牛顿得意地转着风车,大家也夸奖他做得好。正在这时候,同班的卡特大声说:"牛顿,风车为什么会转,你能讲出道理来吗?""道理?"牛顿从没想过,做手工还要懂得道理。卡特看牛顿发愣了,笑着说:"讲不出道理来,光会做有什么稀罕呢?真可笑!"同学中也迸发出一阵笑声。不知被谁一推,那架小风车掉在地上摔坏了。(《做风车的故事》)

五、诗歌朗读要领

(一) 儿歌

儿歌是为儿童所欣赏和吟唱的一种简短的歌谣。大多适合于幼儿园和小学低年级的儿童。朗读儿歌时需注意以下四点:

第一,注意把握儿童心理,要有童心,能感受儿童的情思和情趣。

第二,儿歌字节整齐,押韵,朗朗上口,易唱易记。朗读时要有强烈的音韵美和节奏感。

第三,儿歌感情纯真,内容欢快明朗。朗读时语气中要带着快乐、轻松的情绪。

第四,注意面部表情与手势的结合。

例子:
阳光照,鸟儿叫,
背起书包上学校。
见了老师开口笑:
"老师,您早!"
"老师,您好!"
老师夸我有礼貌。

(二) 格律诗

第一,格律诗的字数一定。要注意文字中的标点符号同朗读时停顿的位置是一致的,不能显出字数似乎不同的样子来。

第二,格律诗的节奏一定。在诗的格律要求上表现为各句中词的疏密度大体相近。七言绝句和七言律诗的停顿规律就字数说,一般是按"2、2、3"分节停顿,也有"4、3"的格式;五言绝句,就字数说,一般是按"2、3"分节停顿。

第三,格律诗的韵脚一定。在朗读时,出于音韵的需要,必须凸显韵脚,在韵脚不是重音的诗句中也要适当地比其他音节读得响亮些。

第四,格律诗平仄一定。在朗读时,平仄相对应,语势变得更为错落有致,节奏抑扬回环更加鲜明。

第五,语无定势。朗读时要表达丰富的感情、深邃的意境,不单调,不重复,还需打破一定的局限。

例子:
① 白日依山尽,黄河入海流。欲穷千里目,更上一层楼。(《登鹳雀楼》)
② 好雨知时节,当春乃发生。随风潜入夜,润物细无声。(《春夜喜雨》)

(三) 现当代诗歌

现当代诗歌节律明显、抑扬顿挫、句式自由流畅,充分细致、入情入理的朗读是现当代诗歌教学的一个重要环节。方法如下:

1. 细致感知课文内容,体味诗歌内涵意境

许多老师只是把朗读当作初步感知课文的手段,等到学生对课文有所体认,就不再注意朗读的引导了。其实,朗读应该贯穿现代诗歌教学始终。初次整体感知诗歌内容,就先让学生粗略地默读课文,稍做准备,再来朗读,在分析诗歌思想内涵、表现手法之后,再巩固朗读成果。

2. 积极投入感情朗读,读出诗外之意

情感是诗人创作的出发点,是沟通诗作、诗人、读者、听者的精神纽带。如果抽掉了诗歌朗读中的情感要素,朗读将变得索然无味,听众的赏听期待成为负值,也就一点感染力都没有了。

在诗歌朗读活动中投入的情感可细分为几个层面:一是对读诗有神圣感,认为这是崇高的精神活动,先要沉静下来,净化一下心灵;二是对诗人有亲近感,通过朗读走近诗人,亲聆謦欬,仰慕诗人的心灵境界;三是对诗作产生共鸣,消除与诗作的情感隔阂、时代隔阂、空间隔阂。例如,对戴望舒《雨巷》"朦胧爱情"的体味,对徐志摩《再别康桥》的"绵绵别情"的感受,对艾青《大堰河——我的保姆》"赤子之情"的体验。

3. 仔细把握朗读节奏,体会诗歌的音韵美

每一首诗歌,都有各自的节奏、韵律。抑扬顿挫的朗读,不但使人产生情感共鸣,还能让人体验现代诗歌的音韵美。

朗读的节奏包含哪些内容?大致有语音高低、语调轻重、气息强弱、节奏快慢等,其中最重要的是语音高低和节奏快慢。把握好了这些,抑扬顿挫自然产生,诗歌朗读的艺术效果也就自然产生。

例如,徐志摩《再别康桥》的平仄、音高抑扬顿挫的效果如下:

轻轻地 我 走了,
平平　　仄仄
正如 我 轻轻地 来;
仄平 仄 平平　 平

第一句先平后仄,后一句先仄后平,中间平仄互衬,细细品味,一种浓浓的留恋眷顾之情萦绕在轻重高低的平声仄语中。

再如,郭沫若《天上的街市》,读来朗朗上口:

你看,/那浅浅的/天河,

定然是/不甚/宽广。

那/隔着河的/牛郎/织女,

定能够/骑着牛儿/来往。

其实诗歌语言的节奏说到底是诗歌情感节奏的表现形式,诗人心旌飘荡,情动于中而形于言,诗语节奏映现着情感的节奏;朗读者激情满贮、不能自已而吐纳珠玉之声,诗语节奏浑然天成。

4. 认真做好各种标记,辅助提高朗读技巧

培养学生现代诗歌朗读的技巧,可以将诗歌朗读训练直观化,将训练所得的方法、要领等外化为各种符号标记,这种最简便的训练方法,对学生来说也是最为有效的方法。

六、散文朗读要领

散文,可以泛指韵文以外所有的文章,包括小说和议论文;也可以特指以抒发作者个人感受为主的文章。一般把后一类散文称为抒情散文,用于朗读的散文多半属于这一类。作者从主观视点来观察世间万物,从中有所感悟,用散文抒发自己的感想。读散文,听散文,似乎是跟着作者去看去想,最终和作者想到一块儿去。因为是一个看、想、感悟的过程,所以散文朗读的基调是平缓的,没有太大的起伏。即使是作品的高潮,也不会像演讲那样慷慨激昂。在朗读时要用中等的速度,柔和的音色,一般用拉长而不用加重的方法来处理强调重音。

(一) 把握散文文体特点

形散神凝,抒情性强。

(二) 朗读要求

朗读要有真情、激情,亲切、自然、朴实。

附录　短文朗读篇目

1. 短文中存在语流音变现象的字词标变调。
2. 每篇作品在第400个音节后用"//"标注,测试时读到有"//"句子的末尾即可。

59篇短文
朗读示范音频

作品1号
语音提示

1. 干 gàn
2. 似的 shìde
3. 桠枝 yāzhī
4. 片 piàn
5. 几乎 jīhū
6. 晕圈 yùnquān
7. 倔强 juéjiàng
8. 耸立 sǒnglì
9. 挠 náo
10. 婆娑 pósuō
11. 虬 qiú
12. 丈夫 zhàngfu

13. 一点儿 yìdiǎnr   14. 宛然 wǎnrán   15. 血 xuè

那是力争上游的一种树,笔直的干¹,笔直的枝。它的干呢,通常是丈把高,像是加以人工似的²,一丈以内,绝无旁枝;它所有的桠枝³呢,一律向上,而且紧紧靠拢,也像是加以人工似的,成为一束,绝无横斜逸出;它的宽大的叶子也是片⁴片向上,几乎⁵没有斜生的,更不用说倒垂了;它的皮,光滑而有银色的晕圈⁶,微微泛出淡青色。这是虽在北方的风雪的压迫下却保持着倔强⁷挺立的一种树!哪怕只有碗来粗细罢,它却努力向上发展,高到丈许,两丈,参天耸立⁸,不折不挠⁹,对抗着西北风。

这就是白杨树,西北极普通的一种树,然而决不是平凡的树!

它没有婆娑¹⁰的姿态,没有屈曲盘旋的虬¹¹枝,也许你要说它不美丽,——如果美是专指"婆娑"或"横斜逸出"之类而言,那么,白杨树算不得树中的好女子;但是它却是伟岸,正直,朴质,严肃,也不缺乏温和,更不用提它的坚强不屈与挺拔,它是树中的伟丈夫¹²!当你在积雪初融的高原上走过,看见平坦的大地上傲然挺立这么一株或一排白杨树,难道你就只觉得树只是树,难道你就不想到它的朴质,严肃,坚强不屈,至少也象征了北方的农民;难道你竟一点儿¹³也不联想到,在敌后的广大土//地上,到处有坚强不屈,就像这白杨树一样傲然挺立的守卫他们家乡的哨兵!难道你又不更远一点想到这样枝枝叶叶靠紧团结,力求上进的白杨树,宛然¹⁴象征了今天在华北平原纵横决荡用血¹⁵写出新中国历史的那种精神和意志。

节选自茅盾《白杨礼赞》

作品 2 号

语音提示

1. 店铺 diànpù   2. 那儿 nàr   3. 牢骚 láo·sāo
4. 盘算 pánsuan   5. 怎样 zěnyàng   6. 清楚 qīngchu
7. 什么 shénme   8. 质量 zhìliàng   9. 钟头 zhōngtóu
10. 弄 nòng   11. 铺子 pùzi   12. 便宜 piányi

两个同龄的年轻人同时受雇于一家店铺¹,并且拿同样的薪水。

可是一段时间后,叫阿诺德的那个小伙子青云直上,而那个叫布鲁诺的小伙子却仍在原地踏步。布鲁诺很不满意老板的不公正待遇。终于有一天他到老板那儿²发牢骚³了。老板一边耐心地听着他的抱怨,一边在心里盘算⁴着怎样⁵向他解释清楚⁶他和阿诺德之间的差别。

"布鲁诺先生,"老板开口说话了,"您现在到集市上去一下,看看今天早上有什么⁷卖的。"

布鲁诺从集市上回来向老板汇报说,今早集市上只有一个农民拉了一车土豆在卖。

"有多少?"老板问。

布鲁诺赶快戴上帽子又跑到集上,然后回来告诉老板一共四十袋土豆。

"价格是多少?"

174

布鲁诺又第三次跑到集上问来了价格。

"好吧，"老板对他说，"现在请您坐到这把椅子上一句话也不要说，看看阿诺德怎么说。"

阿诺德很快就从集市上回来了。向老板汇报说到现在为止只有一个农民在卖土豆，一共四十口袋，价格是多少多少；土豆质量⁸很不错，他带回来一个让老板看看。这个农民一个钟头⁹以后还会弄¹⁰来几箱西红柿，据他看价格非常公道。昨天他们铺子¹¹的西红柿卖得很快，库存已经不//多了。他想这么便宜¹²的西红柿，老板肯定会要进一些的，所以他不仅带回了一个西红柿做样品，而且把那个农民也带来了，他现在正在外面等回话呢。

此时老板转向了布鲁诺，说："现在您肯定知道为什么阿诺德的薪水比您高了吧！"

节选自张健鹏、胡足青主编《故事时代》中《差别》

作品3号

语音提示

1. 黑黝黝 hēiyǒuyǒu
2. 模样 múyàng
3. 抽空 chōukòng
4. 细腻 xìnì
5. 浣纱 huànshā
6. 庇覆 bìfù
7. 花儿 huā'ér
8. 繁衍 fányǎn
9. 枝蔓 zhīwàn
10. 绿苔 lùtái
11. 咒骂 zhòumà
12. 立即 lìjí
13. 陨石 yǔnshí
14. 啊 ya
15. 憧憬 chōngjǐng
16. 寂寞 jìmò

我常常遗憾我家门前那块丑石：它黑黝黝¹地卧在那里，牛似的模样²；谁也不知道是什么时候留在这里的，谁也不去理会它。只是麦收时节，门前摊了麦子，奶奶总是说：这块丑石，多占地面呀，抽空³把它搬走吧。

它不像汉白玉那样的细腻⁴，可以刻字雕花，也不像大青石那样的光滑，可以供来浣纱⁵捶布。它静静地卧在那里，院边的槐阴没有庇覆⁶它，花儿⁷也不再在它身边生长。荒草便繁衍⁸出来，枝蔓⁹上下，慢慢地，它竟锈上了绿苔¹⁰、黑斑。我们这些做孩子的，也讨厌起它来，曾合伙要搬走它，但力气又不足；虽时时咒骂¹¹它，嫌弃它，也无可奈何，只好任它留在那里了。

终有一日，村子里来了一个天文学家。他在我家门前路过，突然发现了这块石头，眼光立即¹²就拉直了。他再没有离开，就住了下来；以后又来了好些人，都说这是一块陨石¹³，从天上落下来已经有二三百年了，是一件了不起的东西。不久便来了车，小心翼翼地将它运走了。

这使我们都很惊奇，这又怪又丑的石头，原来是天上的啊¹⁴！它补过天，在天上发过热、闪过光，我们的先祖或许仰望过它，它给了他们光明、向往、憧憬¹⁵；而它落下来了，在污土里，荒草里，一躺就//是几百年了！

我感到自己的无知，也感到了丑石的伟大，我甚至怨恨它这么多年竟会默默地忍受着这一切！而我又立即深深地感到它那种不屈于误解、寂寞¹⁶的生存的伟大。

节选自贾平凹《丑石》

作品 4 号
语音提示

1. 时候 shíhou
2. 因为 yīn·wèi
3. 挣 zhèng
4. 调制 tiáozhì
5. 东西 dōngxi
6. 事情 shìqing
7. 篱笆 líba
8. 塞 sāi
9. 麻烦 máfan
10. 主意 zhǔyi
11. 垃圾 lājī
12. 集结 jíjié

在达瑞八岁的时候[1]，有一天他想去看电影。因为[2]没有钱，他想是向爸妈要钱，还是自己挣[3]钱。最后他选择了后者。他自己调制[4]了一种汽水，向过路的行人出售。可那时正是寒冷的冬天，没有人买，只有两个人例外——他的爸爸和妈妈。

他偶然有一个和非常成功的商人谈话的机会。当他对商人讲述了自己的"破产史"后，商人给了他两个重要的建议：一是尝试为别人解决一个难题；二是把精力集中在你知道的、你会的和你拥有的东西[5]上。

这两个建议很关键。因为对于一个八岁的孩子而言，他不会做的事情[6]很多。于是他穿过大街小巷，不停地思考：人们会有什么难题，他又如何利用这个机会？

一天，吃早饭时父亲让达瑞去取报纸。美国的送报员总是把报纸从花园篱笆[7]的一个特制的管子里塞[8]进来。假如你想穿着睡衣舒舒服服地吃早饭和看报纸，就必须离开温暖的房间，冒着寒风，到花园去取。虽然路短，但十分麻烦[9]。

当达瑞为父亲取报纸的时候，一个主意[10]诞生了。当天他就按响邻居的门铃，对他们说，每个月只需付给他一美元，他就每天早上把报纸塞到他们的房门底下。大多数人都同意了，很快他有//了七十多个顾客。一个月后，当他拿到自己赚的钱时，觉得自己简直是飞上了天。

很快他又有了新的机会，他让他的顾客每天把垃圾[11]袋放在门前，然后由他早上运到垃圾桶里，每个月加一美元。之后他还想出了许多孩子赚钱的办法，并把它集结[12]成书，书名为《儿童挣钱的二百五十个主意》。为此，达瑞十二岁时就成了畅销书作家，十五岁有了自己的谈话节目，十七岁就拥有了几百万美元。

节选自[德]博多·舍费尔《达瑞的故事》，刘志明译

作品 5 号
语音提示

1. 一阵儿 yízhènr
2. 彤云 tóngyún
3. 一会儿 yíhuìr
4. 万籁俱寂 wànlài-jùjì
5. 簌簌 sùsù
6. 偶尔 ǒu'ěr
7. 咯吱 gēzhī
8. 啊 ya
9. 粉妆玉砌 fěnzhuāng-yùqì
10. 银条儿 yíntiáor
11. 柏树 bǎishù
12. 雪球儿 xuěqiúr
13. 玉屑 yùxiè
14. 雪末儿 xuěmòr
15. 掷 zhì
16. 渗 shèn

17. 供应 gōngyìng
18. 庄稼 zhuāngjia
19. 馒头 mántou
20. 为什么 wèishénme

这是入冬以来,胶东半岛上第一场雪。

雪纷纷扬扬,下得很大。开始还伴着一阵儿[1]小雨,不久就只见大片大片的雪花,从彤云[2]密布的天空中飘落下来。地面上一会儿[3]就白了。冬天的山村,到了夜里就万籁俱寂[4],只听得雪花簌簌[5]地不断往下落,树木的枯枝被雪压断了,偶尔[6]咯吱[7]一声响。

大雪整整下了一夜。今天早晨,天放晴了,太阳出来了。推开门一看,嗬!好大的雪啊[8]!山川、河流、树木、房屋,全都罩上了一层厚厚的雪,万里江山,变成了粉妆玉砌[9]的世界。落光了叶子的柳树上挂满了毛茸茸亮晶晶的银条儿[10];而那些冬夏常青的松树和柏树[11]上,则挂满了蓬松松沉甸甸的雪球儿[12]。一阵风吹来,树枝轻轻地摇晃,美丽的银条儿和雪球儿簌簌地落下来,玉屑[13]似的雪末儿[14]随风飘扬,映着清晨的阳光,显出一道道五光十色的彩虹。

大街上的积雪足有一尺多深,人踩上去,脚底下发出咯吱咯吱的响声。一群群孩子在雪地里堆雪人,掷[15]雪球儿。那欢乐的叫喊声,把树枝上的雪都震落下来了。

俗话说,"瑞雪兆丰年"。这个话有充分的科学根据,并不是一句迷信的成语。寒冬大雪,可以冻死一部分越冬的害虫;融化了的水渗[16]进土层深处,又能供应[17]//庄稼[18]生长的需要。我相信这一场十分及时的大雪,一定会促进明年春季作物,尤其是小麦的丰收。有经验的老农把雪比做是"麦子的棉被"。冬天"棉被"盖得越厚,明春麦子就长得越好,所以又有这样一句谚语:"冬天麦盖三层被,来年枕着馒头[19]睡"。

我想,这就是人们为什么[20]把及时的大雪称为"瑞雪"的道理吧。

节选自峻青《第一场雪》

作品 6 号
语音提示

1. 浩瀚 hàohàn
2. 为 wéi
3. 丧失 sàngshī
4. 溯 sù
5. 为 wéi
6. 陶冶 táoyě
7. 执着 zhízhuó
8. 睿智 ruìzhì

我常想读书人是世间幸福人,因为他除了拥有现实的世界之外,还拥有另一个更为浩瀚[1]也更为丰富的世界。现实的世界是人人都有的,而后一个世界却为[2]读书人所独有。由此我想,那些失去或不能阅读的人是多么的不幸,他们的丧失[3]是不可补偿的。世间有诸多的不平等,财富的不平等,权力的不平等,而阅读能力的拥有或丧失却体现为精神的不平等。

一个人的一生,只能经历自己拥有的那一份欣悦,那一份苦难,也许再加上他亲自闻知的那一些关于自身以外的经历和经验。然而,人们通过阅读,却能进入不同时空的诸多他人的世界。这样,具有阅读能力的人,无形间获得了超越有限生命的无限可能性。阅读不仅使他多识了草木虫鱼之名,而且可以上溯[4]远古下及未来,饱览存在的与非存在的奇风异俗。

更为⁵重要的是,读书加惠于人们的不仅是知识的增广,而且还在于精神的感化与陶冶⁶。人们从读书学做人,从那些往哲先贤以及当代才俊的著述中学得他们的人格。人们从《论语》中学得智慧的思考,从《史记》中学得严肃的历史精神,从《正气歌》中学得人格的刚烈,从马克思学得人世//的激情,从鲁迅学得批判精神,从托尔斯泰学得道德的执着⁷。歌德的诗句刻写着睿智⁸的人生,拜伦的诗句呼唤着奋斗的热情。一个读书人,一个有机会拥有超乎个人生命体验的幸运人。

节选自谢冕《读书人是幸福人》

作品 7 号
语音提示

1. 有点儿 yǒudiǎnr   2. 儿子 érzi   3. 与 yǔ
4. 小孩儿 xiǎoháir   5. 好好 hǎohāor   6. 小孩子 xiǎoháizi
7. 火儿 huǒr   8. 枕头 zhěntou   9. 一点儿 yìdiǎnr

一天,爸爸下班回到家已经很晚了,他很累也有点儿¹烦,他发现五岁的儿子²靠在门旁正等着他。

"爸,我可以问您一个问题吗?"

"什么问题?""爸,您一小时可以赚多少钱?""这与³你无关,你为什么问这个问题?"父亲生气地说。

"我只是想知道,请告诉我,您一小时赚多少钱?"小孩儿⁴哀求道。"假如你一定要知道的话,我一小时赚二十美金。"

"哦,"小孩儿低下了头,接着又说,"爸,可以借我十美金吗?"父亲发怒了:"如果你只是要借钱去买毫无意义的玩具的话,给我回到你的房间睡觉去。好好⁵想想为什么你会那么自私。我每天辛苦工作,没时间和你玩儿小孩子⁶的游戏。"

小孩儿默默地回到自己的房间关上门。

父亲坐下来还在生气。后来,他平静下来了。心想他可能对孩子太凶了——或许孩子真的很想买什么东西,再说他平时很少要过钱。

父亲走进孩子的房间:"你睡了吗?""爸,还没有,我还醒着。"孩子回答。

"我刚才可能对你太凶了,"父亲说。"我不应该发那么大的火儿⁷——这是你要的十美金。""爸,谢谢您。"孩子高兴地从枕头⁸下拿出一些被弄皱的钞票,慢慢地数着。

"为什么你已经有钱了还要?"父亲不解地问。

"因为原来不够,但现在凑够了。"孩子回答:"爸,我现在有//二十美金了,我可以向您买一个小时的时间吗?明天请早一点儿⁹回家——我想和您一起吃晚餐。"

节选自唐继柳编译《二十美金的价值》

作品 8 号
语音提示

1. 仿佛 fǎngfú
2. 地方 dìfang
3. 静寂 jìngjì
4. 认得 rènde
5. 朋友 péngyou
6. 熟 shú
7. 昧 mèi
8. 模糊 móhu
9. 认识 rènshi
10. 眨眼 zháyǎn

  我爱月夜,但我也爱星天。从前在家乡七八月的夜晚在庭院里纳凉的时候,我最爱看天上密密麻麻的繁星。望着星天,我就会忘记一切,仿佛[1]回到了母亲的怀里似的。

  三年前在南京我住的地方[2]有一道后门,每晚我打开后门,便看见一个静寂[3]的夜。下面是一片菜园,上面是星群密布的蓝天。星光在我们的肉眼里虽然微小,然而它使我们觉得光明无处不在。那时候我正在读一些天文学的书,也认得[4]一些星星,好像它们就是我的朋友[5],它们常常在和我谈话一样。

  如今在海上,每晚和繁星相对,我把它们认得很熟[6]了。我躺在舱面上,仰望天空。深蓝色的天空里悬着无数半明半昧[7]的星。船在动,星也在动,它们是这样低,真是摇摇欲坠呢!渐渐地我的眼睛模糊[8]了,我好像看见无数萤火虫在我的周围飞舞。海上的夜是柔和的,是静寂的,是梦幻的。我望着许多认识[9]的星,我仿佛看见它们在对我眨眼[10],我仿佛听见它们在小声说话。这时我忘记了一切。在星的怀抱中我微笑着,我沉睡着。我觉得自己是一个小孩子,现在睡在母亲的怀里了。

  有一夜,那个在哥伦波上船的英国人指给我看天上的巨人。他用手指着://那四颗明亮的星是头,下面的几颗是身子,这几颗是手,那几颗是腿和脚,还有三颗星算是腰带。经他这一番指点,我果然看清楚了那个天上的巨人。看,那个巨人还在跑呢!

节选自巴金《繁星》

作品 9 号
语音提示

1. 假日 jiàrì
2. 转转 zhuànzhuan
3. 风筝 fēngzheng
4. 系 jì
5. 编扎 biānzā
6. 削 xiāo
7. 薄 báo
8. 扎 zā
9. 人儿 rénr
10. 蒲苇 púwěi
11. 胡同 hútong
12. 游弋 yóuyì
13. 线头儿 xiàntóur
14. 啊 ya

  假日[1]到河滩上转转[2],看见许多孩子在放风筝[3]。一根根长长的引线,一头系[4]在天上,一头系在地上,孩子同风筝都在天与地之间悠荡,连心也被悠荡得恍恍惚惚了,好像又回到了童年。

  儿时放的风筝,大多是自己的长辈或家人编扎[5]的,几根削[6]得很薄[7]的篾,用细纱线扎[8]成各种鸟兽的造型,糊上雪白的纸片,再用彩笔勾勒出面孔与翅膀的图案。通常扎得最多的是"老雕""美人儿[9]""花蝴蝶"等。

我们家前院就有位叔叔,擅扎风筝,远近闻名。他扎得风筝不只体型好看,色彩艳丽,放飞得高远,还在风筝上绷一叶用蒲苇[10]削成的膜片,经风一吹,发出"嗡嗡"的声响,仿佛是风筝的歌唱,在蓝天下播扬,给开阔的天地增添了无尽的韵味,给驰荡的童心带来几分疯狂。

　　我们那条胡同[11]的左邻右舍的孩子们放的风筝几乎都是叔叔编扎的。他的风筝不卖钱,谁上门去要,就给谁,他乐意自己贴钱买材料。

　　后来,这位叔叔去了海外,放风筝也渐与孩子们远离了。不过年年叔叔给家乡写信,总不忘提起儿时的放风筝。香港回归之后,他在家信中说到,他这只被故乡放飞到海外的风筝,尽管飘荡游弋[12],经沐风雨,可那线头儿[13]一直在故乡和//亲人手中牵着,如今飘得太累了,也该要回归到家乡和亲人身边来了。

　　是的。我想,不光是叔叔,我们每个人都是风筝,在妈妈手中牵着,从小放到大,再从家乡放到祖国最需要的地方去啊[14]!

节选自李恒瑞《风筝畅想曲》

作品10号

语音提示

1. 融洽 róngqià
2. 相处 xiāngchǔ
3. 告诉 gàosu
4. 卸货 xièhuò
5. 妈妈 māma
6. 明白 míngbai
7. 孩子 háizi
8. 室 shì
9. 空位 kòngwèi
10. 相称 xiāngchèn
11. 爸爸 bàba
12. 笑容可掬 xiàoróng-kějū
13. 照片 zhàopiàn
14. 不可胜数 bùkě-shèngshǔ
15. 教 jiāo
16. 点儿 diǎnr
17. 短柬 duánjiǎn
18. 似乎 sìhū
19. 结果 jiéguǒ
20. 擤 xǐng
21. 鼻子 bízi

　　爸不懂得怎样表达爱,使我们一家人融洽[1]相处[2]的是我妈。他只是每天上班下班,而妈则把我们做过的错事开列清单,然后由他来责骂我们。

　　有一次我偷了一块糖果,他要我把它送回去,告诉[3]卖糖的说是我偷来的,说我愿意替他拆箱卸货[4]作为赔偿。但妈妈[5]却明白[6]我只是个孩子[7]。

　　我在运动场打秋千跌断了腿,在前往医院途中一直抱着我的,是我妈。爸把汽车停在急诊室[8]门口,他们叫他驶开,说那空位[9]是留给紧急车辆停放的。爸听了便叫嚷道:"你以为这是什么车?旅游车?"

　　在我生日会上,爸总是显得有些不大相称[10]。他只是忙于吹气球,布置餐桌,做杂务。把插着蜡烛的蛋糕推过来让我吹的,是我妈。

　　我翻阅照相册时,人们总是问:"你爸爸[11]是什么样子的?"天晓得!他老是忙着替别人拍照。妈和我笑容可掬[12]地一起拍的照片[13],多得不可胜数[14]。

我记得妈有一次叫他教[15]我骑自行车。我叫他别放手,但他却说是应该放手的时候了。我摔倒之后,妈跑过来扶我,爸却挥手要她走开。我当时生气极了,决心要给他点儿[16]颜色看。于是我马上爬上自行车,而且自己骑给他看。他只是微笑。

我念大学时,所有的家信都是妈写的。他//除了寄支票外,还寄过一封短柬[17]给我,说因为我不在草坪上踢足球了,所以他的草坪长得很美。

每次我打电话回家,他似乎[18]都想跟我说话,但结果[19]总是说:"我叫你妈来接。"

我结婚时,掉眼泪的是我妈。他只是大声擤[20]了一下鼻子[21],便走出房间。

我从小到大都听他说:"你到哪里去?什么时候回家?汽车有没有汽油?不,不准去。"爸完全不知道怎样表达爱。除非……

会不会是他已经表达了,而我却未能察觉?

节选自[美]艾尔玛·邦贝克《父亲的爱》

作品 11 号

语音提示

1. 盘踞 pánjù
2. 脑袋 nǎodai
3. 怎么 zěnme
4. 东西 dōngxi
5. 血 xiě
6. 转会 zhuǎnhuì
7. 因子 yīnzǐ
8. 挚爱 zhì'ài
9. 血缘 xuèyuán
10. 血管 xuèguǎn
11. 热血 rèxuè
12. 沸腾 fèiténg
13. 男儿 nán'ér
14. 戎装 róngzhuāng

一个大问题一直盘踞[1]在我脑袋[2]里:

世界杯怎么[3]会有如此巨大的吸引力?除去足球本身的魅力之外,还有什么超乎其上而更伟大的东西[4]?

近来观看世界杯,忽然从中得到了答案:是由于一种无上崇高的精神情感——国家荣誉感!

地球上的人都会有国家的概念,但未必时时都有国家的感情。往往人到异国,思念家乡,心怀故国,这国家概念就变得有血[5]有肉,爱国之情来得非常具体。而现代社会,科技昌达,信息快捷,事事上网,世界真是太小太小,国家的界限似乎也不那么清晰了。再说足球正在快速世界化,平日里各国球员频繁转会[6],往来随意,致使越来越多的国家联赛都具有国际的因素。球员们不论国籍,只效力于自己的俱乐部,他们比赛时的激情中完全没有爱国主义的因子[7]。

然而,到了世界杯大赛,天下大变。各国球员都回国效力,穿上与光荣的国旗同样色彩的服装。在每一场比赛前,还高唱国歌以宣誓对自己祖国的挚爱[8]与忠诚。一种血缘[9]情感开始在全身的血管[10]里燃烧起来,而且立刻热血[11]沸腾[12]。

在历史时代,国家间经常发生对抗,好男儿[13]戎装[14]卫国。国家的荣誉往往需要以自己的生命去//换取。但在和平时代,唯有这种国家之间大规模对抗性的大赛,才可以唤起那种遥远而神圣的情感,那就是:为祖国而战!

节选自冯骥才《国家荣誉感》

作品 12 号
语音提示

1. 闪烁 shǎnshuò
2. 绯红 fēihóng
3. 为 wéi
4. 肃穆 sùmù
5. 围绕 wéirào
6. 晃动 huàngdòng
7. 苍穹 cāngqióng
8. 星斗 xīngdǒu
9. 煞 shà
10. 软绵绵 ruǎnmiánmián
11. 慢慢 mànmàn/mànmānr
12. 抚摸 fǔmō
13. 兴奋 xīngfèn
14. 吹拂 chuīfú
15. 混合 hùnhé
16. 炙晒 zhìshài
17. 缀 zhuì
18. 休憩 xiūqì

　　夕阳落山不久,西方的天空,还燃烧着一片橘红色的晚霞。大海,也被这霞光染成了红色,而且比天空的景色更要壮观。因为它是活动的,每当一排排波浪涌起的时候,那映照在浪峰上的霞光,又红又亮,简直就像一片片霍霍燃烧着的火焰,闪烁[1]着,消失了。而后面的一排,又闪烁着,滚动着,涌了过来。

　　天空的霞光渐渐地淡下去了,深红的颜色变成了绯红[2],绯红又变为[3]浅红。最后,当这一切红光都消失了的时候,那突然显得高而远了的天空,则呈现出一片肃穆[4]的神色。最早出现的启明星,在这蓝色的天幕上闪烁起来了。它是那么大,那么亮,整个广漠的天幕上只有它在那里放射着令人注目的光辉,活像一盏悬挂在高空的明灯。

　　夜色加浓,苍空中的"明灯"越来越多了。而城市各处的真的灯火也次第亮了起来,尤其是围绕[5]在海港周围山坡上的那一片灯光,从半空倒映在乌蓝的海面上,随着波浪,晃动[6]着,闪烁着,像一串流动着的珍珠,和那一片片密布在苍穹[7]里的星斗[8]互相辉映,煞[9]是好看。

　　在这幽美的夜色中,我踏着软绵绵[10]的沙滩,沿着海边,慢慢[11]地向前走去。海水,轻轻地抚摸[12]着细软的沙滩,发出温柔的//刷刷声。晚来的海风,清新而又凉爽。我的心里,有着说不出的兴奋[13]和愉快。

　　夜风轻飘飘地吹拂[14]着,空气中飘荡着一种大海和田禾相混合[15]的香味儿,柔软的沙滩上还残留着白天太阳炙晒[16]的余温。那些在各个工作岗位上劳动了一天的人们,三三两两地来到这软绵绵的沙滩上,他们浴着凉爽的海风,望着那缀[17]满了星星的夜空,尽情地说笑,尽情地休憩[18]。

节选自峻青《海滨仲夏夜》

作品 13 号
语音提示

1. 危险 wēixiǎn
2. 氯 lǜ
3. 曝晒 pùshài
4. 比较 bǐjiào
5. 为 wéi
6. 屏障 píngzhàng

  生命在海洋里诞生绝不是偶然的,海洋的物理和化学性质,使它成为孕育原始生命的摇篮。

  我们知道,水是生物的重要组成部分,许多动物组织的含水量在百分之八十以上,而一些海洋生物的含水量高达百分之九十五。水是新陈代谢的重要媒介,没有它,体内的一系列生理和生物化学反应就无法进行,生命也就停止。因此,在短时期内动物缺水要比缺少食物更加危险[1]。水对今天的生命是如此重要,它对脆弱的原始生命,更是举足轻重了。生命在海洋里诞生,就不会有缺水之忧。

  水是一种良好的溶剂。海洋中含有许多生命所必需的无机盐,如氯[2]化钠、氯化钾、碳酸盐、磷酸盐,还有溶解氧,原始生命可以毫不费力地从中吸取它所需要的元素。

  水具有很高的热容量,加之海洋浩大,任凭夏季烈日曝晒[3],冬季寒风扫荡,它的温度变化却比较[4]小。因此,巨大的海洋就像是天然的"温箱",是孕育原始生命的温床。

  阳光虽然为[5]生命所必需,但是阳光中的紫外线却有扼杀原始生命的危险。水能有效地吸收紫外线,因而又为原始生命提供了天然的"屏障[6]"。

  这一切都是原始生命得以产生和发展的必要条件。//

节选自童裳亮《海洋与生命》

作品 14 号
语音提示

1. 一圈儿 yìquānr	2. 日子 rìzi	3. 与其 yǔqí
4. 睡着 shuìzháo	5. 这么 zhème	6. 着急 zháojí
7. 似 sì	8. 心眼儿 xīnyǎnr	9. 露 lòu
10. 跳跃 tiàoyuè	11. 暑假 shǔjià	12. 快乐 kuàilè
13. 教 jiāo		

  读小学的时候,我的外祖母去世了。外祖母生前最疼爱我,我无法排除自己的忧伤,每天在学校的操场上一圈儿[1]又一圈儿地跑着,跑得累倒在地上,扑在草坪上痛哭。

  那哀痛的日子[2],断断续续地持续了很久,爸爸妈妈也不知道如何安慰我。他们知道与其[3]骗我说外祖母睡着[4]了,还不如对我说实话:外祖母永远不会回来了。

  "什么是永远不会回来呢?"我问着。

  "所有时间里的事物,都永远不会回来。你的昨天过去,它就永远变成昨天,你不能再回到昨天。爸爸以前也和你一样小,现在也不能回到你这么[5]小的童年了;有一天你会长大,你会像外祖母一样老;有一天你度过了你的时间,就永远不会回来了。"爸爸说。

  爸爸等于给我一个谜语,这谜语比课本上的"日历挂在墙壁,一天撕去一页,使我心里着急[6]"和"一寸光阴一寸金,寸金难买寸光阴"还让我感到可怕;也比作文本上的"光阴似[7]箭,日月如梭"更让我觉得有一种说不出的滋味。

  时间过得那么飞快,使我的小心眼儿[8]里不只是着急,还有悲伤。有一天我放学回家,看到太阳快落山了,就下决心说:"我要比太阳更快地回家。"我狂奔回去,站在庭院前喘气的时候,看到太阳//还露[9]着半边脸,我高兴地跳跃[10]起来,那一天我跑赢了太阳。以后我就时常做那样的游戏,有时和太阳赛跑,有时和西北风比快,有时一个暑假[11]才能做完的作业,我十天就做完了;那时我三年级,常常把哥哥五年级的作业拿来做。每一次比赛胜过时间,我就快乐[12]得不知道怎么形容。

如果将来我有什么要教[13]给我的孩子,我会告诉他:假若你一直和时间比赛,你就可以成功!

节选自(台湾)林清玄《和时间赛跑》

作品 15 号

语音提示

1. 称赞 chēngzàn
2. 学生 xuésheng
3. 意思 yìsi
4. 谢谢 xièxie

三十年代初,胡适在北京大学任教授。讲课时他常常对白话文大加称赞[1],引起一些只喜欢文言文而不喜欢白话文的学生[2]的不满。

一次,胡适正讲得得意的时候,一位姓魏的学生突然站了起来,生气地问:"胡先生,难道说白话文就毫无缺点吗?"胡适微笑着回答说:"没有。"那位学生更加激动了:"肯定有!白话文废话太多,打电报用字多,花钱多。"胡适的目光顿时变亮了。轻声地解释说:"不一定吧!前几天有位朋友给我打来电报,请我去政府部门工作,我决定不去,就回电拒绝了。复电是用白话写的,看来也很省字。请同学们根据我这个意思[3],用文言文写一个回电,看看究竟是白话文省字,还是文言文省字?"胡教授刚说完,同学们立刻认真地写了起来。

十五分钟过去,胡适让同学举手,报告用字的数目,然后挑了一份用字最少的文言电报稿,电文是这样写的:

"才疏学浅,恐难胜任,不堪从命。"白话文的意思是:学问不深,恐怕很难担任这个工作,不能服从安排。

胡适说,这份写得确实不错,仅用了十二个字。但我的白话电报却只用了五个字:"干不了,谢谢[4]!"

胡适又解释说:"干不了"就有才疏学浅、恐难胜任的意思;"谢谢"既//对朋友的介绍表示感谢,又有拒绝的意思。所以,废话多不多,并不看它是文言文还是白话文,只要注意选用字词,白话文是可以比文言文更省字的。

节选自陈灼主编《实用汉语中级教程》(上)中《胡适的白话电报》

作品 16 号

语音提示

1. 泛舟 fànzhōu
2. 黑黢黢 hēiqūqū
3. 蓦地 mòdì
4. 马上 mǎshàng
5. 桨 jiǎng
6. 朦胧 ménglóng
7. 的确 díquè
8. 乍 zhà
9. 峭壁 qiàobì
10. 咫尺 zhíchǐ

11. 心驰神往 xīnchí-shénwǎng   12. 啊 nga
13. 前头 qiántou

很久以前,在一个漆黑的秋天的夜晚,我泛舟[1]在西伯利亚一条阴森森的河上。船到一个转弯处,只见前面黑黢黢[2]的山峰下面一星火光蓦地[3]一闪。

火光又明又亮,好像就在眼前……

"好啦,谢天谢地!"我高兴地说,"马上[4]就到过夜的地方啦!"

船夫扭头朝身后的火光望了一眼,又不以为然地划起桨[5]来。

"远着呢!"

我不相信他的话,因为火光冲破朦胧[6]的夜色,明明在那儿闪烁。不过船夫是对的,事实上,火光的确[7]还远着呢。

这些黑夜的火光的特点是:驱散黑暗,闪闪发亮,近在眼前,令人神往。乍[8]一看,再划几下就到了……其实却还远着呢!……

我们在漆黑如墨的河上又划了很久。一个个峡谷和悬崖,迎面驶来,又向后移去,仿佛消失在茫茫的远方,而火光却依然停在前头,闪闪发亮,令人神往——依然是这么近,又依然是那么远……

现在,无论是这条被悬崖峭壁[9]的阴影笼罩的漆黑的河流,还是那一星明亮的火光,都经常浮现在我的脑际,在这以前和在这以后,曾有许多火光,似乎近在咫尺[10],不止使我一人心驰神往[11]。可是生活之河却仍然在那阴森森的两岸之间流着,而火光也依旧非常遥远。因此,必须加劲划桨……

然而,火光啊[12]……毕竟……毕竟就//在前头[17]!……

节选自[俄]柯罗连科《火光》,张铁夫译

作品 17 号
语音提示

1. 觉得 juéde   2. 奇迹 qíjì   3. 济南 jǐnán
4. 那么 nàme   5. 得 děi   6. 眼睛 yǎnjing
7. 暖和 nuǎnhuo   8. 圈儿 quānr   9. 口儿 kǒur
10. 这儿 zhèr   11. 着落 zhuóluò   12. 尖儿 jiānr
13. 髻儿 jìr   14. 看护 kānhù   15. 镶 xiāng
16. 露 lòu   17. 水纹儿 shuǐwénr   18. 风儿 fēng'ér
19. 薄 báo   20. 秀气 xiùqi

对于一个在北平住惯的人,像我,冬天要是不刮风,便觉得[1]是奇迹[2];济南[3]的冬天是没有风声的。对于一个刚由伦敦回来的人,像我,冬天要能看得见日光,便觉得是怪事;济南的冬天是响晴的。自然,在热带的地方,日光永远是那么[4]毒,响亮的天气,反有点儿叫人害怕。可是,在北方的冬天,而能有温晴的天气,济南真得[5]算个宝地。

设若单单是有阳光,那也算不了出奇。请闭上眼睛[6]想:一个老城,有山有水,全在天底下晒着阳光,暖和[7]安适地睡着,只等春风来把它们唤醒,这是不是理想的境界?小山把济南围了个圈儿[8],只有北边缺着点口儿[9]。这一圈小山在冬天特别可爱,好像是把济南放在一个小摇篮里,它们安静不动地低声地说:"你们放心吧,这儿[10]准保暖和。"真的,济南的人们在冬天是面上含笑的。他们一看那些小山,心中便觉得有了着落[11],有了依靠。他们由天上看到山上,便不知不觉地想起:明天也许就是春天了吧?这样的温暖,今天夜里山草也许就绿起来了吧?就是这点儿幻想不能一时实现,他们也并不着急,因为这样慈善的冬天,干什么还希望别的呢!

最妙的是下点儿小雪呀。看吧,山上的矮松越发的青黑,树尖儿[12]上顶//着一髻儿[13]白花,好像日本看护[14]妇。山尖儿全白了,给蓝天镶[15]上一道银边。山坡上,有的地方雪厚点儿,有的地方草色还露[16]着;这样,一道儿白,一道儿暗黄,给山们穿上一件带水纹儿[17]的花衣;看着看着,这件花衣好像被风儿[18]吹动,叫你希望看见一点儿更美的山的肌肤。等到快日落的时候,微黄的阳光斜射在山腰上,那点儿薄[19]雪好像忽然害羞,微微露出点儿粉色。就是下小雪吧,济南是受不住大雪的,那些小山太秀气[20]。

节选自老舍《济南的冬天》

作品18号
语音提示

1. 曲 qū
2. 足迹 zújì
3. 乡亲 xiāngqīn
4. 棱 léng
5. 兑现 duìxiàn
6. 遐想 xiáxiǎng
7. 露 lù
8. 稚小 zhìxiǎo
9. 割刈 gēyì
10. 扁担 biǎndan
11. 挑起 tiāoqǐ
12. 漂泊 piāobó
13. 涌动 yǒngdòng
14. 熠熠 yìyì
15. 柑橙 gānchéng
16. 蜕变 tuìbiàn
17. 消息 xiāoxi
18. 斑斓 bānlán
19. 啊 wa

纯朴的家乡村边有一条河,曲[1]弯弯,河中架一弯石桥,弓样的小桥横跨两岸。

每天,不管是鸡鸣晓月、日丽中天,还是月华泻地,小桥都印下串串足迹[2],洒落串串汗珠。那是乡亲[3]为了追求多棱[4]的希望,兑现[5]美好的遐想[6]。弯弯小桥,不时荡过轻吟低唱,不时露[7]出舒心的笑容。

因而,我稚小[8]的心灵,曾将心声献给小桥:你是一弯银色的新月,给人间普照光辉;你是一把闪亮的镰刀,割刈[9]着欢笑的花果;你是一根晃悠悠的扁担[10],挑起[11]了彩色的明天!哦,小桥走进我的梦中。

我在飘泊[12]他乡的岁月,心中总涌动[13]着故乡的河水,梦中总看到弓样的小桥。当我访南疆探北国,眼帘闯进座座雄伟的长桥时,我的梦变得丰满了,增添了赤橙黄绿青蓝紫。

三十多年过去,我带着满头霜花回到故乡,第一紧要的便是去看望小桥。

啊!小桥呢?它躲起来了?河中一道长虹,浴着朝霞熠熠[14]闪光。哦,雄浑的大桥敞开胸怀,汽车的呼啸、摩托的笛音、自行车的叮铃,合奏着进行交响乐;南来的钢筋、花布,北往的柑橙[15]、家禽,绘出交流欢悦图……

啊！蜕变[16]的桥,传递了家乡进步的消息[17],透露了家乡富裕的声音。时代的春风,美好的追求,我蓦地记起儿时唱//给小桥的歌,哦,明艳艳的太阳照耀了,芳香甜蜜的花果捧来了,五彩斑斓[18]的岁月拉开了!

我心中涌动的河水,激荡起甜美的浪花。我仰望一碧蓝天,心底轻声呼喊:家乡的桥啊[19],我梦中的桥!

节选自郑莹《家乡的桥》

作品 19 号

1. 知识 zhīshi
2. 支撑 zhīchēng
3. 惹恼 rěnǎo
4. 悖 bèi
5. 为人 wéirén
6. 样子 yàngzi
7. 秘密 mìmì
8. 修缮 xiūshàn
9. 弄虚作假 nòngxū-zuòjiǎ
10. 掩饰 yǎnshì
11. 旨 zhǐ
12. 崇尚 chóngshàng
13. 恪守 kèshǒu

三百多年前,建筑设计师莱伊恩受命设计了英国温泽市政府大厅。他运用工程力学的知识[1],依据自己多年的实践,巧妙地设计了只用一根柱子支撑[2]的大厅天花板。一年以后,市政府权威人士进行工程验收时,却说只用一根柱子支撑天花板太危险,要求莱伊恩再多加几根柱子。

莱伊恩自信只要一根坚固的柱子足以保证大厅安全,他的"固执"惹恼[3]了市政官员,险些被送上法庭。他非常苦恼,坚持自己原先的主张吧,市政官员肯定会另找人修改设计;不坚持吧,又有悖[4]自己为人[5]的准则。矛盾了很长一段时间,莱伊恩终于想出了一条妙计,他在大厅里增加了四根柱子,不过这些柱子并未与天花板接触,只不过是装装样子[6]。

三百多年过去了,这个秘密[7]始终没有被人发现。直到前两年,市政府准备修缮[8]大厅的天花板,才发现莱伊恩当年的"弄虚作假[9]"。消息传出后,世界各国的建筑专家和游客云集,当地政府对此也不加掩饰[10],在新世纪到来之际,特意将大厅作为一个旅游景点对外开放,旨[11]在引导人们崇尚[12]和相信科学。

作为一名建筑师,莱伊恩并不是最出色的。但作为一个人,他无疑非常伟大,这种//伟大表现在他始终恪守[13]着自己的原则,给高贵的心灵一个美丽的住所,哪怕是遭遇到最大的阻力,也要想办法抵达胜利。

节选自游宇明《坚守你的高贵》

作品 20 号
语音提示

1. 河畔 hépàn
2. 金子 jīnzi
3. 驻扎 zhùzhā
4. 默默 mòmò

5. 一丁点儿 yīdīngdiǎnr
6. 即将 jíjiāng
7. 晚上 wǎnshang
8. 倾盆 qīngpén
9. 肥沃 féiwò
10. 富人 fùrén

　　自从传言有人在萨文河畔[1]散步时无意发现了金子[2]后,这里便常有来自四面八方的淘金者。他们都想成为富翁,于是寻遍了整个河床,还在河床上挖出很多大坑,希望借助它们找到更多的金子。的确,有一些人找到了,但另外一些人因为一无所得而只好扫兴归去。

　　也有不甘心落空的,便驻扎[3]在这里,继续寻找。彼得·弗雷特就是其中一员。他在河床附近买了一块没人要的土地,一个人默默[4]地工作。他为了找金子,已把所有的钱都押在这块土地上。他埋头苦干了几个月,直到土地全变成了坑坑洼洼,他失望了——他翻遍了整块土地,但连一丁点儿[5]金子都没看见。

　　六个月后,他连买面包的钱都没有了。于是他准备离开这儿到别处去谋生。

　　就在他即将[6]离去的前一个晚上[7],天下起了倾盆[8]大雨,并且一下就是三天三夜。雨终于停了,彼得走出小木屋,发现眼前的土地看上去好像和以前不一样:坑坑洼洼已被大水冲刷平整,松软的土地上长出一层绿茸茸的小草。

　　"这里没找到金子,"彼得忽有所悟地说,"但这土地很肥沃[9],我可以用来种花,并且拿到镇上去卖给那些富人[10],他们一定会买些花装扮他们华丽的客//厅。如果真是这样的话,那么我一定会赚许多钱,有朝一日我也会成为富人……"

　　于是他留了下来。彼得花了不少精力培育花苗,不久田地里长满了美丽娇艳的各色鲜花。

　　五年以后,彼得终于实现了他的梦想——成了一个富翁。"我是唯一的一个找到真金的人!"他时常不无骄傲地告诉别人:"别人在这儿找不到金子后便远远地离开,而我的'金子'是在这块土地里,只有诚实的人用勤劳才能采集到。"

节选自陶猛译《金子》

作品 21 号
语音提示

1. 募捐 mùjuān
2. 渥太华 Wòtàihuá
3. 麻痹 mábì
4. 不由分说 bùyóu-fēnshuō
5. 彬彬有礼 bīnbīn-yóulǐ
6. 睽睽 kuíkuí
7. 窘态 jiǒngtài
8. 天儿 tiānr
9. 银发 yínfà
10. 徽章 huīzhāng
11. 玫瑰 méigui
12. 名字 míngzi
13. 一色 yísè
14. 鞠躬 jūgōng
15. 同行 tóngxíng
16. 遗孀 yíshuāng
17. 踊跃 yǒngyuè
18. 气氛 qìfēn
19. 流血 liúxuè
20. 微不足道 wēibù-zúdào

我在加拿大学习期间遇到过两次募捐[1]，那情景至今使我难以忘怀。

一天，我在渥太华[2]的街上被两个男孩子拦住去路。他们十来岁，穿得整整齐齐，每人头上戴着个做工精巧、色彩鲜艳的纸帽，上面写着"为帮助患小儿麻痹[3]的伙伴募捐"。其中的一个，不由分说[4]就坐在小凳上给我擦起皮鞋来，另一个则彬彬有礼[5]地发问："小姐，您是哪国人？喜欢渥太华吗？""小姐，在你们国家有没有小孩儿患小儿麻痹？谁给他们医疗费？"一连串的问题，使我这个有生以来头一次在众目睽睽[6]之下让别人擦鞋的异乡人，从近乎狼狈的窘态[7]中解脱出来。我们像朋友一样聊起天儿[8]来……

几个月之后，也是在街上。一些十字路口处或车站坐着几位老人。他们满头银发[9]，身穿各种老式军装，上面布满了大大小小形形色色的徽章[10]、奖章，每人手捧一大束鲜花，有水仙、石竹、玫瑰[11]及叫不出名字[12]的，一色[13]雪白。匆匆过往的行人纷纷止步，把钱投进这些老人身旁的白色木箱内，然后向他们微微鞠躬[14]，从他们手中接过一朵花。我看了一会儿，有人投一两元，有人投几百元，还有人掏出支票填好后投进木箱。那些老军人毫不注意人们捐多少钱，一直不//停地向人们低声道谢。同行[15]的朋友告诉我，这是为纪念二次大战中参战的勇士，募捐救济残废军人和烈士遗孀[16]，每年一次；认捐的人可谓踊跃[17]，而且秩序井然，气氛[18]庄严。有些地方，人们还耐心地排着队。我想，这是因为他们都知道：正是这些老人们的流血[19]牺牲换来了包括他们信仰自由在内的许许多多。

我两次把那微不足道[20]的一点儿钱捧给他们，只想对他们说声"谢谢"。

节选自青白《捐诚》

作品 22 号
语音提示

1. 缕 lǚ
2. 袭 xí
3. 乘 chéng
4. 姗姗 shānshān
5. 翅膀 chìbǎng
6. 盘旋 pánxuán
7. 噗啦 pūlā
8. 撵 niǎn
9. 结成 jiéchéng
10. 啄 zhuó
11. 搭铺 dāpù
12. 塑料 sùliào
13. 笃厚 dǔhòu
14. 舷窗 xiánchuāng
15. 敞开 chǎngkāi
16. 啊 nga
17. 嘤嘤 yīngyīng
18. 淙淙 cóngcóng
19. 悭吝 qiānlìn
20. 哺育 bǔyù
21. 色调 sèdiào
22. 爱不释手 àibú-shìshǒu
23. 憔悴 qiáocuì
24. 啊 ra
25. 归宿 guīsù
26. 啊 nga
27. 哪儿 nǎr
28. 胳膊 gēbo
29. 人们 rénmen

没有一片绿叶，没有一缕[1]炊烟，没有一粒泥土，没有一丝花香，只有水的世界，云的海洋。

一阵台风袭[2]过，一只孤单的小鸟无家可归，落到被卷到洋里的木板上，乘[3]流而下，姗姗[4]而来，近了，近了！……

忽然，小鸟张开翅膀[5]，在人们头顶盘旋[6]了几圈儿，"噗啦[7]"一声落到了船上。许是累了？还是发现了"新大陆"？水手撵[8]它它不走，抓它，它乖乖地落在掌心。可爱的小鸟和善良的水手结成[9]了朋友。

瞧，它多美丽，娇巧的小嘴，啄[10]理着绿色的羽毛，鸭子样的扁脚，呈现出春草的鹅黄。水手们把它带到舱里，给它"搭铺[11]"，让它在船上安家落户，每天，把分到的一塑料[12]筒淡水匀给它喝，把从祖国带来的鲜美的鱼肉分给它吃，天长日久，小鸟和水手的感情日趋笃厚[13]。清晨，当第一束阳光射进舷窗[14]时，它便敞开[15]美丽的歌喉，唱啊[16]唱，嘤嘤[17]有韵，宛如春水淙淙[18]。人类给它以生命，它毫不悭吝[19]地把自己的艺术青春奉献给了哺育[20]它的人。可能都是这样？艺术家们的青春只会献给尊敬他们的人。

小鸟给远航生活蒙上了一层浪漫色调[21]，返航时，人们爱不释手[22]，恋恋不舍地想把它带到异乡。可小鸟憔悴[23]了，给水，不喝！喂肉，不吃！油亮的羽毛失去了光泽。是啊[24]，我//们有自己的祖国，小鸟也有它的归宿[25]，人和动物都是一样啊[26]，哪儿[27]也不如故乡好！

慈爱的水手们决定放开它，让它回到大海的摇篮去，回到蓝色的故乡去。离别前，这个大自然的朋友与水手们留影纪念。它站在许多人的头上，肩上，掌上，胳膊[28]上，与喂养过它的人们[29]，一起融进那蓝色的画面……

节选自王文杰《可爱的小鸟》

作品 23 号

语音提示

1. 小心翼翼 xiǎoxīn-yìyì　　2. 惊讶 jīngyà
3. 犯得着 fàndezháo　　　　4. 供 gōng
5. 挨 ái　　　　　　　　　　6. 宁愿 nìngyuàn
7. 施舍 shīshě

纽约的冬天常有大风雪，扑面的雪花不但令人难以睁开眼睛，甚至呼吸都会吸入冰冷的雪花。有时前一天晚上还是一片晴朗，第二天拉开窗帘，却已经积雪盈尺，连门都推不开了。

遇到这样的情况，公司、商店常会停止上班，学校也通过广播，宣布停课。但令人不解的是，惟有公立小学，仍然开放。只见黄色的校车，艰难地在路边接孩子，老师则一大早就口中喷着热气，铲去车子前后的积雪，小心翼翼[1]地开车去学校。

据统计，十年来纽约的公立小学只因为超级暴风雪停过七次课。这是多么令人惊讶[2]的事。犯得着[3]在大人都无须上班的时候让孩子去学校吗？小学的老师也太倒霉了吧？

于是，每逢大雪而小学不停课时，都有家长打电话去骂。妙的是，每个打电话的人，反应全一样——先是怒气冲冲地责问，然后满口道歉，最后笑容满面地挂上电话。原因是，学校告诉家长：

在纽约有许多百万富翁，但也有不少贫困的家庭。后者白天开不起暖气，供[4]不起午餐，孩子的营养全靠学校里免费的中饭，甚至可以多拿些回家当晚餐。学校停课一天，穷孩子就受一天冻，挨[5]一天饿，所以老师们宁愿[6]自己苦一点儿，也不能停课。//

或许有家长会说：何不让富裕的孩子在家里，让贫穷的孩子去学校享受暖气和营养午餐呢?

学校的答复是:我们不愿让那些穷苦的孩子感到他们是在接受救济,因为施舍[7]的最高原则是保持受施者的尊严。

节选自(台湾)刘墉《课不能停》

作品 24 号
语音提示

1. 瞬间 shùnjiān　　2. 熟悉 shúxī　　3. 奈良 Nàiliáng
4. 角落 jiǎoluò　　5. 为之 wèizhī　　6. 友谊 yǒuyì
7. 累累 léiléi　　8. 成熟 chéngshú　　9. 禁不住 jīnbúzhù
10. 结识 jiéshí　　11. 用得着 yòngdezháo　　12. 缅怀 miǎnhuái
13. 瞩望 zhǔwàng

十年,在历史上不过是一瞬间[1]。只要稍加注意,人们就会发现:在这一瞬间里,各种事物都悄悄经历了自己的千变万化。

这次重新访日,我处处感到亲切和熟悉[2],也在许多方面发觉了日本的变化。就拿奈良[3]的一个角落[4]来说吧,我重游了为之[5]感受很深的唐招提寺,在寺内各处匆匆走了一遍,庭院依旧,但意想不到还看到了一些新的东西。其中之一,就是近几年从中国移植来的"友谊[6]之莲"。

在存放鉴真遗像的那个院子里,几株中国莲昂然挺立,翠绿的宽大荷叶正迎风而舞,显得十分愉快。开花的季节已过,荷花朵朵已变为莲蓬累累[7]。莲子的颜色正在由青转紫,看来已经成熟[8]了。

我禁不住[9]想:"因"已转化为"果"。

中国的莲花开在日本,日本的樱花开在中国,这不是偶然。我希望这样一种盛况延续不衰。可能有人不欣赏花,但决不会有人欣赏落在自己面前的炮弹。

在这些日子里,我看到了不少多年不见的老朋友,又结识[10]了一些新朋友。大家喜欢涉及的话题之一,就是古长安和古奈良。那还用得着[11]问吗,朋友们缅怀[12]过去,正是瞩望[13]未来。瞩目于未来的人们必将获得未来。

我不例外,也希望一个美好的未来。

为//了中日人民之间的友谊,我将不浪费今后生命的每一瞬间。

节选自严文井《莲花和樱花》

作品 25 号
语音提示

1. 揪 jiū　　2. 鞠躬 jūgōng　　3. 石穹门 shíqióngmén
4. 瀑布 pùbù　　5. 襟袖 jīnxiù　　6. 啊 nga
7. 觉着 juézhe　　8. 铺 pū　　9. 着实 zhuóshí
10. 皱缬 zhòuxié　　11. 尘滓 chénzǐ　　12. 宛然 wǎnrán

13. 什刹海 Shíchàhǎi   14. 拂地 fúdì   15. 虎跑 hǔpáo
16. 丛叠 cóngdié   17. 比拟 bǐnǐ   18. 蕴蓄 yùnxù
19. 蔚蓝 wèilán   20. 啊 na   21. 轻盈 qīngyíng
22. 挹 yì   23. 明眸 míngmóu   24. 善睐 shànlà
25. 舍不得 shěbude   26. 舍得 shěde   27. 抚摩 fǔmó
28. 姑娘 gūniang   29. 掬 jū   30. 名字 míngzi
31. 不禁 bùjīn   32. 惊诧 jīngchà

梅雨潭闪闪的绿色招引着我们,我们开始追捉她那离合的神光了。揪[1]着草,攀着乱石,小心探身下去,又鞠躬[2]过了一个石穹门[3],便到了汪汪一碧的潭边了。

瀑布[4]在襟袖[5]之间,但是我的心中已没有瀑布了。我的心随潭水的绿而摇荡。那醉人的绿呀!仿佛一张极大极大的荷叶铺着,满是奇异的绿呀。我想张开两臂抱住她,但这是怎样一个妄想啊[6]。

站在水边,望到那面,居然觉着[7]有些远呢!这平铺[8]着、厚积着的绿,着实[9]可爱。她松松地皱缬[10]着,像少妇拖着的裙幅;她滑滑的明亮着,像涂了"明油"一般,有鸡蛋清那样软,那样嫩;她又不杂些尘滓[11],宛然[12]一块温润的碧玉,只清清的一色——但你却看不透她!

我曾见过北京什刹海[13]拂地[14]的绿杨,脱不了鹅黄的底子,似乎太淡了。我又曾见过杭州虎跑[15]寺近旁高峻而深密的"绿壁",丛叠[16]着无穷的碧草与绿叶的,那又似乎太浓了。其余呢,西湖的波太明了,秦淮河的也太暗了。可爱的,我将什么来比拟[17]你呢?我怎么比拟得出呢?大约潭是很深的,故能蕴蓄[18]着这样奇异的绿;仿佛蔚蓝[19]的天融了一块在里面似的,这才这般的鲜润啊[20]。

那醉人的绿呀!我若能裁你以为带,我将赠给那轻盈[21]的//舞女,她必能临风飘举了。我若能挹[22]你以为眼,我将赠给那善歌的盲妹,她必明眸[23]善睐[24]了。我舍不得[25]你,我怎舍得[26]你呢?我用手拍着你,抚摩[27]着你,如同一个十二三岁的小姑娘[28]。我又掬[29]你入口,便是吻着她了。我送你一个名字[30],我从此叫你"女儿绿",好吗?

第二次到仙岩的时候,我不禁[31]惊诧[32]于梅雨潭的绿了。

节选自朱自清《绿》

作品26号

语音提示

1. 空地 kòngdì   2. 买种 mǎizhǒng   3. 播种 bōzhǒng
4. 尝尝 chángchang   5. 晚上 wǎnshang   6. 姐姐 jiějie
7. 哥哥 gēge   8. 价钱 jià·qián   9. 便宜 piányi
10. 喜欢 xǐhuan   11. 桃子 táozi   12. 石榴 shíliu
13. 枝头 zhītóu   14. 成熟 chéngshú   15. 分辨 fēnbiàn

我们家的后园有半亩空地[1],母亲说:"让它荒着怪可惜的,你们那么爱吃花生,就开辟出来种花生吧。"我们姐弟几个都很高兴,买种[2],翻地,播种[3],浇水,没过几个月,居然收获了。

母亲说:"今晚我们过一个收获节,请你们父亲也来尝尝[4]我们的新花生,好不好?"我们都说好。母亲把花生做成了好几样食品,还吩咐就在后园的茅亭里过这个节。

晚上[5]天色不太好,可是父亲也来了,实在很难得。

父亲说:"你们爱吃花生吗?"

我们争着答应:"爱!"

"谁能把花生的好处说出来?"

姐姐[6]说:"花生的味美。"

哥哥[7]说:"花生可以榨油。"

我说:"花生的价钱[8]便宜[9],谁都可以买来吃,都喜欢[10]吃。这就是它的好处。"

父亲说:"花生的好处很多,有一样最可贵:它的果实埋在地里,不像桃子[11]、石榴[12]、苹果那样,把鲜红嫩绿的果实高高地挂在枝头[13]上,使人一见就生爱慕之心。你们看它矮矮地长在地上,等到成熟[14]了,也不能立刻分辨[15]出来它有没有果实,必须挖出来才知道。"

我们都说是,母亲也点点头。

父亲接下去说:"所以你们要像花生,它虽然不好看,可是很有用,不是外表好看而没有实用的东西。"

我说:"那么,人要做有用的人,不要做只讲体面,而对别人没有好处的人了。"//

父亲说:"对。这是我对你们的希望。"

我们谈到夜深才散。花生做的食品都吃完了,父亲的话却深深地印在我的心上。

节选自许地山《落花生》

作品 27 号

语音提示

1. 蹑足潜行 nièzú-qiánxíng
2. 嗅 xiù
3. 桦 huà
4. 巢 cháo
5. 翅膀 chìbǎng
6. 凄惨 qīcǎn
7. 露 lòu
8. 战栗 zhànlì
9. 嘶哑 sīyǎ
10. 庞大 pángdà
11. 啊 wa
12. 惊慌失措 jīnghuāng-shīcuò
13. 崇敬 chóngjìng
14. 啊 ra
15. 鸟儿 niǎor

我打猎归来,沿着花园的林阴路走着。狗跑在我前边。

突然,狗放慢脚步,蹑足潜行[1],好像嗅[2]到了前边有什么野物。

我顺着林阴路望去,看见了一只嘴边还带黄色、头上生着柔毛的小麻雀。风猛烈地吹打着林阴路上的白桦[3]树,麻雀从巢[4]里跌落下来,呆呆地伏在地上,孤立无援地张开两只羽毛还未丰满的小翅膀[5]。

我的狗慢慢向它靠近。忽然,从附近一棵树上飞下一只黑胸脯的老麻雀,像一颗石子似的落到狗的跟前。老麻雀全身倒竖着羽毛,惊恐万状,发出绝望、凄惨[6]的叫声,接着向露[7]出牙齿、大张着的狗嘴扑去。

老麻雀是猛扑下来救护幼雀的。它用身体掩护着自己的幼儿……但它整个小小的身体因恐怖而战栗[8]着,它小小的声音也变得粗暴嘶哑[9],它在牺牲自己!

在它看来,狗该是多么庞大[10]的怪物啊[11]!然而,它还是不能站在自己高高的、安全的树枝上……一种比它的理智更强烈的力量,使它从那儿扑下身来。

我的狗站住了,向后退了退……看来,它也感到了这种力量。

我赶紧唤住惊慌失措[12]的狗,然后我怀着崇敬[13]的心情,走开了。

是啊[14],请不要见笑。我崇敬那只小小的、英勇的鸟儿[15],我崇敬它那种爱的冲动和力量。

爱,我想,比//死和死的恐惧更强大。只有依靠它,依靠这种爱,生命才能维持下去,发展下去。

节选自[俄]屠格涅夫《麻雀》,巴金译

作品 28 号
语音提示

1. 孤寂 gūjì
2. 奔 bēn
3. 苍蝇 cāngying
4. 背 bèi
5. 循 xún
6. 削 xiāo
7. 小家伙儿 xiǎojiāhuor
8. 怯生生 qièshēngshēng
9. 角色 juésè
10. 先生 xiānsheng
11. 乡下 xiāngxia
12. 男孩儿 nánháir

那年我六岁。离我家仅一箭之遥的小山坡旁,有一个早已被废弃的采石场,双亲从来不准我去那儿,其实那儿风景十分迷人。

一个夏季的下午,我随着一群小伙伴偷偷上那儿去了。就在我们穿越了一条孤寂[1]的小路后,他们却把我一个人留在原地,然后奔[2]向"更危险的地带"了。

等他们走后,我惊慌失措地发现,再也找不到要回家的那条孤寂的小道了。像只无头的苍蝇[3],我到处乱钻,衣裤上挂满了芒刺。太阳已经落山,而此时此刻,家里一定开始吃晚餐了,双亲正盼着我回家……想着想着,我不由得背[4]靠着一棵树,伤心地呜呜大哭起来……

突然,不远处传来了声声柳笛。我像找到了救星,急忙循[5]声走去。一条小道边的树桩上坐着一位吹笛人,手里还正削[6]着什么。走近细看,他不就是被大家称为"乡巴佬儿"的卡廷吗?

"你好,小家伙儿[7],"卡廷说,"看天气多美,你是出来散步的吧?"

我怯生生[8]地点点头,答道:"我要回家了。"

"请耐心等上几分钟,"卡廷说,"瞧,我正在削一支柳笛,差不多就要做好了,完工后就送给你吧!"

卡廷边削边不时把尚未成形的柳笛放在嘴里试吹一下。没过多久,一支柳笛便递到我手中。我俩在一阵阵清脆悦耳的笛音//中,踏上了归途……

当时,我心中只充满感激,而今天,当我自己也成了祖父时,却突然领悟到他用心之良苦!那天当他听到我的哭声时,便判定我一定迷了路,但他并不想在孩子面前扮演"救星"的角色[9],于是吹响柳笛以便让我能发现他,并跟着他走出困境!就这样,卡廷先生[10]以乡下[11]人的纯朴,保护了一个小男孩儿[12]强烈的自尊。

节选自唐若水译《迷途笛音》

作品 29 号
语音提示

1. 浩瀚无垠 hàohàn-wúyín
2. 敦煌 Dūnhuáng
3. 窟 kū
4. 三危山 Sānwēi Shān
5. 麓 lù
6. 凿 záo
7. 塑像 sùxiàng
8. 菩萨 pú·sà
9. 威风凛凛 wēifēng-lǐnlǐn
10. 奏乐 zòuyuè
11. 挎 kuà
12. 弹 tán
13. 琵琶 pí·pá
14. 弦 xián
15. 倒悬 dàoxuán
16. 漂拂 piāofú
17. 翩翩 piānpiān
18. 经卷 jīngjuàn
19. 帛画 bóhuà

在浩瀚无垠[1]的沙漠里,有一片美丽的绿洲,绿洲里藏着一颗闪光的珍珠。这颗珍珠就是敦煌[2]莫高窟[3]。它坐落在我国甘肃省敦煌市三危山[4]和鸣沙山的怀抱中。

鸣沙山东麓[5]是平均高度为十七米的崖壁。在一千六百多米长的崖壁上,凿[6]有大小洞窟七百余个,形成了规模宏伟的石窟群。其中四百九十二个洞窟中,共有彩色塑像[7]两千一百余尊,各种壁画共四万五千多平方米。莫高窟是我国古代无数艺术匠师留给人类的珍贵文化遗产。

莫高窟的彩塑,每一尊都是一件精美的艺术品。最大的有九层楼那么高,最小的还不如一个手掌大。这些彩塑个性鲜明,神态各异。有慈眉善目的菩萨[8],有威风凛凛[9]的天王,还有强壮勇猛的力士……

莫高窟壁画的内容丰富多彩,有的是描绘古代劳动人民打猎、捕鱼、耕田、收割的情景,有的是描绘人们奏乐[10]、舞蹈、演杂技的场面,还有的是描绘大自然的美丽风光。其中最引人注目的是飞天。壁画上的飞天,有的臂挎[11]花篮,采摘鲜花;有的反弹[12]琵琶[13],轻拨银弦[14];有的倒悬[15]身子,自天而降;有的彩带飘拂[16],漫天遨游;有的舒展着双臂,翩翩[17]起舞。看着这些精美动人的壁画,就像走进了//灿烂辉煌的艺术殿堂。

莫高窟里还有一个面积不大的洞窟——藏经洞。洞里曾藏有我国古代的各种经卷[18]、文书、帛画[19]、刺绣、铜像等共六万多件。由于清朝政府腐败无能,大量珍贵的文物被外国强盗掠走。仅存的部分经卷,现在陈列于北京故宫等处。

莫高窟是举世闻名的艺术宝库。这里的每一尊彩塑、每一幅壁画、每一件文物,都是中国古代人民智慧的结晶。

节选自小学《语文》第六册中《莫高窟》

作品 30 号
语音提示

1. 牡丹 mǔ·dān
2. 膜拜 móbài
3. 目睹 mùdǔ
4. 为 wèi
5. 坠落 zhuìluò
6. 铺撒 pūsǎ
7. 绚丽 xuànlì
8. 低吟 dīyín
9. 烁 shuò
10. 萎顿 wěidùn
11. 消遁 xiāodùn
12. 吝惜 lìnxī
13. 即使 jíshǐ
14. 惊心动魄 jīngxīn-dòngpò
15. 任凭 rènpíng
16. 扫兴 sǎoxìng
17. 诅咒 zǔzhòu
18. 安之若素 ānzhī-ruòsù
19. 苟且 góuqiě
20. 妥协 tuǒxié
21. 媚俗 mèisú
22. 络绎不绝 luòyì-bùjué
23. 贬谪 biǎnzhé
24. 差 chā
25. 花 huā'ér
26. 卓尔不群 zhuó'ěr-bùqún
27. 漠视 mòshì

其实你在很久以前并不喜欢牡丹[1]，因为它总被人作为富贵膜拜[2]。后来你目睹[3]了一次牡丹的落花，你相信所有的人都会为[4]之感动：一阵清风徐来，娇艳鲜嫩的盛期牡丹忽然整朵整朵地坠落[5]，铺撒[6]一地绚丽[7]的花瓣。那花瓣落地时依然鲜艳夺目，如同一只奉上祭坛的大鸟脱落的羽毛，低吟[8]着壮烈的悲歌离去。

牡丹没有花谢花败之时，要么烁[9]于枝头，要么归于泥土，它跨越萎顿[10]和衰老，由青春而死亡，由美丽而消遁[11]。它虽美却不吝惜[12]生命，即使[13]告别也要展示给人最后一次的惊心动魄[14]。

所以在这阴冷的四月里，奇迹不会发生。任凭[15]游人扫兴[16]和诅咒[17]，牡丹依然安之若素[18]。它不苟且[19]、不俯就、不妥协[20]、不媚俗[21]，甘愿自己冷落自己。它遵循自己的花期自己的规律，它有权利为自己选择每年一度的盛大节日。它为什么不拒绝寒冷？

天南海北的看花人，依然络绎不绝[22]地涌入洛阳城。人们不会因牡丹的拒绝而拒绝它的美。如果它再被贬谪[23]十次，也许它就会繁衍出十个洛阳牡丹城。

于是你在无言的遗憾中感悟到，富贵与高贵只是一字之差[24]。同人一样，花儿[25]也是有灵性的，更有品位之高低。品位这东西为气为魂为//筋骨为神韵，只可意会。你叹服牡丹卓尔不群[26]之姿，方知品位是多么容易被世人忽略或是漠视[27]的美。

节选自张抗抗《牡丹的拒绝》

作品31号

语音提示

1. 涵养 hányǎng
2. 农谚 nóngyàn
3. 提供 tígōng
4. 卓著 zhuózhù
5. 调度 diàodù
6. 飓风 jùfēng
7. 循环 xúnhuán
8. 洪涝 hónglào
9. 抑制 yìzhì

森林涵养[1]水源，保持水土，防止水旱灾害的作用非常大。据专家测算，一片十万亩面积的森林，相当于一个两百万立方米的水库，这正如农谚[2]所说的："山上多栽树，等于修水库。雨多它能吞，雨少它能吐。"

说起森林的功劳，那还多得很。它除了为人类提供[3]木材及许多种生产、生活的原料之外，在维护生态环境方面也是功劳卓著[4]。它用另一种"能吞能吐"的特殊功能孕育了人类。因为地球在形成之初，大气中的二氧化碳含量很高，氧气很少，气温也高，生物是难以生存的。大约在四亿年之前，陆地才产生了森林。森林慢慢将大气中的二氧化碳吸收，同时吐出新鲜氧气，调节气温：这才具备了人类生存的条件，地球上才最终有了人类。

森林，是地球生态系统的主体，是大自然的总调度[5]室，是地球的绿色之肺。森林维护地球生态环境的这种"能吞能吐"的特殊功能是其他任何物体都不能取代的。然而，由于地球上的燃烧物增多，二氧化碳的排放量急剧增加，使得地球生态环境急剧恶化，主要表现为全球气候变暖，水分蒸发加快，改变了气流的循环[6]，使气候变化加剧，从而引发热浪、飓风[7]、暴雨、洪涝[8]及干旱。

为了//使地球的这个"能吞能吐"的绿色之肺恢复健壮，以改善生态环境，抑制[9]全球变暖，减少水旱等自然灾害，我们应该大力造林、护林，使每一座荒山都绿起来。

节选自《中考语文课外阅读试题精选》中《"能吞能吐"的森林》

作品32号

语音提示

1. 寻常 xúncháng
2. 酿制 niàngzhì
3. 泡菜 pàocài
4. 倒 dào
5. 琐事 suǒshì
6. 契合 qìhé
7. 惊骇 jīnghài
8. 欢天喜地 huāntiān-xǐdì
9. 年少 niánshào
10. 差不多 chàbuduō
11. 循循善诱 xúnxún-shànyòu
12. 挣脱 zhèngtuō
13. 束缚 shùfù
14. 在乎 zàihu
15. 诋毁 díhuǐ
16. 舒坦 shūtan
17. 乌桕 wūjiù
18. 相属 xiāngzhǔ
19. 过 guò
20. 聚散 jùsàn
21. 温馨 wēnxīn
22. 欢喜 huānxǐ

朋友即将远行。

暮春时节，又邀了几位朋友在家小聚。虽然都是极熟的朋友，却是终年难得一见，偶尔电话里相遇，也无非是几句寻常[1]话。一锅小米稀饭，一碟大头菜，一盘自家酿制[2]的泡菜[3]，一只巷口买回的烤鸭，简简单单，不像请客，倒[4]像家人团聚。

　　其实，友情也好，爱情也好，久而久之都会转化为亲情。

　　说也奇怪，和新朋友会谈文学、谈哲学、谈人生道理等等，和老朋友却只话家常，柴米油盐，细细碎碎，种种琐事[5]。很多时候，心灵的契合[6]已经不需要太多的言语来表达。

　　朋友新烫了个头，不敢回家见母亲，恐怕惊骇[7]了老人家，却欢天喜地[8]来见我们，老朋友颇能以一种趣味性的眼光欣赏这个改变。

　　年少[9]的时候，我们差不多[10]都在为别人而活，为苦口婆心的父母活，为循循善诱[11]的师长活，为许多观念、许多传统的约束力而活。年岁逐增，渐渐挣脱[12]外在的限制与束缚[13]，开始懂得为自己活，照自己的方式做一些自己喜欢的事，不在乎[14]别人的批评意见，不在乎别人的诋毁[15]流言，只在乎那一份随心所欲的舒坦[16]自然。偶尔，也能够纵容自己放浪一下，并且有一种恶作剧的窃喜。

　　就让生命顺其自然，水到渠成吧，犹如窗前的//乌桕[17]，自生自落之间，自有一份圆融丰满的喜悦。春雨轻轻落着，没有诗，没有酒，有的只是一份相知相属[18]的自在自得。

　　夜色在笑语中渐渐沉落，朋友起身告辞，没有挽留，没有送别，甚至也没有问归期。

　　已经过[19]了大喜大悲的岁月，已经过了伤感流泪的年华，知道了聚散[20]原来是这样的自然和顺理成章，懂得这点，便懂得珍惜每一次相聚的温馨[21]，离别便也欢喜[22]。

　　　　　　　　　　　　　　　　　　节选自（台湾）杏林子《朋友和其他》

作品33号
语音提示

1. 妻子 qī·zǐ　　　　2. 儿子 érzi　　　　3. 铺 pū
4. 小家伙 xiǎojiāhuo　5. 分歧 fēnqí　　　6. 意思 yìsi
7. 霎时 shàshí　　　　8. 拆散 chāisàn　　9. 委屈 wěiqu
10. 主意 zhǔyi　　　　11. 尽头 jìntóu　　 12. 粼粼 línlín
13. 背 bēi　　　　　　14. 背 bèi

　　我们在田野散步：我，我的母亲，我的妻子[1]和儿子[2]。

　　母亲本不愿出来的。她老了，身体不好，走远一点儿就觉得很累。我说，正因为如此，才应该多走走。母亲信服地点点头，便去拿外套。她现在很听我的话，就像我小时候很听她的话一样。

　　这南方初春的田野，大块小块的新绿随意地铺[3]着，有的浓，有的淡，树上的嫩芽也密了，田里的冬水也咕咕地起着水泡。这一切都使人想着一样东西——生命。

　　我和母亲走在前面，我的妻子和儿子走在后面。小家伙[4]突然叫起来："前面是妈妈和儿子，后面也是妈妈和儿子。"我们都笑了。

　　后来发生了分歧[5]：母亲要走大路，大路平顺；我的儿子要走小路，小路有意思[6]。不过，一切都取决于我。我的母亲老了，她早已习惯听从她强壮的儿子；我的儿子还小，他还习惯听从他高大的父亲；妻子呢，在外面，她总是听我的。一霎时⁷我感到了责任的重大。我想找一个两全的办法，找不出；我想拆散⁸一家人，分成两路，各得其所，终不愿意。我决定委屈⁹儿子，因为我伴同他的时日还长。我说："走大路。"

但是母亲摸摸孙儿的小脑瓜，变了主意¹⁰："还是走小路吧。"她的眼随小路望去：那里有金色的菜花，两行整齐的桑树，//尽头¹¹一口水波粼粼¹²的鱼塘。"我走不过去的地方，你就背¹³着我。"母亲对我说。

这样，我们在阳光下，向着那菜花、桑树和鱼塘走去。到了一处，我蹲下来，背起了母亲；妻子也蹲下来，背起了儿子。我和妻子都是慢慢地，稳稳地，走得很仔细，好像我背¹⁴上的同她背上的加起来，就是整个世界。

节选自莫怀戚《散步》

作品 34 号
语音提示

1. 地壳 dìqiào
2. 地幔 dìmàn
3. 古籍 gǔjí
4. 海滨 hǎibīn
5. 濒临 bīnlín
6. 涨潮 zhǎngcháo
7. 湍 tuān
8. 漏斗 lòudǒu
9. 枉费心机 wǎngfèi-xīnjī
10. 结果 jiéguǒ
11. 稀释 xīshì
12. 没完没了 méiwán-méiliǎo

地球上是否真的存在"无底洞"？按说地球是圆的，由地壳¹、地幔²和地核三层组成，真正的"无底洞"是不应存在的，我们所看到的各种山洞、裂口、裂缝，甚至火山口也都只是地壳浅部的一种现象。然而中国一些古籍³却多次提到海外有个深奥莫测的无底洞。事实上地球上确实有这样一个"无底洞"。

它位于希腊亚各斯古城的海滨⁴。由于濒临⁵大海，大涨潮⁶时，汹涌的海水便会排山倒海般地涌入洞中，形成一股湍⁷湍的急流。据测，每天流入洞内的海水量达三万多吨。奇怪的是，如此大量的海水灌入洞中，却从来没有把洞灌满。曾有人怀疑，这个"无底洞"，会不会就像石灰岩地区的漏斗⁸、竖井、落水洞一类的地形。然而从二十世纪三十年代以来，人们就做了多种努力企图寻找它的出口，却都是枉费心机⁹。

为了揭开这个秘密，一九五八年美国地理学会派出一支考察队，他们把一种经久不变的带色染料溶解在海水中，观察染料是如何随着海水一起沉下去。接着又察看了附近海面以及岛上的各条河、湖，满怀希望地寻找这种带颜色的水，结果¹⁰令人失望。难道是海水量太大把有色水稀释¹¹得太淡，以致无法发现？//

至今谁也不知道为什么这里的海水会没完没了¹²地"漏"下去，这个"无底洞"的出口又在哪里，每天大量的海水究竟都流到哪里去了？

节选自罗伯特·罗威尔《神秘的"无底洞"》

作品35号
语音提示

1. 墓碑 mùbēi
2. 累 lěi
3. 为 wéi
4. 稀疏 xīshū
5. 栅栏 zhàlán
6. 好奇 hàoqí
7. 宁静 níngjìng
8. 禁锢 jìngù
9. 风儿 fēng'ér
10. 俯临 fǔlín
11. 飒飒 sàsà
12. 和暖 hénuǎn
13. 嬉戏 xīxì
14. 圭 guī
15. 恰恰 qiàqià
16. 心思 xīnsi
17. 奢华 shēhuá
18. 心弦 xīnxián
19. 安息地 ānxīdì

我在俄国见到的景物再没有比托尔斯泰墓更宏伟、更感人的。

完全按照托尔斯泰的愿望,他的坟墓成了世间最美的,给人印象最深刻的坟墓。它只是树林中的一个小小的长方形土丘,上面开满鲜花——没有十字架,没有墓碑[1],没有墓志铭,连托尔斯泰这个名字也没有。

这位比谁都感到受自己的声名所累[2]的伟人,却像偶尔被发现的流浪汉,不为[3]人知的士兵,不留名姓地被人埋葬了。谁都可以踏进他最后的安息地,围在四周稀疏[4]的木栅栏[5]是不关闭的——保护列夫·托尔斯泰得以安息的没有任何别的东西,惟有人们的敬意;而通常,人们却总是怀着好奇[6],去破坏伟人墓地的宁静[7]。

这里,逼人的朴素禁锢[8]住任何一种观赏的闲情,并且不容许你大声说话。风儿[9]俯临[10],在这座无名者之墓的树木之间飒飒[11]响着,和暖[12]的阳光在坟头嬉戏[13];冬天,白雪温柔地覆盖这片幽暗的圭[14]土地。无论你在夏天或冬天经过这儿,你都想象不到,这个小小的、隆起的长方体里安放着一位当代最伟大的人物。

然而,恰恰[15]是这座不留姓名的坟墓,比所有挖空心思[16]用大理石和奢华[17]装饰建造的坟墓更扣人心弦[18]。在今天这个特殊的日子//里,到他的安息地[19]来的成百上千人中间,没有一个有勇气,哪怕仅仅从这幽暗的土丘上摘下一朵花留作纪念。人们重新感到,世界上再没有比托尔斯泰最后留下的、这座纪念碑式的朴素坟墓,更打动人心的了。

节选自[奥]茨威格《世间最美的坟墓》,张仁厚译

作品36号
语音提示

1. 对称 duìchèn
2. 亭子 tíngzi
3. 比方 bǐfang
4. 池沼 chízhǎo
5. 堆叠 duīdié
6. 重峦叠嶂 chóngluán-diézhàng
7. 竹子 zhúzi
8. 匠师们 jiàngshīmen
9. 丘壑 qiūhè
10. 觉得 juéde
11. 宽敞 kuān·chǎng
12. 屈曲 qūqū
13. 玲珑 línglóng
14. 石头 shítou

我国的建筑,从古代的宫殿到近代的一般住房,绝大部分是对称¹的,左边怎么样,右边怎么样。苏州园林可绝不讲究对称,好像故意避免似的。东边有了一个亭子²或者一道回廊,西边决不会来一个同样的亭子或者一道同样的回廊。这是为什么？我想,用图画来比方³,对称的建筑是图案画,不是美术画,而园林是美术画,美术画要求自然之趣,是不讲究对称的。

　　苏州园林里都有假山和池沼⁴。

　　假山的堆叠⁵,可以说是一项艺术而不仅是技术。或者是重峦叠嶂⁶,或者是几座小山配合着竹子⁷花木,全在乎设计者和匠师们⁸生平多阅历,胸中有丘壑⁹,才能使游览者攀登的时候忘却苏州城市,只觉得¹⁰身在山间。

　　至于池沼,大多引用活水。有些园林池沼宽敞¹¹,就把池沼作为全园的中心,其他景物配合着布置。水面假如成河道模样,往往安排桥梁。假如安排两座以上的桥梁,那就一座一个样,决不雷同。

　　池沼或河道的边沿很少砌齐整的石岸,总是高低屈曲¹²任其自然。还在那儿布置几块玲珑¹³的石头¹⁴,或者种些花草。这也是为了取得从各个角度看都成一幅画的效果。池沼里养着金鱼或各色鲤鱼,夏秋季节荷花或睡莲开//放,游览者看"鱼戏莲叶间",又是入画的一景。

节选自叶圣陶《苏州园林》

作品37号
语音提示

1. 太太 tàitai
2. 穿着 chuānzhuó
3. 祥和 xiánghé
4. 兴奋 xīngfèn
5. 这么 zhème
6. 耶稣 Yēsū
7. 钉 dìng
8. 快乐 kuàilè
9. 澄明 chéngmíng
10. 胸襟 xiōngjīn
11. 磨难 mónàn
12. 从容 cóngróng
13. 浸泡 jìnpào
14. 占据 zhànjù

　　一位访美中国女作家,在纽约遇到一位卖花的老太太¹。老太太穿着²破旧,身体虚弱,但脸上的神情却是那样祥和³兴奋⁴。女作家挑了一朵花说:"看起来,你很高兴。"老太太面带微笑地说:"是的,一切都这么⁵美好,我为什么不高兴呢？""对烦恼,你倒真能看得开。"女作家又说了一句。没料到,老太太的回答更令女作家大吃一惊:"耶稣⁶在星期五被钉⁷上十字架时,是全世界最糟糕的一天,可三天后就是复活节。所以,当我遇到不幸时,就会等待三天,这样一切就恢复正常了。"

　　"等待三天",多么富于哲理的话语,多么乐观的生活方式。它把烦恼和痛苦抛下,全力去收获快乐⁸。

　　沈从文在"文革"期间,陷入了非人的境地。可他毫不在意,他在咸宁时给他的表侄、画家黄永玉写信说:"这里的荷花真好,你若来……"身陷苦难却仍为荷花的盛开欣喜赞叹不已,这是一种趋于澄明⁹的境界,一种旷达洒脱的胸襟¹⁰,一种面临磨难¹¹坦荡从容¹²的气度,一种对生活童子般的热爱和对美好事物无限向往的生命情感。

由此可见,影响一个人快乐的,有时并不是困境及磨难,而是一个人的心态。如果把自己浸泡¹³在积极、乐观、向上的心态中,快乐必然会//占据¹⁴你的每一天。

节选自《态度创造快乐》

作品38号
语音提示

1. 味儿 wèir
2. 寡淡 guǎdàn
3. 云彩丝儿 yúncaisīr
4. 想头 xiǎngtou
5. 倒 dào
6. 画卷 huàjuàn
7. 露 lòu
8. 山根 shāngēnr
9. 岱宗坊 Dàizōngfāng
10. 斗 dóu
11. 峪 yù
12. 不禁 bùjīn
13. 柏洞 bǎidòng
14. 露面 lòumiàn
15. 对峙 duìzhì
16. 卷 juàn

泰山极顶看日出,历来被描绘成十分壮观的奇景。有人说:登泰山而看不到日出,就像一出大戏没有戏眼,味儿¹终究有点寡淡²。

我去爬山那天,正赶上个难得的好天,万里长空,云彩丝儿³都不见,素常烟雾腾腾的山头,显得眉目分明。同伴们都欣喜地说:"明天早晨准可以看见日出了。"我也是抱着这种想头⁴,爬上山去。

一路从山脚往上爬,细看山景,我觉得挂在眼前的不是五岳独尊的泰山,却像一幅规模惊人的青绿山水画,从下面倒⁵展开来。在画卷⁶中最先露⁷出的是山根⁸底那座明朝建筑岱宗坊⁹,慢慢地便现出王母池、斗¹⁰母宫、经石峪¹¹。山是一层比一层深,一叠比一叠奇,层层叠叠,不知还会有多深多奇,万山丛中,时而点染着极其工细的人物。王母池旁的吕祖殿里有不少尊明塑,塑着吕洞宾等一些人,姿态神情是那样有生气,你看了,不禁¹²会脱口赞叹说:"活啦。"

画卷继续展开,绿荫森森的柏洞¹³露面¹⁴不太久,便来到对松山。两面奇峰对峙¹⁵着,满山峰都是奇形怪状的老松,年纪怕都上千岁了,颜色竟那么浓,浓得好像要流下来似的。来到这儿,你不妨权当一次画里的写意人物,坐在路旁的对松亭里,看看山色,听听流//水和松涛。

一时间,我又觉得自己不仅是在看画卷,却又像是在零零乱乱翻着一卷¹⁶历史稿本。

节选自杨朔《泰山极顶》

作品39号
语音提示

1. 陶行知 Táo Xíngzhī
2. 当即 dāngjí
3. 喝止 hèzhǐ
4. 好好 hǎohǎo/hǎohāor
5. 挨 ái
6. 塞 sāi
7. 啊 ya
8. 啊 ya
9. 为 wèi

育才小学校长陶行知¹在校园看到学生王友用泥块砸自己班上的同学,陶行知当即²

喝止³了他,并令他放学后到校长室去。无疑,陶行知是要好好⁴教育这个"顽皮"的学生。那么他是如何教育的呢?

放学后,陶行知来到校长室,王友已经等在门口准备挨⁵训了。可一见面,陶行知却掏出一块糖果送给王友,并说:"这是奖给你的,因为你按时来到这里,而我却迟到了。"王友惊疑地接过糖果。

随后,陶行知又掏出一块糖果放到他手里,说:"这第二块糖果也是奖给你的,因为当我不让你再打人时,你立即就住手了,这说明你很尊重我,我应该奖你。"王友更惊疑了,他眼睛睁得大大的。

陶行知又掏出第三块糖果塞⁶到王友手里,说:"我调查过了,你用泥块砸那些男生,是因为他们不守游戏规则,欺负女生;你砸他们,说明你很正直善良,且有批评不良行为的勇气,应该奖励你啊⁷!"王友感动极了,他流着眼泪后悔地喊道:"陶……陶校长你打我两下吧!我砸的不是坏人,而是自己的同学啊⁸……"

陶行知满意地笑了,他随即掏出第四块糖果递给王友,说:"为⁹你正确地认识错误,我再奖给你一块糖果,只可惜我只有这一块糖果了。我的糖果//没有了,我看我们的谈话也该结束了吧!"说完,就走出了校长室。

节选自《教师博览·百期精华》中《陶行知的"四块糖果"》

作品40号
语音提示

1. 孪生 luánshēng
2. 傍 bàng
3. 南辕北辙 nányuán-běizhé
4. 震颤 zhènchàn
5. 频率 pínlǜ
6. 鬃毛 zōngmáo
7. 露水 lùshuǐ
8. 散发 sànfā
9. 步履 bùlǚ
10. 瞻前顾后 zhānqián-gùhòu
11. 瘟疫 wēnyì
12. 征兆 zhēngzhào
13. 节制 jiézhì
14. 甘霖 gānlín
15. 拧 nǐng
16. 真谛 zhēndì
17. 喧嚣 xuānxiāo
18. 相濡以沫 xiāngrú-yǐmò
19. 粗糙 cūcāo
20. 啊 wa
21. 缀 zhuì
22. 熠熠 yìyì

享受幸福是需要学习的,当它即将来临的时刻需要提醒。人可以自然而然地学会感官的享乐,却无法天生地掌握幸福的韵律。灵魂的快意同器官的舒适像一对孪生¹兄弟,时而相傍²相依,时而南辕北辙³。

幸福是一种心灵的震颤⁴。它像会倾听音乐的耳朵一样,需要不断地训练。

简而言之,幸福就是没有痛苦的时刻。它出现的频率⁵并不像我们想象的那样少。人们常常只是在幸福的金马车已经驶过去很远时,才拣起地上的金鬃毛⁶说,原来我见过它。人们喜爱回味幸福的标本,却忽略它披着露水⁷散发⁸清香的时刻。那时候我们往往步履⁹匆匆,瞻前顾后¹⁰不知在忙着什么。

世上有预报台风的,有预报蝗灾的,有预报瘟疫¹¹的,有预报地震的。没有人预报幸福。

其实幸福和世界万物一样,有它的征兆¹²。

幸福常常是朦胧的,很有节制¹³地向我们喷洒甘霖¹⁴。你不要总希望轰轰烈烈的幸福,它多半只是悄悄地扑面而来。你也不要企图把水龙头拧¹⁵得更大,那样它会很快地流失。你需要静静地以平和之心,体验它的真谛¹⁶。

幸福绝大多数是朴素的。它不会像信号弹似的,在很高的天际闪烁红色的光芒。它披着本色的外衣,亲//切温暖地包裹起我们。

幸福不喜欢喧嚣¹⁷浮华,它常常在暗淡中降临。贫困中相濡以沫¹⁸的一块糕饼,患难中心心相印的一个眼神,父亲一次粗糙¹⁹的抚摸,女友一张温馨的字条……这都是千金难买的幸福啊²⁰。像一粒粒缀²¹在旧绸子上的红宝石,在凄凉中愈发熠熠²²夺目。

节选自毕淑敏《提醒幸福》

作品41号

语音提示

1. 贫民窟 pínmínkū   2. 壳 kér   3. 胡同 hútòngr
4. 空地 kòngdì   5. 干涸 gānhé   6. 膀胱 pángguāng
7. 卖劲 màijìnr   8. 圣诞 Shèngdàn   9. 祈祷 qídǎo
10. 别墅 biéshù   11. 脸蛋儿 liǎndànr   12. 场 chǎng
13. 为 wéi

在里约热内卢的一个贫民窟¹里,有一个男孩子,他非常喜欢足球,可是又买不起,于是就踢塑料盒,踢汽水瓶,踢从垃圾箱里拣来的椰子壳²。他在胡同³里踢,在能找到的任何一片空地⁴上踢。

有一天,当他在一处干涸⁵的水塘里猛踢一个猪膀胱⁶时,被一位足球教练看见了。他发现这个男孩儿踢得很像是那么回事,就主动提出要送给他一个足球。小男孩儿得到足球后踢得更卖劲⁷了。不久,他就能准确地把球踢进远处随意摆放的一个水桶里。

圣诞⁸节到了,孩子的妈妈说:"我们没有钱买圣诞礼物送给我们的恩人,就让我们为他祈祷⁹吧。"

小男孩儿跟随妈妈祈祷完毕,向妈妈要了一把铲子便跑了出去。他来到一座别墅¹⁰前的花园里,开始挖坑。

就在他快要挖好坑的时候,从别墅里走出一个人来,问小孩儿在干什么,孩子抬起满是汗珠的脸蛋儿¹¹,说:"教练,圣诞节到了,我没有礼物送给您,我愿给您的圣诞树挖一个树坑。"

教练把小男孩儿从树坑里拉上来,说,我今天得到了世界上最好的礼物。明天你就到我的训练场¹²去吧。

三年后,这位十七岁的男孩儿在第六届足球锦标赛上独进二十一球,为巴西第一次捧回了金杯。一个原来不//为¹³世人所知的名字——贝利,随之传遍世界。

节选自刘燕敏《天才的造就》

作品 42 号
语音提示

1. 亲戚 qīnqi
2. 称 chēng
3. 为 wéi
4. 摄取 shèqǔ
5. 胰岛素 yídǎosù
6. 隐瞒 yǐnmán
7. 疾痛 jítòng
8. 枕头 zhěntou
9. 抓挠 zhuānao
10. 赢得 yíngdé
11. 憧憬 chōngjǐng
12. 辗转 zhǎnzhuǎn
13. 转 zhuǎn
14. 绶带 shòudài
15. 招呼 zhāohu

记得我十三岁时,和母亲住在法国东南部的耐斯城。母亲没有丈夫,也没有亲戚¹,够清苦的,但她经常能拿出令人吃惊的东西,摆在我面前。她从来不吃肉,一再说自己是素食者。然而有一天,我发现母亲正仔细地用一小块碎面包擦那给我煎牛排用的油锅。我明白了她称²自己为³素食者的真正原因。

我十六岁时,母亲成了耐斯市美蒙旅馆的女经理。这时,她更忙碌了。一天,她瘫在椅子上,脸色苍白,嘴唇发灰。马上找来医生,做出诊断:她摄取⁴了过多的胰岛素⁵。直到这时我才知道母亲多年一直对我隐瞒⁶的疾痛⁷——糖尿病。

她的头歪向枕头⁸一边,痛苦地用手抓挠⁹胸口。床架上方,则挂着一枚我一九三二年赢得¹⁰耐斯市少年乒乓球冠军的银质奖章。

啊,是对我的美好前途的憧憬¹¹支撑着她活下去,为了给她那荒唐的梦至少加一点真实的色彩,我只能继续努力,与时间竞争,直至一九三八年我被征入空军。巴黎很快失陷,我辗转¹²调到英国皇家空军。刚到英国就接到了母亲的来信。这些信是由在瑞士的一个朋友秘密地转¹³到伦敦,送到我手中的。

现在我要回家了,胸前佩带着醒目的绿黑两色的解放十字绶//带¹⁴,上面挂着五六枚我终身难忘的勋章,肩上还佩带着军官肩章。到达旅馆时,没有一个人跟我打招呼¹⁵。原来,我母亲在三年半以前就已经离开人间了。

在她死前的几天中,她写了近二百五十封信,把这些信交给她在瑞士的朋友,请这个朋友定时寄给我。就这样,在母亲死后的三年半的时间里,我一直从她身上吸取着力量和勇气——这使我能够继续战斗到胜利那一天。

节选自[法]罗曼·加里《我的母亲独一无二》

作品 43 号
语音提示

1. 事情 shìqing
2. 天赋 tiānfù
3. 休息 xiūxi
4. 数 shù
5. 结 jié
6. 执着 zhízhuó
7. 相似 xiāngsì
8. 简陋 jiǎnlòu
9. 竭力 jiélì
10. 宁静 níngjìng
11. 盛名 shèngmíng
12. 拖累 tuōlěi

13. 奢望 shēwàng　　　14. 崭新 zhǎnxīn

生活对于任何人都非易事,我们必须有坚韧不拔的精神。最要紧的,还是我们自己要有信心。我们必须相信,我们对每一件事情¹都具有天赋²的才能,并且,无论付出任何代价,都要把这件事完成。当事情结束的时候,你要能问心无愧地说:"我已经尽我所能了。"

有一年的春天,我因病被迫在家里休息³数⁴周。我注视着我的女儿们所养的蚕正在结⁵茧,这使我很感兴趣。望着这些蚕执着⁶地、勤奋地工作,我感到我和它们非常相似⁷。像它们一样,我总是耐心地把自己的努力集中在一个目标上。我之所以如此,或许是因为有某种力量在鞭策着我——正如蚕被鞭策着去结茧一般。

近五十年来,我致力于科学研究,而研究,就是对真理的探讨。我有许多美好快乐的记忆。少女时期我在巴黎大学,孤独地过着求学的岁月;在后来献身科学的整个时期,我丈夫和我专心致志,像在梦幻中一般,坐在简陋⁸的书房里艰辛地研究,后来我们就在那里发现了镭。

我永远追求安静的工作和简单的家庭生活。为了实现这个理想,我竭力⁹保持宁静¹⁰的环境,以免受人事的干扰和盛名¹¹的拖累¹²。

我深信,在科学方面我们有对事业而不是//对财富的兴趣。我的惟一奢望¹³是在一个自由国家中,以一个自由学者的身份从事研究工作。

我一直沉醉于世界的优美之中,我所热爱的科学也不断增加它崭新¹⁴的远景。我认定科学本身就具有伟大的美。

节选自[波兰]玛丽·居里《我的信念》,剑捷译

作品 44 号

语音提示

1. 教书 jiāoshū　　　　　　2. 书籍 shūjí
3. 恰似 qiàsì　　　　　　　4. 推荐 tuījiàn
5. 冥顽不灵 míngwán-bùlíng　6. 炽爱 chì'ài

我为什么非要教书¹不可?是因为我喜欢当教师的时间安排表和生活节奏。七、八、九三个月给我提供了进行回顾、研究、写作的良机,并将三者有机融合,而善于回顾、研究和总结正是优秀教师素质中不可缺少的成分。

干这行给了我多种多样的"甘泉"去品尝,找优秀的书籍²去研读,到"象牙塔"和实际世界里去发现。教学工作给我提供了继续学习的时间保证,以及多种途径、机遇和挑战。

然而,我爱这一行的真正原因,是爱我的学生。学生们在我的眼前成长、变化。当教师意味着亲历"创造"过程的发生——恰似³亲手赋予一团泥土以生命,没有什么比目睹它开始呼吸更激动人心的了。

权利我也有了:我有权利去启发诱导,去激发智慧的火花,去问费心思考的问题,去赞扬回答的尝试,去推荐⁴书籍,去指点迷津。还有什么别的权利能与之相比呢?

而且,教书还给我金钱和权利之外的东西,那就是爱心。不仅有对学生的爱,对书籍

的爱,对知识的爱,还有教师才能感受到的对"特别"学生的爱。这些学生,有如冥顽不灵[5]的泥块,由于接受了老师的炽爱[6]才勃发了生机。

所以,我爱教书,还因为,在那些勃发生机的"特//别"学生身上,我有时发现自己和他们呼吸相通,忧乐与共。

节选自[美]彼得·基·贝得勒《我为什么当教师》

作品45号
语音提示
1. 广袤 guǎngmào　　　　　2. 暮鼓晨钟 mùgǔ-chénzhōng
3. 莫高窟 Mògāokū　　　　　4. 恢宏 huīhóng
5. 兵马俑 Bīngmǎyǒng　　　 6. 为 wéi
7. 瞩目 zhǔmù　　　　　　　8. 集萃 jícuì

中国西部我们通常是指黄河与秦岭相连一线以西,包括西北和西南的十二个省、市、自治区。这块广袤[1]的土地面积为五百四十六万平方公里,占国土总面积的百分之五十七;人口二点八亿,占全国总人口的百分之二十三。

西部是华夏文明的源头。华夏祖先的脚步是顺着水边走的:长江上游出土过元谋人牙齿化石,距今约一百七十万年;黄河中游出土过蓝田人头盖骨,距今约七十万年。这两处古人类都比距今约五十万年的北京猿人资格更老。

西部地区是华夏文明的重要发源地。秦皇汉武以后,东西方文化在这里交汇融合,从而有了丝绸之路的驼铃声声,佛院深寺的暮鼓晨钟[2]。敦煌莫高窟[3]是世界文化史上的一个奇迹,它在继承汉晋艺术传统的基础上,形成了自己兼收并蓄的恢宏[4]气度,展现出精美绝伦的艺术形式和博大精深的文化内涵。秦始皇兵马俑[5]、西夏王陵、楼兰古国、布达拉宫、三星堆、大足石刻等历史文化遗产,同样为[6]世界所瞩目[7],成为中华文化重要的象征。

西部地区又是少数民族及其文化的集萃[8]地,几乎包括了我国所有的少数民族。在一些偏远的少数民族地区,仍保留//了一些久远时代的艺术品种,成为珍贵的"活化石",如纳西古乐、戏曲、剪纸、刺绣、岩画等民间艺术和宗教艺术。特色鲜明、丰富多彩,犹如一个巨大的民族民间文化艺术宝库。

我们要充分重视和利用这些得天独厚的资源优势,建立良好的民族民间文化生态环境,为西部大开发做出贡献。

节选自《中考语文课外阅读试题精选》中《西部文化和西部开发》

作品46号
语音提示
1. 摸得着 mōdezháo　　　　2. 我们 wǒmen
3. 绚丽 xuànlì　　　　　　　4. 根脉 gēnmài
5. 挖掘 wājué　　　　　　　6. 形而上 xíng'ér shàng
7. 悲天悯人 bēitiān-mǐnrén　 8. 澄澈 chéngchè

9. 抹 mǒ   10. 归巢 guīcháo

  高兴,这是一种具体的被看得到摸得着[1]的事物所唤起的情绪。它是心理的,更是生理的。它容易来也容易去,谁也不应该对它视而不见失之交臂,谁也不应该总是做那些使自己不高兴也使旁人不高兴的事。让我们[2]说一件最容易做也最令人高兴的事吧,尊重你自己,也尊重别人,这是每一个人的权利,我还要说这是每一个人的义务。

  快乐,它是一种富有概括性的生存状态、工作状态。它几乎是先验的,它来自生命本身的活力,来自宇宙、地球和人间的吸引,它是世界的丰富、绚丽[3]、阔大、悠久的体现。快乐还是一种力量,是埋在地下的根脉[4]。消灭一个人的快乐比挖掘[5]掉一棵大树的根要难得多。

  欢欣,这是一种青春的、诗意的情感。它来自面向着未来伸开双臂奔跑的冲力,它来自一种轻松而又神秘、朦胧而又隐秘的激动,它是激情即将到来的预兆,它又是大雨过后的比下雨还要美妙得多也久远得多的回味……

  喜悦,它是一种带有形而上[6]色彩的修养和境界。与其说它是一种情绪,不如说它是一种智慧,一种超拔,一种悲天悯人[7]的宽容和理解,一种饱经沧桑的充实和自信,一种光明的理性,一种坚定//的成熟,一种战胜了烦恼和庸俗的清明澄澈[8]。它是一潭清水,它是一抹[9]朝霞,它是无边的平原,它是沉默的地平线。多一点儿、再多一点儿喜悦吧,它是翅膀,也是归巢[10]。它是一杯美酒,也是一朵永远开不败的莲花。

节选自王蒙《喜悦》

作品47号

语音提示

1. 湾仔 Wānzǎi   2. 热闹 rènao   3. 都 dōu
4. 商厦 shāngshà   5. 挪 nuó   6. 合同 hétong
7. 掏空 tāokōng   8. 堪称 kānchēng   9. 树干 shùgàn
10. 树冠 shùguān   11. 榕圃 róngpǔ

  在湾仔[1],香港最热闹[2]的地方,有一棵榕树,它是最贵的一棵树,不光在香港,在全世界,都[3]是最贵的。

  树,活的树,又不卖何言其贵?只因它老,它粗,是香港百年沧桑的活见证,香港人不忍看着它被砍伐,或者被移走,便跟要占用这片山坡的建筑者谈条件:可以在这儿建大楼盖商厦[4],但一不准砍树,二不准挪[5]树,必须把它原地精心养起来,成为香港闹市中的一景。太古大厦的建设者最后签了合同[6],占用这个大山坡建豪华商厦的先决条件是同意保护这棵老树。

  树长在半山坡上,计划将树下面的成千上万吨山石全部掏空[7]取走,腾出地方来盖楼,把树架在大楼上面,仿佛它原本是长在楼顶上似的。建设者就地造了一个直径十八米、深十米的大花盆,先固定好这棵老树,再在大花盆底下盖楼。光这一项就花了两千三百八十九万港币,堪称[8]是最昂贵的保护措施了。

太古大厦落成之后，人们可以乘滚动扶梯一次到位，来到太古大厦的顶层，出后门，那儿是一片自然景色。一棵大树出现在人们面前，树干[9]有一米半粗，树冠[10]直径足有二十多米，独木成林，非常壮观，形成一座以它为中心的小公园，取名叫"榕圃[11]"。树前面//插着铜牌，说明原由。此情此景，如不看铜牌的说明，绝对想不到巨树根底下还有一座宏伟的现代大楼。

节选自舒乙《香港：最贵的一棵树》

作品 48 号
语音提示

1. 渐渐 jiànjiàn
2. 面目 miànmù
3. 丫枝 yāzhī
4. 部分 bùfen
5. 簇 cù
6. 缝隙 fèngxì
7. 颤动 chàndòng
8. 泊 bó
9. 片刻 piànkè
10. 涨潮 zhǎngcháo
11. 翅膀 chìbǎng

我们的船渐渐[1]地逼近榕树了。我有机会看清它的真面目[2]：是一棵大树，有数不清的丫枝[3]，枝上又生根，有许多根一直垂到地上，伸进泥土里。一部分[4]树枝垂到水面，从远处看，就像一棵大树斜躺在水面上一样。

现在正是枝繁叶茂的时节。这棵榕树好像在把它的全部生命力展示给我们看。那么多的绿叶，一簇[5]堆在另一簇的上面，不留一点儿缝隙[6]。翠绿的颜色明亮地在我们的眼前闪耀，似乎每一片树叶上都有一个新的生命在颤动[7]，这美丽的南国的树！

船在树下泊[8]了片刻[9]，岸上很湿，我们没有上去。朋友说这里是"鸟的天堂"，有许多鸟在这棵树上做窝，农民不许人去捉它们。我仿佛听见几只鸟扑翅的声音，但是等到我的眼睛注意地看那里时，我却看不见一只鸟的影子，只有无数的树根立在地上，像许多根木桩。地是湿的，大概涨潮[10]时河水常常冲上岸去。"鸟的天堂"里没有一只鸟，我这样想到。船开了，一个朋友拨着船，缓缓地流到河中间去。

第二天，我们划着船到一个朋友的家乡去，就是那个有山有塔的地方。从学校出发，我们又经过那"鸟的天堂"。

这一次是在早晨，阳光照在水面上，也照在树梢上。一切都//显得非常光明。我们的船也在树下泊了片刻。

起初四周围非常清静。后来忽然起了一声鸟叫。我们把手一拍，便看见一只大鸟飞了起来，接着又看见第二只，第三只。我们继续拍掌，很快地这个树林就变得很热闹了。到处都是鸟声，到处都是鸟影。大的，小的，花的，黑的，有的站在枝上叫，有的飞起来，在扑翅膀[11]。

节选自巴金《鸟的天堂》

作品 49 号
语音提示

1. 故事 gùshi
2. 结果 jiéguǒ
3. 种子 zhǒngzi

4. 结合 jiéhé　　　5. 解剖 jiěpōu　　　6. 剖析 pōuxī
7. 机械 jīxiè　　　8. 骨骼 gǔgé　　　9. 特殊 tèshū
10. 瓦砾 wǎlì　　　11. 狭 xiá　　　12. 曲曲折折 qūqū-zhézhé
13. 掀翻 xiānfān　　　14. 弹性 tánxìng　　　15. 目的 mùdì

有这样一个故事[1]。

有人问：世界上什么东西的气力最大？回答纷纭得很，有的说"象"，有的说"狮"，有人开玩笑似的说：是"金刚"，金刚有多少气力，当然大家全不知道。

结果[2]，这一切答案完全不对，世界上气力最大的，是植物的种子[3]。一粒种子所可以显现出来的力，简直是超越一切。

人的头盖骨，结合[4]得非常致密与坚固，生理学家和解剖[5]学者用尽了一切的方法，要把它完整地分出来，都没有这种力气。后来忽然有人发明了一个方法，就是把一些植物的种子放在要剖析[6]的头盖骨里，给它以温度与湿度，使它发芽。一发芽，这些种子便以可怕的力量，将一切机械[7]力所不能分开的骨骼[8]，完整地分开了。植物种子的力量之大，如此如此。

这，也许特殊[9]了一点儿，常人不容易理解。那么，你看见过笋的成长吗？你看见过被压在瓦砾[10]和石块下面的一棵小草的生长吗？它为着向往阳光，为着达成它的生之意志，不管上面的石块如何重，石与石之间如何狭[11]，它必定要曲曲折折[12]地，但是顽强不屈地透到地面上来。它的根往土壤钻，它的芽往地面挺，这是一种不可抗拒的力，阻止它的石块，结果也被它掀翻[13]，一粒种子的力量之大，//如此如此。

没有一个人将小草叫做"大力士"，但是它的力量之大，的确是世界无比。这种力是一般人看不见的生命力。只要生命存在，这种力就要显现。上面的石块，丝毫不足以阻挡。因为它是一种"长期抗战"的力；有弹性[14]，能屈能伸的力；有韧性，不达目的[15]不止的力。

节选自夏衍《野草》

作品 50 号

朗读音频

作品 51 号
语音提示

1. 鼻子 bízi　　　2. 比方 bǐfang　　　3. 即便 jíbiàn
4. 聪明 cōng·míng　　　5. 喜鹊 xǐquè　　　6. 生日 shēng·rì
7. 灿烂 cànlàn

有个塌鼻子[1]的小男孩儿,因为两岁时得过脑炎,智力受损,学习起来很吃力。打个比方[2],别人写作文能写二三百字,他却只能写三五行。但即便[3]这样的作文,他同样能写得很动人。

那是一次作文课,题目是《愿望》。他极其认真地想了半天,然后极认真地写,那作文极短。只有三句话:我有两个愿望,第一个是,妈妈天天笑眯眯地看着我说:"你真聪明[4],"第二个是,老师天天笑眯眯地看着我说:"你一点儿也不笨。"

于是,就是这篇作文,深深地打动了他的老师,那位妈妈式的老师不仅给了他最高分,在班上带感情地朗读了这篇作文,还一笔一画地批道:你很聪明,你的作文写得非常感人,请放心,妈妈肯定会格外喜欢你的,老师肯定会格外喜欢你的,大家肯定会格外喜欢你的。

捧着作文本,他笑了,蹦蹦跳跳地回家了,像只喜鹊[5]。但他并没有把作文本拿给妈妈看,他是在等待,等待着一个美好的时刻。

那个时刻终于到了,是妈妈的生日[6]——一个阳光灿烂[7]的星期天:那天,他起得特别早,把作文本装在一个亲手做的美丽的大信封里,等着妈妈醒来。妈妈刚刚睁眼醒来,他就笑眯眯地走到妈妈跟前说:"妈妈,今天是您的生日,我要//送给您一件礼物。"

果然,看着这篇作文,妈妈甜甜地涌出了两行热泪,一把搂住小男孩儿,搂得很紧很紧。

是的,智力可以受损,但爱永远不会。

节选自张玉庭《一个美丽的故事》

作品 52 号
语音提示

1. 笑眯眯 xiàomīmī
2. 头发 tóufa
3. 弟弟 dìdi
4. 清澈 qīngchè
5. 远远 yuǎnyuǎn/yuǎnyuānr
6. 手帕 shǒupà
7. 肮脏 āngzāng
8. 素净 sùjing
9. 认识 rènshi
10. 陌生 mòshēng
11. 字迹 zìjì
12. 漂泊 piāobó

小学的时候,有一次我们去海边远足,妈妈没有做便饭,给了我十块钱买午餐。好像走了很久,很久,终于到海边了,大家坐下来便吃饭,荒凉的海边没有商店,我一个人跑到防风林外面去,级任老师要大家把吃剩的饭菜分给我一点儿。有两三个男生留下一点儿给我,还有一个女生,她的米饭拌了酱油,很香。我吃完的时候,她笑眯眯[1]地看着我,短头发[2],脸圆圆的。

她的名字叫翁香玉。

每天放学的时候,她走的是经过我们家的一条小路,带着一位比她小的男孩儿,可能是弟弟[3]。小路边是一条清澈[4]见底的小溪,两旁竹阴覆盖,我总是远远[5]地跟在她后面,夏日的午后特别炎热,走到半路她会停下来,拿手帕[6]在溪水里浸湿,为小男孩儿擦脸。我也在后面停下来,把肮脏[7]的手帕弄湿了擦脸,再一路远远跟着她回家。

211

后来我们家搬到镇上去了,过几年我也上了中学。有一天放学回家,在火车上,看见斜对面一位短头发、圆圆脸的女孩儿,一身素净[8]的白衣黑裙。我想她一定不认识[9]我了。火车很快到站了,我随着人群挤向门口,她也走近了,叫我的名字。这是她第一次和我说话。

她笑眯眯的,和我一起走过月台。以后就没有再见过//她了。

这篇文章收在我出版的《少年心事》这本书里。

书出版后半年,有一天我忽然收到出版社转来的一封信,信封上是陌生[10]的字迹[11],但清楚地写着我的本名。

信里面说她看到了这篇文章心里非常激动,没想到在离开家乡,漂泊[12]异地这么久之后,会看见自己仍然在一个人的记忆里,她自己也深深记得这其中的每一幕,只是没想到越过遥远的时空,竟然另一个人也深深记得。

节选自苦伶《永远的记忆》

作品53号
语音提示

1. 褴褛 lánlǚ
2. 乞丐 qǐgài
3. 看不见 kànbujiàn
4. 无动于衷 wúdòng-yúzhōng
5. 姗姗 shānshān
6. 老人家 lǎorénjiā/lǎorenjia
7. 胡子 húzi
8. 人家 rénjiā
9. 人们 rénmen
10. 这个 zhège

在繁华的巴黎大街的路旁,站着一个衣衫褴褛[1]、头发斑白、双目失明的老人。他不像其他乞丐[2]那样伸手向过路行人乞讨,而是在身旁立一块木牌,上面写着:"我什么也看不见[3]!"街上过往的行人很多,看了木牌上的字都无动于衷[4],有的还淡淡一笑,便姗姗[5]而去了。

这天中午,法国著名诗人让·彼浩勒也经过这里。他看看木牌上的字,问盲老人:"老人家[6],今天上午有人给你钱吗?"

盲老人叹息着回答:"我,我什么也没有得到。"说着,脸上的神情非常悲伤。

让·彼浩勒听了,拿起笔悄悄地在那行字的前面添上了"春天到了,可是"几个字,就匆匆地离开了。

晚上,让·彼浩勒又经过这里,问那个盲老人下午的情况。盲老人笑着回答说:"先生,不知为什么,下午给我钱的人多极了!"让·彼浩勒听了,摸着胡子[7]满意地笑了。

"春天到了,可是我什么也看不见!"这富有诗意的语言,产生这么大的作用,就在于它有非常浓厚的感情色彩。是的,春天是美好的,那蓝天白云,那绿树红花,那莺歌燕舞,那流水人家[8],怎么不叫人陶醉呢?但这良辰美景,对于一个双目失明的人来说,只是一片漆黑。当人们[9]想到这个[10]盲老人,一生中竟连万紫千红的春天//都不曾看到,怎能不对他产生同情之心呢?

节选自小学《语文》第六册中《语言的魅力》

作品 54 号
语音提示

1. 鹗 è
2. 狼毫 lángháo
3. 曰 yuē
4. 当 dàng
5. 寝 qǐn
6. 茫然 mángrán
7. 要诀 yàojué
8. 利禄 lìlù
9. 潇洒大度 xiāosǎ-dàdù
10. 安逸 ānyì
11. 乘 chéng
12. 气血 qìxuè
13. 肴 yáo
14. 下咽 xiàyàn
15. 即使 jíshǐ
16. 借鉴 jièjiàn

有一次,苏东坡的朋友张鹗[1]拿着一张宣纸来求他写一幅字,而且希望他写一点儿关于养生方面的内容。苏东坡思索了一会儿,点点头说:"我得到了一个养生长寿古方,药只有四味,今天就赠给你吧。"于是,东坡的狼毫[2]在纸上挥洒起来,上面写着:"一曰[3]无事以当[4]贵,二曰早寝[5]以当富,三曰安步以当车,四曰晚食以当肉。"

这哪里有药?张鹗一脸茫然[6]地问。苏东坡笑着解释说,养生长寿的要诀[7],全在这四句里面。

所谓"无事以当贵",是指人不要把功名利禄[8]、荣辱过失考虑得太多,如能在情志上潇洒大度[9],随遇而安,无事以求,这比富贵更能使人终其天年。

"早寝以当富",指吃好穿好、财货充足,并非就能使你长寿。对老年人来说,养成良好的起居习惯,尤其是早睡早起,比获得任何财富更加宝贵。

"安步以当车",指人不要过于讲求安逸[10]、肢体不劳,而应多以步行来替代骑马乘[11]车,多运动才可以强健体魄,通畅气血[12]。

"晚食以当肉",意思是人应该用已饥方食、未饱先止代替对美味佳肴[13]的贪吃无厌。他进一步解释,饿了以后才进食,虽然是粗茶淡饭,但其香甜可口会胜过山珍;如果饱了还要勉强吃,即使美味佳肴摆在眼前也难以//下咽[14]。

苏东坡的四味"长寿药",实际上是强调了情志、睡眠、运动、饮食四个方面对养生长寿的重要性,这种养生观点即使[15]在今天仍然值得借鉴[16]。

节选自蒲昭和《赠你四味长寿药》

作品 55 号
语音提示

1. 寻觅 xúnmì
2. 枝头 zhītóu
3. 潇洒 xiāosǎ
4. 微笑 wēixiào
5. 众生相 zhòngshēngxiàng
6. 点儿 diǎnr
7. 占据 zhànjù
8. 较 jiào
9. 一个 yígè
10. 部分 bùfen
11. 前嫌 qiánxián
12. 凝固 nínggù
13. 遗迹 yíjì
14. 逝去 shìqù

人活着,最要紧的是寻觅[1]到那片代表着生命绿色和人类希望的丛林,然后选一高高的枝头[2]站在那里观览人生,消化痛苦,孕育歌声,愉悦世界!

213

这可真是一种潇洒³的人生态度,这可真是一种心境爽朗的情感风貌。

站在历史的枝头微笑⁴,可以减免许多烦恼。在那里,你可以从众生相⁵所包含的甜酸苦辣、百味人生中寻找你自己;你境遇中的那点儿⁶苦痛,也许相比之下,再也难以占据⁷一席之地;你会较⁸容易地获得从不悦中解脱灵魂的力量,使之不致变得灰色。

人站得高些,不但能有幸早些领略到希望的曙光,还能有幸发现生命的立体的诗篇。每一个人的人生,都是这诗篇中的一个⁹词、一个句子或者一个标点。你可能没有成为一个美丽的词,一个引人注目的句子,一个惊叹号,但你依然是这生命的立体诗篇中的一个音节、一个停顿、一个必不可少的组成部分¹⁰。这足以使你放弃前嫌¹¹,萌生为人类孕育新的歌声的兴致,为世界带来更多的诗意。

最可怕的人生见解,是把多维的生存图景看成平面。因为那平面上刻下的大多是凝固¹²了的历史——过去的遗迹¹³;但活着的人们,活得却是充满着新生智慧的,由//不断逝去¹⁴的"现在"组成的未来。人生不能像某些鱼类躺着游,人生也不能像某些兽类爬着走,而应该站着向前行,这才是人类应有的生存姿态。

节选自[美]本杰明·拉什《站在历史的枝头微笑》

作品56号
语音提示

1. 隔 gé
2. 较 jiào
3. 狭长 xiácháng
4. 梭子 suōzi
5. 山脉 shānmài
6. 脊梁 jǐliang
7. 湖泊 húpō
8. 地处 dìchǔ
9. 调剂 tiáojì
10. 甘蔗 gānzhe
11. 盛产 shèngchǎn

中国的第一大岛、台湾省的主岛台湾,位于中国大陆架的东南方,地处东海和南海之间,隔¹着台湾海峡和大陆相望。天气晴朗的时候,站在福建沿海较²高的地方,就可以隐隐约约地望见岛上的高山和云朵。

台湾岛形状狭长³,从东到西,最宽处只有一百四十多公里;由南至北,最长的地方约有三百九十多公里。地形像一个纺织用的梭子⁴。

台湾岛上的山脉⁵纵贯南北,中间的中央山脉犹如全岛的脊梁⁶。西部为海拔近四千米的玉山山脉,是中国东部的最高峰。全岛约有三分之一的地方是平地,其余为山地。岛内有缎带般的瀑布,蓝宝石似的湖泊⁷,四季常青的森林和果园,自然景色十分优美。西南部的阿里山和日月潭,台北市郊的大屯山风景区,都是闻名世界的游览胜地。

台湾岛地处⁸热带和温带之间,四面环海,雨水充足,气温受到海洋的调剂⁹,冬暖夏凉,四季如春,这给水稻和果木生长提供了优越的条件。水稻、甘蔗¹⁰、樟脑是台湾的"三宝"。岛上还盛产¹¹鲜果和鱼虾。

台湾岛还是一个闻名世界的"蝴蝶王国"。岛上的蝴蝶共有四百多个品种,其中有不少是世界稀有的珍贵品种。岛上还有不少鸟语花香的蝴//蝶谷,岛上居民利用蝴蝶制作的标本和艺术品,远销许多国家。

节选自《中国的宝岛——台湾》

作品 57 号
语音提示

1. 田垄 tiánlǒng
2. 狭窄 xiázhǎi
3. 阡陌 qiānmò
4. 它们 tāmen
5. 没有 méi·yǒu
6. 畜牲 chùsheng
7. 弄 nòng
8. 踟蹰 chíchú
9. 看看 kànkan
10. 呆 dāi
11. 褐色 hèsè
12. 尽头 jìntóu
13. 觉得 jué·dé
14. 下种 xiàzhǒng
15. 绕 rào
16. 石磨 shímò
17. 收成 shōucheng
18. 尾巴 wěiba
19. 耳朵 ěrduo
20. 苍蝇 cāngying

对于中国的牛,我有着一种特别尊敬的感情。

留给我印象最深的,要算在田垄[1]上的一次"相遇"。

一群朋友郊游,我领头在狭窄[2]的阡陌[3]上走,怎料迎面来了几头耕牛,狭道容不下人和牛,终有一方要让路。它们[4]还没有[5]走近,我们已经预计斗不过畜牲[6],恐怕难免踩到田地泥水里,弄[7]得鞋袜又泥又湿了。正踟蹰[8]的时候,带头的一头牛,在离我们不远的地方停下来,抬起头看看[9],稍迟疑一下,就自动走下田去。一队耕牛,全跟着它离开阡陌,从我们身边经过。

我们都呆[10]了,回过头来,看着深褐色[11]的牛队,在路的尽头[12]消失,忽然觉得[13]自己受了很大的恩惠。

中国的牛,永远沉默地为人做着沉重的工作。在大地上,在晨光或烈日下,它拖着沉重的犁,低头一步又一步,拖出了身后一列又一列松土,好让人们下种[14]。等到满地金黄或农闲时候,它可能还得担当搬运负重的工作;或终日绕[15]着石磨[16],朝同一方向,走不计程的路。

在它沉默的劳动中,人便得到应得的收成[17]。

那时候,也许,它可以松一肩重担,站在树下,吃几口嫩草。偶尔摇摇尾巴[18],摆摆耳朵[19],赶走飞附身上的苍蝇[20],已经算是它最闲适的生活了。

中国的牛,没有成群奔跑的习//惯,永远沉沉实实的,默默地工作,平心静气。这就是中国的牛!

节选自小思《中国的牛》

作品 58 号
语音提示

1. 好玩儿 hǎowánr
2. 教 jiào
3. 幽静 yōujìng
4. 颤动 chàndòng
5. 涤 dí
6. 柿子 shìzi
7. 枣儿 zǎor
8. 书铺 shūpù
9. 国难 guónàn
10. 慢慢 mànmàn/mànmānr

不管我的梦想能否成为事实,说出来总是好玩儿[1]的:

春天,我将要住在杭州。二十年前,旧历的二月初,在西湖我看见了嫩柳与菜花,碧浪与翠竹。由我看到的那点儿春光,已经可以断定,杭州的春天必定会教²人整天生活在诗与图画之中。所以,春天我的家应当是在杭州。

夏天,我想青城山应当算作最理想的地方。在那里,我虽然只住过十天,可是它的幽静³已拴住了我的心灵。在我所看见过的山水中,只有这里没有使我失望。到处都是绿,目之所及,那片淡而光润的绿色都在轻轻地颤动⁴,仿佛要流入空中与心中似的。这个绿色会像音乐,涤⁵清了心中的万虑。

秋天一定要住北平。天堂是什么样子,我不知道,但是从我的生活经验去判断,北平之秋便是天堂。论天气,不冷不热。论吃的,苹果、梨、柿子⁶、枣儿⁷、葡萄,每样都有若干种。论花草,菊花种类之多,花式之奇,可以甲天下。西山有红叶可见,北海可以划船——虽然荷花已残,荷叶可还有一片清香。衣食住行,在北平的秋天,是没有一项不使人满意的。

冬天,我还没有打好主意,成都或者相当的合适,虽然并不怎样和暖,可是为了水仙,素心腊梅,各色的茶花,仿佛就受一点儿寒//冷,也颇值得去了。昆明的花也多,而且天气比成都好,可是旧书铺⁸与精美而便宜的小吃远不及成都那么多。好吧,就暂这么规定:冬天不住成都便住昆明吧。

在抗战中,我没能发国难⁹财。我想,抗战胜利以后,我必能阔起来。那时候,假若飞机减价,一二百元就能买一架的话,我就自备一架,择黄道吉日慢慢¹⁰地飞行。

节选自老舍《住的梦》

作品59号

语音提示

1. 不由得 bùyóude
2. 瀑布 pùbù
3. 发端 fāduān
4. 迸溅 bèngjiàn
5. 部分 bùfen
6. 挑逗 tiǎodòu
7. 笼罩 lǒngzhào
8. 依傍 yībàng
9. 枯槐 kūhuái
10. 伶仃 língdīng
11. 说法 shuōfǎ
12. 盘虬 pánqiú
13. 枝干 zhīgàn
14. 花舱 huācāng
15. 酒酿 jiǔniàng
16. 不觉 bùjué

我不由得¹停住了脚步。

从未见过开得这样盛²的藤萝,只见一片辉煌的淡紫色,像一条瀑布,从空中垂下,不见其发端³,也不见其终极,只是深深浅浅的紫,仿佛在流动,在欢笑,在不停地生长。紫色的大条幅上,泛着点点银光,就像迸溅⁴的水花。仔细看时,才知那是每一朵紫花中的最浅淡的部分⁵,在和阳光互相挑逗⁶。

这里除了光彩,还有淡淡的芳香。香气似乎也是浅紫色的,梦幻一般轻轻地笼罩⁷着我。忽然记起十多年前,家门外也曾有过一大株紫藤萝,它依傍⁸一株枯槐⁹爬得很高,但花朵从来都稀落,东一穗西一串伶仃¹⁰地挂在树梢,好像在察颜观色,试探什么。后来索性连那稀零的花串也没有了。园中别的紫藤花架也都拆掉,改种了果树。那时的说法¹¹

是,花和生活腐化有什么必然关系。我曾遗憾地想:这里再看不见藤萝花了。

过了这么多年,藤萝又开花了,而且开得这样盛,这样密,紫色的瀑布遮住了粗壮的盘虬[12]卧龙般的枝干[13],不断地流着,流着,流向人的心底。

花和人都会遇到各种各样的不幸,但是生命的长河是无止境的。我抚摸了一下那小小的紫色的花舱[14],那里满装生命的酒酿[15],它张满了帆,在这//闪光的花的河流上航行。它是万花中的一朵,也正是由每一个一朵,组成了万花灿烂的流动的瀑布。

在这浅紫色的光辉和浅紫色的芳香中,我不觉[16]加快了脚步。

节选自宗璞《紫藤萝瀑布》

作品 60 号
语音提示

1. 殊荣 shūróng
2. 降解 jiàngjiě
3. 散落 sànluò
4. 牲畜 shēngchù
5. 庄稼 zhuāngjia
6. 板结 bǎnjié
7. 焚烧 fénshāo
8. 称为 chēngwéi
9. 二噁英 èr'èyīng
10. 氟利昂 fúlì'áng
11. 免疫 miǎnyì

在一次名人访问中,被问及上个世纪最重要的发明是什么时,有人说是电脑,有人说是汽车,等等。但新加坡的一位知名人士却说是冷气机。他解释,如果没有冷气,热带地区如东南亚国家,就不可能有很高的生产力,就不可能达到今天的生活水准。他的回答实事求是,有理有据。

看了上述报道,我突发奇想:为什么没有记者问:"二十世纪最糟糕的发明是什么?"其实二〇〇二年十月中旬,英国的一家报纸就评出了"人类最糟糕的发明"。获此"殊荣[1]"的,就是人们每天大量使用的塑料袋。

诞生于上个世纪三十年代的塑料袋,其家族包括用塑料制成的快餐饭盒、包装纸、餐用杯盘、饮料瓶、酸奶杯、雪糕杯等等。这些废弃物形成的垃圾,数量多、体积大、重量轻、不降解[2],给治理工作带来很多技术难题和社会问题。

比如,散落[3]在田间、路边及草丛中的塑料餐盒,一旦被牲畜[4]吞食,就会危及健康甚至导致死亡。填埋废弃塑料袋、塑料餐盒的土地,不能生长庄稼[5]和树木,造成土地板结[6],而焚烧[7]处理这些塑料垃圾,则会释放出多种化学有毒气体,其中一种称为[8]二噁英[9]的化合物,毒性极大。

此外,在生产塑料袋、塑料餐盒的//过程中使用的氟利昂[10],对人体免疫[11]系统和生态环境造成的破坏也极为严重。

节选自林光如《最糟糕的发明》

第八章 命题说话

普通话水平测试第四项命题说话,要求应试人在没有文字凭借的情况下,按照选定的题目在规定时间内持续说话。它不仅考查应试人的语音标准程度,还考查词汇、语法使用规范程度,以及是否具有自然流畅的口头语言表达能力,是对应试人整体语音面貌、思维水平、知识储备、心理素质、实战经验等综合能力的全方位考查。

命题说话作为普通话水平测试中分值最高、难度最大、考查内容最全面的环节,能有效反映出应试人日常生活中最真实的普通话运用水平,必须高度重视。

第一节 命题说话的要求

一、普通话语音、词汇、语法要求

(一)普通话语音要求——字正腔圆

"字正",指每一个字的发音必须正确、标准。语音的准确是普通话水平测试的基本立足点和出发点,也是各测试环节评分的最根本依据。其他方面的要求都建立在语音正确标准的基础之上。

从读单音节字词到读多音节词语,到朗读短文,再到命题说话,各测试环节是按照测查语音由单一到综合、测查内容由固定到灵活、测查性质由材料再现到实际应用的梯度递进设置的。故而命题说话对语音标准程度考查的外延在所有测试环节中最为宽广全面。除去考查应试人连续说话中每一个音节的声母、韵母、声调是否正确之外,还要综合考查变调、轻声、儿化等音变现象的发音准确度。上述任何一类发音一旦出现错误,会即时记录在案,进而根据最终统计的语音错误数量决定相应的扣分和定档。

在保证发音正确的同时,还要注意发音质量。相较于统计音节错误数量的定量分析,发音质量是更着眼于整体感觉的一种定性分析,评分标准中"带不带方音""方音是否明显""视方音程度"等,讲的就是发音质量。命题说话中的语音缺陷不是硬性扣分项,但如果应试人语音缺陷较为密集,就会导致整体语音面貌质量低下,此时测试员会根据缺陷数量、缺陷性质及严重程度来决定是否降档。故而发音还须保证"腔圆",即规范、清晰、饱满、圆润,不能生硬、机械,音节之间应注意连接流畅。应试人发音音节含混不清,疲软拖沓,调值不到位,词语轻重格式处理失误,甚至出现"崩字"(一个字、一个字不连缀地单独往外蹦)或"吃音"(音节收尾部分过弱以致消失)等现象,都会对语音面貌的最终评定产生重要影响。

因此,应试人在测试中要力求发音清晰饱满,字正腔圆。

(二)普通话词汇要求——正确恰当

命题说话要求使用正确、规范的普通话词汇。应试人应注意避免使用以下三类词语：

1. 方言词

方言词只限于特定地域的表达与交流，其他地域的人一般难以理解其含义。普通话测试禁止使用方言词，但有些应试人受习惯影响，说话时往往下意识地用普通话语音来说方言词，自己却浑然不知，例如把"逛街"说成"轧马路"，"讨厌"说成"犯嫌"，"手帕"说成"绢头"，"较劲儿"说成"别苗头"，"他长得难看"说成"他长得磕碜"，等等。需要特别指出的是，在各地域方言词中，港台词因为近些年港台影视剧及娱乐节目的影响，辐射范围尤其广泛，有不少人效仿，例如将"结账"说成"埋单"，"溜走"说成"落跑"，"谈恋爱"说成"拍拖"，"事情办好了"说成"事情搞定了"，等等。这些港台词均不属于正规普通话词汇收录的范畴，普通话测试中不应使用。

2. 流行语

网络在日常生活中的普遍运用，催生了大量新兴的流行用语。这是时代发展的正常现象，也符合人们求新求变的心理需要，在某些场合，使用流行语还可以起到活泼积极的表达功效。但在普通话测试中，应该尽量少用或不用流行语，因为新兴词语还需要时间的检验，有些流行语明显失之随意，甚至背离、破坏了固有的词汇规范。2014年11月27日，国家新闻出版广电总局发出《关于广播电视节目和广告中规范使用国家通用语言文字的通知》，提出要充分认识规范使用国家通用语言文字的重大意义，广播电视作为大众传媒，担负着引领和示范的职责，必须带头规范使用通用语言文字。明确规定严格规范使用国家通用语言文字，要求各类广播电视节目和广告应严格按照规范写法和标准含义使用国家通用语言文字的字、词、短语、成语等，不得随意更换文字、变动结构或曲解内涵，不得在成语中随意插入网络语言或外国语言文字，不得使用或介绍根据网络语言、仿照成语形式生造的词语，如"十动然拒""人艰不拆"等。普通话水平测试作为一项国家级的语言应用能力测试，要求被测试人使用规范语音和词语。因此，新的网络流行语，如"萌点""颜控""小鲜肉""神马都是浮云"等，在普通话测试过程中要避免使用。

3. 文言词

文言词可以使文字更为简练雅致，具有严肃、庄重的色彩。但文言词具有很浓的书面语色彩，不适合在口语语境中使用，如果在口语表述中不恰当地使用文言词，会使话语表述显得不自然。例如"午后二时许，舍弟上班去了"，"彼时在下尚年幼，且尚未入学"，这些句子里的文言词带有浓重的书面色彩，说起来显得生硬造作，完全不适合生动自然的口语表达要求，应该换成相应的口语词"下午两点多钟，我弟弟上班去了"，"那时我年纪还小，而且还没有入学"，这样更符合日常说话的语体色彩。

虽然普通话测试对词汇规范有着较为严格的要求，但需要注意的是，江苏省普通话水平测试对于没有明确被普通话吸收，但确实已经全面融入社会生活、为广大民众所普遍使用的词语，还是具有较大的宽容度的。比如通行的外语词不算不规范词汇，如 WTO、OPEC、DVD、MTV、KTV 等等；通行的含字母词不算不规范词汇，如卡拉 OK、CD 机、X

射线、γ刀等。属于此类情况的词语在命题说话中可以使用。

(三) 普通话语法要求——符合规范

命题说话的表述必须符合现代汉语语法规范,禁止使用典型的方言语法以及出现明显的病句。

1. 典型的方言语法

典型的方言语法指只在方言中出现的语法现象,汉语普通话另有规范的表达,主要包括以下几种情况:

(1) 方言特有的句式。

例如普通话说"好不好""要不要",南京话说"阿好啊""阿要啊";普通话说"我看过这本书","我是走路去学校的",港台地区说成"我有看过这本书","我去学校是用走的"。

(2) 方言特有的语序。

例如普通话说"给我一本书",吴方言说"给一本书我";普通话说"你先走",广东话说"你走先"。

(3) 方言特有的量词。

例如普通话说"一顿饭""一根针""一条鱼""一辆车""一滴水",有些方言则分别说成"一餐饭""一眼针""一粒鱼""一台车""一笃水"。

(4) 方言特有的语气词。

比如上海话中的"好 ve 啦""不要吵了 we",南通话中的"快点走 sɑ",成都话中的"等一下 se"。

2. 明显的病句

说话过程中出现明显的病句也是语法不规范,主要有以下几种情况:

(1) 成分残缺或赘余。

这种不顾实际、片面强调发展,最终只会得不偿失。(缺少中心语)

在这部电影中,塑造了一个国民英雄。(主语残缺)

弟弟非常酷爱足球运动。(状语多余)

今天是截止日期的最后一天。(同义堆砌)

(2) 搭配不当。

我们把房间打扫得整整齐齐。(动补搭配不当)

夏秋交替,腹泻的人时有发生。(主谓搭配不当)

只要进入年级前十名,学校就会赠送奖学金。(动宾搭配不当)

(3) 语序颠倒。

她扑通扑通紧张得心里乱跳。(应该是"她紧张得心里扑通扑通乱跳。")

两个新旧社会形成了鲜明的对比。(应该是"新旧两个社会形成了鲜明的对比。")

(4) 句式杂糅。

通过他的讲解,给了我很大启发。(应该是"通过他的讲解,我获得了很大启发。"或者"他的讲解给了我很大启发。")

庄稼长得这么好，是因为农民们进行科学种植的结果。（应该是"庄稼长得这么好，是因为农民们进行了科学种植。"或者"庄稼长得这么好，是农民们进行科学种植的结果。"）

二、命题说话表达要求

（一）表述自然流畅

普通话水平测试命题说话，要求应试人在说话时不仅要做到前后连贯、条理清晰、表意明确，更要注意表达的自然流畅。语言表达生硬造作，磕磕巴巴，断断续续，会造成相应的失分。

1. 口语化

命题说话是无文字凭借的即兴表述，要力求口语化。应试人应多使用日常的口语词，慎用过于正式庄重的书面语和过于复古的文言词；应多使用简单句式，避免使用结构复杂、成分繁多的复句；可适当使用谚语、歇后语等，但同时注意防止出现方言词汇；可适当使用语气词，但注意避免过多使用而造成表述不自然；可适当重复部分语句（这也是口语表述中的正常现象），但也要防止频繁的机械重复而导致表述不流畅。

2. 语速适中

人们正常说话的语速一般为每分钟200～230个音节，3分钟可以说出600～700个音节。但部分应试人在测试环境中可能会因为紧张而不自觉加快语速，每分钟说出240～250个音节。

适当的语速是表述自然流畅的重要保证。虽然较快的语速能给人以说话流利之感，但语速过快，既定时间里的音节数量增加，出错率也会随之提高，而且过快的语速容易导致发音时口腔不能完全打开，某些发音部位的运动不能完全到位，使音节发音的饱和度不够，完成度不高。反之，语速过慢，既定时间里音节数量减少，固然降低了出错率，但容易出现话语欠连贯、表述阻涩、语流凝滞的现象。所以，过快和过慢的语速都应避免，应根据说话内容的具体情感需求，采用恰当的语速进行表述。语言基础比较薄弱的应试人可适当放缓语速，但必须以表述流畅为前提。

3. 腔调自然

应试人在说话时，应注意按照日常说话的口气、腔调来说话，切勿使用背诵、朗诵或演讲的腔调。背诵是对记忆对象的机械再现，往往缺乏情感，生硬枯涩。而朗诵、演讲是艺术表演，带有夸张的、戏剧性的艺术加工，在吐字、发声、共鸣、节奏、情感把握等方面和日常说话是完全不同的。命题说话中不能采用这些非口语的腔调，否则会给人以强烈的不自然感，在语调自然程度上会被相应扣分。

（二）杜绝无效话语

无效话语是指测试员无法以此为依据做出评分的表述内容。大致有以下几种情况：

1. 语句重复

说话中将同一句话复述多遍。

2. 频繁使用关联词或其他无意义词语

关联词过多,破坏了语句的通畅性,甚至出现"话不够,关联词来凑"的现象。比如"我把东西放好,然后,然后,然后我就,于是,于是,然后,于是我就,于是,然后……"等。

3. 简单列举

应试人不是围绕话题进行言之有物的表述,而是试图通过固定有限的词语,进行无限的机械罗列,直至凑够时间。比如"我喜欢很多种类的花卉,有桃花、荷花、菊花、兰花、梅花、桂花、水仙花、玉兰花、玫瑰花……";又或者简单报数,比如"夜空中密布着闪烁的星星,一颗、两颗、三颗、四颗、五颗……",这些均无法反映出应试人真实的普通话水平。

4. 刻意拖延

故意咳嗽、清嗓子、制造无意义声音等拖延时间。

以上这些情况都会被视作无效话语,在测试中会被相应扣分。

(三) 避免离题

命题说话必须紧紧围绕选定的话题进行表述,千万不能自行更换话题或偏离主题。具体来说要注意以下几个方面:

1. 采用第一人称作为叙述立场

所有的命题说话都应以第一人称进行表述,即内容应该围绕应试人自身的经历和感想展开,以第二人称、第三人称的角度表述是不符合规范的。

2. 不要说与话题无关的话

命题说话需要发散思维、拓展外延,但前提是必须围绕所选话题,不可为填补时间而说与主题毫无关联的话。某些应试人讲话内容结束后,还未达到规定的三分钟时间,为避免缺时扣分,就说:"哎呀,时间怎么还没到啊,完了完了,要缺时了,拜托拜托,快点快点,时间快点到吧……"这种情况会被扣分。

(四) 避免雷同

命题说话要求应试人一定要用自己的语言进行表述,不能出现说话内容雷同现象。雷同有以下几种形式:

1. 多个应试人说话内容彼此雷同

某些应试人为了减轻准备工作量,采取各人分头准备不同话题,然后再集中共享的准备方法。测试员在打分时,如果发现多个应试人讲述基本一样的内容,会判定为雷同(因为客观上存在先后次序,因而第一个应试人不扣分,后面的应试人一律按雷同处理)。所以应试人务必自行准备话题内容。

2. 说话内容循环往复

某些应试人在规定时间未到时话就说完了,为填充时间,又开始重复述说前面已说过的内容。该情况虽然不与他人雷同,但属于自身内容雷同。

3. 与朗读材料雷同

有些应试人直接将普通话水平测试用的60篇朗读材料拿来准备命题说话。例如某位应试人的话题是"我喜欢的动物",他说自己喜欢牛,然后就基本复述了57号朗读材料《中国的牛》,这也是一种雷同情况。

4. 背诵诗词、语录、歌词以及其他各类文字作品段落

有些应试人将命题说话改成背诵作品。比如话题"我的业余生活",有人说:"我业余生活的大部分时间都用来阅读,我最近读了舒婷的《致橡树》,诗歌是这样写的,'我如果爱你,绝不像攀援的凌霄花,借你的高枝炫耀自己。我如果爱你,绝不学痴情的鸟儿……'"以现成的文学作品来充当说话内容的主体部分,本质上背离了命题说话要求应试人在没有文字凭借的情况下,随机说话、展现真实普通话水平的考查初衷。

应试人存在说话雷同现象,会被相应扣分。

三、命题说话时间要求

命题说话要求应试人说话时间必须达到3分钟。《江苏省普通话水平测试评分细则》规定,说话不足3分钟者,视缺时情况相应扣分:说话缺时1分钟以内(含1分钟),酌情扣1、2、3分;缺时1分钟以上,酌情扣4、5、6分;说话不足30秒的,该项成绩计为0分。

这项规定对应试人的说话时间提出了严格要求。应试人必须提供与话题规定时间相匹配的有效话语信息,不能在规定的3分钟时间内出现信息空白,即出现缺时现象。导致缺时的原因有很多,如应试人考试情绪过于紧张、思路不清晰、思维不开阔、逻辑混乱、语速过快、话题准备不充分、缺乏整体性的话题内容设计等等。

此外,对测试系统不熟悉,也会导致缺时。朗读短文结束后,点击"下一题",进入命题说话页面时,有些应试人一味等待系统提示,导致一开始就缺了很多时间。其实该项测试并没有系统的文字提示,一旦出现命题说话的页面,应立即开始报题目、说内容,不要出现因等待而缺时的情况。

第二节 命题说话的话题分析

一、话题的分类

命题说话话题共有30个。大致可分为以下3类:

(一) 描述记叙类

这类题目一般采取描述叙事性的说话方式,即陈述一件事的来龙去脉、过程经历等,共有11个话题:

1. 我的愿望(或理想) 2. 我的学习生活 3. 我尊敬的人 5. 童年的记忆 7. 难忘的旅行 8. 我的朋友 11. 我的业余生活 15. 我的假日生活 16. 我的成长之路

20. 我的家乡(或熟悉的地方)　29. 我向往的地方

(二) 评述论说类

这类题目一般采取评述议论性的说话方式,即就某一话题发表自己的观点看法、意见评价等,共有9个话题:

10. 谈谈卫生与健康　13. 学习普通话的体会　14. 谈谈服饰　17. 谈谈科技发展与社会生活　21. 谈谈美食　24. 谈谈社会公德(或职业道德)　25. 谈谈个人修养　28. 谈谈对环境保护的认识　30. 购物(消费)的感受

(三) 介绍说明类

这类题目一般采取说明性的说话方式,即向别人介绍、讲解某种事物,共有10个话题:

4. 我喜爱的动物(或植物)　6. 我喜爱的职业　9. 我喜爱的文学(或其他)艺术形式　12. 我喜欢的季节(或天气)　18. 我知道的风俗　19. 我和体育　22. 我喜欢的节日　23. 我所在的集体(学校、机关、公司等)　26. 我喜欢的明星(或其他知名人士)　27. 我喜爱的书刊

以上分类只是大致分类,现实操作中,题目属于何种类型,取决于说话的具体内容和方式。以"我知道的风俗"这一话题为例,如果讲述的是我因这一风俗所经历或听闻的事情,则属于描述记叙类;如果评价与这一风俗相关的各种社会人文现象,进而指出该风俗值得肯定称道的方面或应给予否定批判的方面,则应归为评述论说类;如果是说明讲解该风俗的历史渊源、发展沿革等,则可视为介绍说明类。话题的分类并无严格规定,甚至在实际说话中,很可能三种叙述方法会被交叉使用。只要内容不偏离主题,表述自然流畅即可。

二、话题的准备

(一) 常规准备

普通话的训练是一个长期的、持续的、潜移默化的过程,并非一时一日之功。应试人不能纯粹地寄希望于考前一段时间的突击,而应平时自觉进行常规的系统性训练,做好充分准备,从根本上提升普通话的运用水平。具体来说,就是要在有意识地发音、辨音、正音的基础上,由简单到复杂、由易到难,系统地掌握说话的各个要素,从口头表达、知识积累、心理、思维等各方面进行循序渐进的训练。在日常生活中,坚持运用普通话的语音、词汇和语法进行思维与交流;不是单纯地把普通话理解为一门课程和一项考试,而是自觉将其作为日常生活中交流沟通的工具和载体,作为语言表达的首要选择。只要我们认识到使用普通话的重要性,并将普通话练习作为一项常规工作长期坚持,普通话水平就会随之提高。

（二）应试准备

在坚持练习、做好常规准备的前提下，应试人还需针对命题说话的具体测试要求以及自身存在的主要问题，进行旨在顺利完成考试的集中准备。主要可以从以下几方面入手：

1. 认真审题

对话题进行分析和思考，是取得良好表达效果的前提条件。可以参照前文对话题的分类，针对不同话题的特点来确立话题准备的大体方向和注意点。例如描述记叙类话题一般要求交代清楚、信息丰富，记人最好要有对人物外貌、性格和人物活动的具体描述，叙事则应当交代清楚事件的时间、地点和前后发展经过；评述论说类话题一般要求立论明确，逻辑严密，论述充分；介绍说明类话题则一般要求客观真实、简明清晰地描述客体对象的外形、性质、特征、功用等元素。

明确了话题类型的相应要求后，可以有的放矢地准备话题内容，优化表达效果。

2. 撰写提纲

命题说话无须准备太过详细的稿子，写详稿不便于记忆且容易把说话变成死记硬背，测试时一旦记忆阻断，反而会陷入被动。建议应试人撰写提纲，简明好记且易于发散思维。

首先，撰写提纲应搭建话题架构，大致分几部分说，先说什么，后说什么，何处辅以细节阐述等，必须思路清晰，符合逻辑。

其次，撰写提纲应注意大题化小。主题无须深奥高远，切忌高谈阔论，而应多加入具体事例；无须讲究结构完整严密，只要在话题范畴之内，内容连贯，言之有物即可。

3. 适当取材

如果没有充足的语言材料，说话就会吞吞吐吐、断断续续，势必影响表达的自然流畅，甚至导致缺时。所以应试人必须注意搜集语言材料，善于从日常的生活学习中发掘、选取说话素材。

首先要选择自己熟悉的、感兴趣的、印象深刻的材料，才能确保有话可说。尤其是评议论说类话题，空谈大道理和抽象理论，会使内容显得空洞且容易限制、阻塞应试人的思路，最好从对身边事件的所见所闻所感谈起，这样既言之有物，也显得真实可信。其次，选材要紧扣中心，选取能有力说明话题的典型材料。再次，材料不要过于繁杂。有些应试人生怕无话可说，竭尽全力想到什么说什么，结果不知所云，甚至出现偏离题目的现象。

4. 结构布局

结构安排与话题种类有关，不同类型的话题在结构布局上的侧重也有所不同。

（1）描述记叙类。

此类话题是用形象生动的语言对人物、事件等进行叙述和交代。描述人物应注重发掘人物外貌、语言、动作、性格等各方面特征，记叙事件则应把事情的来龙去脉表达清楚。结构上大致可按照"说什么——为什么——举例子"的思路布局。

以话题"难忘的旅行"为例，应试人可以首先讲述自己最难忘的旅行是哪一次，发生在何时何地以及与何人一起旅行；接着说明是什么让这次旅行难以忘怀；然后再将旅行中令人难忘的事情加以详细叙述。

(2) 评述论说类。

此类话题是运用论证、演绎的方法来阐明自己的观点和看法,对逻辑思维和理性思辨能力有一定要求。要明确观点和立场,不能模棱两可;立论要公允,避免偏颇,可以单纯正面论证,也可以正反结合相互论证;要有感而发,并善于概括、分析、总结。结构上大致可按照"亮出观点——论证理由——实例佐证"的思路来布局。

以话题"谈谈社会公德"为例,应试人可以首先明确摆出观点:社会公德是每一个公民都应该具备并自觉遵守的。然后从正反两方面阐述该观点的依据,正面阐述社会公德本身就是对传统美德的继承和发扬,实现社会发展和个体发展都需要具备社会公德;反面阐述现今某些社会公德缺失的现象败坏了社会风气、阻碍了精神文明建设。然后分别举例佐证,正面例证可用中华民族崇尚礼义德行、诚信忠义的故事;反面例证则可选用食品安全等社会问题方面的案例。

(3) 介绍说明类。

此类话题是运用准确明晰的语言对事物的外形、性质、特征、成因、功用等进行解说。说明的客体对象分为两种:一是实体事物,二是抽象概念。无论哪一种,说明表述都应清楚有序,客观严谨。应试人无须阐述自己的观点。结构上大致可按照"说什么——发展流变(历史渊源)——特点——意义或社会影响"的思路布局。

以话题"我知道的风俗"为例,应试人可以首先说明自己熟知的是春节贴春联的风俗;然后介绍春联的来源——最初是桃符,后来如何发展演变为春联;接着介绍春联的特点,如用鲜艳醒目的红纸书写吉祥祝福的语句,张贴在门楣上,有五言、七言等具体种类;最后说明贴春联的意义,如为节日增添喜庆气氛、寄寓人们对未来美好生活的向往等。

三、命题说话的技巧

(一) 放松心态,沉着镇静

测试过程中,应试人是否具有良好的心态对其应试水平能否正常发挥会产生一定的影响。

普通话水平测试前三个测试项目都有文字凭借,或多或少有助于缓解应试人的紧张情绪,命题说话则完全没有文字凭借,容易使人产生无所适从的心理负担。所以从某种意义上来说,命题说话也是对应试人心理素质的考验。应试人在就说话内容做好准备的基础上,务必调整好心态,让自己放松下来,说话时要镇定自若、精神集中,围绕话题真诚平和、轻松自信地进行讲述。

(二) 拓展思路,发散思维

有些应试人觉得命题说话难度大,对命题说话带有畏难情绪,这很大程度上是应试者思路不开阔、机械地拘泥于话题范围导致的。例如,曾有位应试人就话题"谈谈对环境保护的认识"是这样说的:"环境保护很重要……环境保护非常重要,我们要保护环境……我们一定要保护环境,我们要有保护环境的意识……我对保护环境有很多认识……我有很多认识,我们一定要好好保护环境……我们要自觉保护环境……我们要……"这就是典型的循环往复式表达,完全没有打开思路,只是在几个标题字眼上绕圈,缺乏实质性内容,极易造成无效话语和表达不流畅、不自然。

面对话题,应试人应该拓宽思路,加以展开和发散。如上述话题,应试人不妨说说当前有哪些严峻的环境问题,说说造成环境问题的各种原因,还可以说说自己工作、学习、生活的环境情况,说说保护环境的切身经历,谈谈自己和他人在环保理念和做法上有何异同,等等。只要善于对话题进行发散性思维,可说的范围就会非常开阔,从而取得内容丰富的说话效果。

(三) 随机应变,巧妙转换

如果应试人对某些话题实在无法驾驭,或者在测试时因紧张忘记了事先准备的内容,可以尝试对话题进行转换,将自己觉得棘手的话题巧妙地转换到相对易于发挥、记忆比较深刻的话题上来。

比如应试人熟练准备的话题是"我喜欢的明星(或其他知名人士)":我喜欢的明星是周杰伦,他才华横溢,谱写了许多旋律优美、让人耳熟能详的歌曲……;而遇到的测试话题是"我的愿望(或理想)",那不妨说:"我从小就喜欢唱歌,一直以来我的愿望就是成为一名歌手,而且是成为像周杰伦那样的创作型歌手。要知道周杰伦可是我最喜欢、最崇拜的明星,我一直将他作为自己实现理想的标杆。他才华横溢,谱写了许多旋律优美、让人耳熟能详的歌曲……"

又如应试人熟记的话题是"难忘的旅行":我最难忘的旅行是去张家界,那里青山碧水,风景如画,宛如人间天堂……;而遇到的测试话题是"童年的记忆",可以说:"在我童年的岁月里,留下了许多印象深刻的记忆,其中最令我难忘的是小学毕业那年暑假,我们全家一起去张家界旅行。那里青山碧水,风景如画,宛如人间天堂……"

虽然话题各不相同,但应试人如果能进行灵活的变通,就可以在部分话题之间实现内容的共享。要特别注意的是,话题的转换贵在自然,开头必须要有语言的过渡,如果毫无过渡、不讲衔接、不做交代地生硬改换话题,就成了离题。这一点应试人要注意把握。

(四) 少用长句,多用短句

书面阅读可以一目十行,较长的句子也能一眼扫完,即使不能马上理解也可以慢慢琢磨。说话与阅读则完全不同,人们通过口语传递信息时,语音信号是按线性次序一个一个即时进入听觉系统的。如果句子长了、结构复杂了,就容易出现句子末尾进入脑海而句子开头已经印象不深的现象。在听话人的感觉中,句子就似乎不完整,而且听得很吃力,进而影响信息接收的效果。此外,命题说话要求应试人脱离文字凭借口头表达,如果使用过多长句,容易造成语法错误,也会显得矫揉造作,口语化程度不高,最终影响得分。

短句字数少、短小灵活、富于变化,适合口头即兴组织,应试人在说话时,应该多使用短句。能够讲两句的,就不要合并为一句;能够拆分为单句的,就不要合成复句。比如这样一个长句"我面前走过一位高个子、大眼睛、皮肤白皙、身材苗条、穿着连衣裙和高跟鞋、手中拎着一只小皮包的美丽的姑娘",说话时最好改为短句"我面前走过一位美丽的姑娘,她高个子,大眼睛,皮肤白皙,身材苗条,穿着连衣裙和高跟鞋,手中还拎着一只小皮包"。

后者的表述方式无疑更自由活泼,简洁明快,容易产生交流感。还要注意的是,修饰语过长会影响句子主干成分的表达,在口语中还会淡化句子主旨内容的表达色彩,因此要尽量避免使用冗长繁复的修饰语。

(五)命题说话区别于口头作文

口头作文是作文的一种特殊形式,和其他作文形式一样,强调文章的完整性、段落的连贯性、结构的严谨性,最好还要运用一些写作技巧和修辞手法。不少应试人错误地将命题说话等同于口头作文(或等同于撰写演讲稿),认为必须在3分钟测试时间里完成一篇结构完整、首尾照应的小文章,从而导致实际测试中一味在计时上精打细算,为在固定时间内确保篇幅恰到好处而瞻前顾后、嘴忙舌乱,给自己带来不必要的压力,增加了失分的可能性。

必须明确指出,命题说话并非写作文,只是要求应试人运用普通话标准语音、词汇、语法,就某一话题清晰、流畅地进行表述,说满3分钟即可,并不强调说话篇幅的完整和结构的严密,无须像计时写作般在规定时间里对开头、发展、结尾进行精确布局,追求内容的尽善尽美。相反,命题说话结构不完整是正常现象。应试人只需自己把话题内容准备充足,无须关注谋篇布局以及对应时间节点,测试时只管流畅自如地表述,直到说满3分钟,系统提醒该项测试结束为止。

第九章 教师教学语言

教师教学语言是教育艺术的一个重要组成部分。学校环境、课堂环境都是语言环境,有人曾对课堂进行互动分析,统计结果显示,在传统的、比较正规的课堂中,教师讲话的时间占 70%。教育理论家苏霍姆林斯基认为,"教师的语言是一种什么也代替不了的、影响学生心灵的工具"。教师的语言是思维的载体,要让学生听懂和理解,还必须带有发自内心的真情实感,这样才能架起师生间的桥梁,打动学生,得到心灵的回应。因此,教学语言是教师教学的重要手段和有力工具。精心锤炼教师教学语言,掌握教师教学语言技巧,是教师提高教学业务水平的基础。

第一节 教师教学语言及其特点

教师教育学生的语言和讲课的语言以及在教学中指导学生学习的语言,通常称为教师教学语言。教师教学语言在实际运用中又可分为教育口语和教学口语。教师语言表达的水平制约着学生智力活动的水平,教师的语言修养在极大程度上决定着学生在课堂上脑力劳动的效率。教师掌握教学语言技巧的重要性不言而喻。

教育教学工作的性质、特点决定了教师教学语言具有自己的风格和特点,具体表现在以下三个方面。

一、教师教学语言是专业语言

教师教学语言是教师在教学的具体条件下,即有明确的教学目标,针对特定的教学对象,使用规定的教材,采用一定的教学方法,在规定的时间内,引导学生在认识和掌握知识、发展智力的活动中使用的语言。因此,教师教学语言属于专业语言,受到教学工作性质、任务和特点的制约。它既不是纯粹的书面语言,也不是普通的日常用语。它是口头语言与书面语言的"合金",是独白形式与对话形式的紧密配合,是多种语言风格的融汇,是科学性、教育性、艺术性的统一。

准确性是教师教学语言专业性的基础,包括对知识的准确解释,不能用错误的、模糊的、有歧义的解释。教师教学语言不仅要充分体现正确性,还应通俗易懂,不使用生僻词汇,易于接受,让学生能够迅速掌握所学知识。

二、教师教学语言是共性与个性的统一

教师教学语言具有一般语言的共性,如传递性、节奏性、情感性等,但也有自身的个性特征:一是深浅适度,富有针对性;二是清晰准确,富有逻辑性;三是情理兼备,富有启发性;四是生动活泼,富有形象性。

三、教师教学语言是独白语言与对话语言的结合

有声系统的教学语言主要是口头语言，它分为独白语言和对话语言两种。教师在教学过程中讲解、说明和讲演，属于独白语言形式，而问答、讨论及辩论等，则属于对话语言形式。教学过程中独白语言与对话语言总是有机结合、相互穿插的，这是与其他专业语言明显区别的地方。

第二节　教育口语的基本类型及技巧

教育口语包括很多类型，其中比较核心的种类有说服语、沟通语、启迪语、暗示语、激励语、评价语、劝解语和应急语等。

一、说服语

说服，就是要摆事实，讲道理，以理服人。教师要想说服学生首先要分析说服对象。要根据他们的年龄、性格、心理上的差异和思想状况采取不同的说服方式，提出不同的要求，使用不同的语言，做到"一把钥匙开一把锁"。

其次，要见机行事，消除对方的心理防线。一般来说，教师找学生谈话，学生会产生一种天然的防范、抵触思想，使教师的说服收效甚微。因此，教师要努力营造良好的说服氛围，要联系实际，晓之以理，动之以情；要设身处地，站在对方的立场上分析，随机施教，不能一味地要对方接受；考虑对方的自尊心，才能使学生信服你，接受你的意见。

再次，态度要诚恳耐心。说服中教师应根据学生的理解水平、心理承受能力，推心置腹，坦诚相见，而非讲空话、唱高调；说服中态度宜缓不宜急，应给学生留有思考的余地和改正错误的机会。在这个过程中教师切忌高高在上、盛气凌人，这样只会增强学生的反感，收不到预期的效果。

二、沟通语

沟通是指在教育情境中消除学生的心理隔阂，取得心理认同的过程。师生之间想要进行良好的沟通，教师首先要了解学生的思想动向，知道他们的愿望、要求、个性、情绪，才能对症下药，把话说到对方的心坎上。有些老师由于对学生的情况把握不准，不能及时掌握学生的思想脉搏和真实想法，思想教育常常变成讲大道理，对学生起不到入耳入心的作用，也就必然收效甚微了。其次，教师要理解学生。理解包含师生感情上的沟通，也包含教师对学生心理活动及其发展规律的认识。关爱并熟悉学生是理解的重要条件，真诚平等的态度是理解的心理基础。有了理解，才能搭起师生间思想情感沟通的桥梁。具体来说，沟通技巧主要包括以下几点：

（一）善于缓和化解紧张气氛

如说一句轻松幽默或亲近友好的话语，先让学生坐下，给学生倒杯水等，这些举措都

有助于驱散紧张气氛。

（二）情理交融，金石为开

教师只有设身处地为学生着想，成为学生信得过的人，以心换心，以诚相待，语言才能入情入理，达到沟通思想的目的。

（三）选用恰当的句式和语气

师生是否心理相融，与教师选用的句式和语气密切相关，某些不恰当的句式、语气很可能会导致师生之间心理不相融。比如使用祈使句式大多表现命令的口吻，使用反问句式则多半带有斥责的态度，这就容易导致学生的心理反感和对立情绪。又比如采用质问的语气，往往带有咄咄逼人的意味，会给学生造成强大的思想和心理压力，最终成为沟通的障碍。

三、启迪语

启迪语就是启发开导学生的话语。在思想教育中，教师应当能够针对学生的某一问题，善于说理，长于诱导，启迪智慧。通过平等的思想交流和情感交际，引导学生去打开认识的窗口，开启思维的机器，从已知到未知，变消极被动为积极主动，在启发教育中提高认识。

常用的启迪方法有提问、分析、类比举例、设喻等，具体采用哪一种，应因事因人而异，善于激发学生的共鸣，让学生在不知不觉中受到教化启迪。

四、暗示语

暗示语，就是让他人能够领会自己想要表达，但出于某种目的或原因故意藏而未露的意图，从而对他人的心理、行为产生影响所使用的话语。它启迪思维，让学生思而得之，有时比直言更易为学生所接受。暗示用于提醒、批评、告诫等教育场合，是一种委婉的表意方式。由于学生的个性心理存在差异，有些话不必或不便明说，就可以用暗示。

暗示，主要是通过语言来完成的，"望梅止渴"的故事就是典型的例子。除了语言暗示，表情、身姿、手势在一定的情境下也都可以起到暗示的作用。而无论是语言暗示还是非语言暗示，都要以学生能够领会为原则，不能过于晦涩。

五、激励语

激励语是对学生进行鼓励的话语。它以目标引导，以榜样鞭策，从而使学生有目标、有动力，激发出积极向上的情绪和意志，确立奋发进取的动机。

在学生的思想教育过程中，激励是进取的动力，是向上的能源，教师应当学会利用学生的现实需求，发掘学生的内在潜力，从而激发其干劲和热情，调动学生自身的积极因素，催其奋发向上、全面成长。

激励语具体包括鼓动语、激发语、勉励语等，采用任何一种激励语都应注意将物质和精神两方面结合，尽量满足学生的合理诉求。此外，激励要注重公平，保护学生的自尊心。教师对学生应一视同仁、不偏不倚，不能感情用事。

六、评价语

评价,是指对学生的思想行为或目前的发展状况,通过或褒或贬的形式所做出的总结和评判。评价是促使学生思想行为按正确方向发展的一种强化手段。教师给予学生的准确评价,就像一面镜子,可以反映学生的面貌,同时又像路标,指引学生前进的方向。而通过教师的评价,学生能够正确认识自己、约束自己,明确今后的努力方向。

评价语的基本形式是表扬和批评。教师对学生进行评价时,应掌握以下原则:一是调查情况,实事求是;二是公平合理,是非分明;三是以肯定为主,激发学生的进取精神;四是注重特点,讲究形式;五是掌握"火候",注意场合。

七、劝解语

劝解,就是劝说、调解。在师生交往中,劝解也是一门艺术,具有开导、劝诫、疏通、调解和抚慰的功能。当学生遇到困难与挫折,心情抑郁,情绪低落时,有效的劝解能使他们心理上得到安慰,化解愁云,产生温暖,逐步消除消极的情绪;当学生之间发生争执和冲突时,有效的劝解能使他们消除纷争,化干戈为玉帛;当教师发现学生有某种错误的思想、行为或倾向时,有效的劝解能起到正确引导、改变认识、纠正错误、防患于未然的作用。具体来说,教师进行劝解应遵循以下原则:

(一) 既动情又合理

"感人心者莫先乎情",情感在劝解中起着重要作用,它可以使学生对你产生信任感,对你敞开心扉。但同时切记劝解的第一要义是让学生获得理性认知,所以在以情动人的同时一定要晓之以理,让学生懂理明理。

(二) 既婉转又严肃

劝解语的表达应注意委婉,使人易于接受,以避免对方受到刺激,从而妥善解决问题。但婉转并不是一味地退让和迁就,面对学生的错误,教师应坚持原则,认真严肃地批评指正,使学生认识到问题,进而醒悟、改正。

(三) 既换位思考,又立场鲜明

所谓换位思考,既指教师启发学生从正反、上下、左右的角度去全面认识和分析问题,又指教师有时应站在学生的立场上思考问题,对学生出现问题的原因进行合理性发掘,从而更好地理解学生的想法和做法,为解决问题奠定基础。但老师在这个过程中一定要是非分明,立场鲜明,不能模糊自己的原则和立场。

八、应急语

日常教学工作中,难免会有一些突发事件。此时,教师必须保持清醒的头脑,灵活机敏地应对,快速有效地运用包括语言在内的手段来抑制乃至平息事态,在这种情况下就要用上应急语。

首先,应急语的使用应注意宽严相济。当事态有可能继续发展时,教师必须采取有力措施,对于一些盲目冲动的带头学生以及跟着瞎起哄、凑热闹的学生要提出严正警告,用果断的话语及时遏制冲突;对于遵规守纪的学生则要注意温言安抚,使其保持情绪稳定,心态平和。

其次,使用应急语应注意及时唤醒对方的理智,达到使其冷静、促其收敛的效果。面对意外事件,教师要及时进行理性的事态研判,向学生分析利害,晓以道理,明确说明事态发展的后果,引导他们从长远角度想问题,使学生感受到老师对自己的关爱和保护,恢复理智,从而有效抑制事态的扩大化。

第三节　教学口语的基本类型及技巧

教学口语的形式也有很多,我们选取导入语、讲授语、提问语与解答语、结束语这四种基本形式进行具体阐述。

一、导入语

课堂导入语是教师在开始讲授新课之前,精心设计的一段简练概括、能引导学生进入预定教学轨道的教学语言。导入语可集中学生的注意力,激发其兴趣,启迪其思维,培养其审美情趣,还可以衔接新旧知识,明确教学目的,营造课堂气氛,沟通师生情感,为一节课的顺利展开奠定良好的基础。

导入语的设计原则:目的明确、简明扼要、有吸引力。常用的导入技巧有以下几种:① 开门见山,明确内容;② 新旧联系,温故引新;③ 设置悬念,激起兴趣;④ 利用教具,直观导入;⑤ 讲述故事,巧妙铺垫;⑥ 引经据典,顺势推进;⑦ 渲染气氛,激发情感。

二、讲授语

讲授语是教师向学生直接阐释教材的课堂语言,是教学中最广泛应用的教学口语,是教师教学口语基本功的核心部分,具有信息量大、信息密度高、影响力大等特点。讲授语包括叙述、描述、解说、评述等,大都以教师的独白语为主体,适当纳入学生的对白语。

讲授语的基本要求:① 准确鲜明;② 系统连贯;③ 通俗形象;④ 流畅规范;⑤ 深浅适度;⑥ 重点突出。

讲授语的基本技巧:① 抓住重点,提示点拨;② 形象描述,化易为难;③ 补充归纳,加深印象。

三、提问语与解答语

(一) 提问语

提问语是教师以发问的形式开发学生的智力,唤起学生思维活动而使用的口头语言形式。提问是深入的阶梯,是触发的引信,是觉悟的契机。它能激发学生的学习动机,开启其思维,培养其表达能力,检测其学习效果。

提问语的设计要求:① 目标明确,问题清楚;② 难易得当,结合实际;③ 角度新颖,富于启发性。

提问语的基本技巧:① 填空补缺;② 比较选择;③ 递进深化。

(二) 解答语

解答语是教师在课堂教学中为完成教学目的而答疑解惑,引导学生顺利掌握知识时所使用的教学口语形式,它与提问语相辅相成。教师在解答时,一要注意与学生的沟通交流;二要根据反馈信息适时调整;三要启发学生多角度思考问题,给学生适当留有思考余地。

解答语的基本技巧:① 直接回答;② 提示作答;③ 延伸作答。

四、结束语

教学段落完结时的一段结语就是结束语。结束语的作用在于强化教学内容,巩固教学效果,启发引导学生探索新知等。教师在设计结束语时,一要归纳梳理,简单明了;二要有利于巩固记忆;三要能过渡延伸。

结束语的基本技巧:① 梳理内容,总结归纳;② 承上启下,拓展延伸;③ 鼓动号召,激发兴趣;④ 设置悬念,引人深思。

第十章　求职与应聘用语

面试是开启职业生涯的重中之重。如何把握面试机会、在激烈的就业竞争中脱颖而出、迈进理想的职业大门？除了提升修养、加强专业学习、提高专业技能水平，还有一点至关重要，就是通过施展自己的口才，在求职应聘中把握机会，最终赢得竞争，获得心仪的工作。

所以，在思想上重视应聘，前期做好应聘准备，从而在面试环节中出色发挥，对于求职者至关重要。

第一节　求职应聘的前期准备

求职者在应聘的过程中，会遇到许多竞争对手。要想战胜对手，就必须在事前做好各方面准备工作，不打无准备之仗，以下几点尤其需要重视。

一、知己知彼，脚踏实地

每一个人在谋求职业时，都希望能顺利找到一份称心如意的工作。但在现实生活中，有的人如愿以偿，有的人却到处碰壁。究其原因，重要的一点是能否做到知己知彼。求职应聘前首先应该考虑的，就是所求职的单位是个怎样的单位，具体的求职岗位到底需要什么样的人，然后再考虑自己是不是该单位、该岗位所需要的人，自己是否适合所期待的那份工作。"知己知彼，百战不殆"，这句话对于求职来说，同样适用。要想在求职尤其是面试时应对自如，在竞争中胜人一筹，就需要在求职时做到知己知彼。做到"知彼"，才能根据用人单位的要求，从各方面做好准备工作，如准备应聘材料、模拟面试问答环节、设想相关问题和解决方案等。做到"知己"，才能准确选择适合自己的单位和岗位，从而精准定位，顺利出击。大学生求职应聘时切忌一味求"大"，应适当放低心理预期，脚踏实地，一步一步从"小"处着眼，从基础做起。

二、调整心态，沉着自信

心理素质是大学生在学习生活中应该着力培养的重要素质之一。在求职应聘中，求职者的心理素质直接影响面试成绩。每个求职者都希望能够顺利得到一份理想的工作，但真的走进应聘面试的考场，面对招聘人员时，有的人紧张得心慌意乱、手足无措、语无伦次，白白浪费了良好机会；有的人一旦感觉求职有望，便沾沾自喜、得意忘形；有的人求职不成，便气急败坏、懊恼沮丧。这些都是心态不好的表现。

与上述情况相对，则是积极调整心态，做好心理建设，以沉着自信的良好心态，冷静面对求职过程中可能出现的各种情况。一旦求职成功，切忌骄傲自满，而应为接下来的上岗认真做好准备工作。此外,求职成功固然可喜可贺,但应聘失败也不必心灰意冷,失败了大不了从头再来。大学生求职应聘中的沉着自信,不仅表现在心理素质上,还表现在口头语言的展示上。与招聘方交流时应沉着自信、从容不迫。这是招聘单位在较短时间内认识你、评价你、接受你的直接参考。

三、资料完备,准确翔实

求职应聘前,求职者一般要准备一份完整翔实的求职材料。求职材料要求客观准确、完整齐备、翔实可靠,应包括个人简历、学历证明材料、成果及证明材料、相关获奖证书等。需要注意的是,求职材料的印刷、包装千万不要过于追求精美甚至花里胡哨,而应朴素简洁、大方明朗。内容也不宜过于繁杂,而应言简意赅、重点突出、详略得当。

第二节 求职面试的应对技巧

求职应聘时,我们会回答来自招聘方的各种问题,绝大多数情况下是常见问题,但有时也不乏一些出乎意料、甚至角度刁钻的偏题、怪题。所以在决定去求职应聘前,除了要准备充分的相关材料,还要做好应对招聘者提问的准备,对他们可能提出的问题在心里设计好答案。招聘者提到这些问题时,我们就能见招拆招、应对自如。

一、常见问题的回答

求职者针对应聘提问的准备越充分越好,充分的准备可以帮助自己提升自信。我们可以从三个方面入手:一是认真梳理一遍个人的情况,重点包括个人经历、个性特点、优势专长等;二是设想一些招聘方可能提出的问题,并对此准备答案;三是准备几个自己想要问的问题。在围绕这三个方面进行思考的基础上,建议求职者写下自己要说的内容重点并加以记忆,以便应聘时能用简练、精确、流利的语言,把自己的意图有条不紊地传达给对方。

招聘人员经常询问的问题有以下几个:

(一)能介绍一下你自己吗

自我介绍一般是面试的首要环节,也是求职者面对应聘方的初次展示。看似普通的一段话,可能会对你的求职之路产生巨大影响,潜伏着把握未来人生航向的契机。良好的开端是成功的一半,一段精彩得当的自我介绍,会为求职者加分添彩,增加成功的筹码。其实,通过此前投递的应聘资料,招聘方已经大致了解了求职者的个人情况。之所以还要重复询问这类问题,很大程度上就是为了考查求职者的口语表达能力和综合归纳能力。因此,自我介绍时应突出重点,尤其要注意结合应聘单位的具体情况,结合应聘岗位的特点和需求,把自己的背景经历和应聘职位联系起来,有所选择和侧重,带有强烈的针对性,从而证明你是该职位最合适的人选。此外,自我介绍贵在精练简洁,滔滔不绝、口若悬河是不妥当的。回答时需要牢记以下要点:一是把重点放在工作业绩、专业水准、特殊技能以及潜在能力和发展方向上；二是要尽量围绕谋求该职位所需要的资格展开，最好用一些实例来说明问题。

（二）你为什么选择到本单位应聘

面对这一问题，应聘人员要让考官知道，你选择该单位效力的充分的理由。如果能够清晰流利地阐述出该单位的情况，如单位的发展沿革、组织架构、文化传承、业务方向、经营理念、取得的成果等等，展示出自己一直以来对该单位发展情况的高度关注，表现出对该单位的热忱与向往，从而拉近与招聘考官的心理距离，会使你从众多不知道或不熟悉单位情况的求职者中脱颖而出。

（三）请你描述一下你心目中的理想工作

此类问题，应聘人员要用概括的语言对自己理想的工作加以描述，包括自己想应聘的岗位、工作种类和自身的愿望及诉求。要注意绝不能只描述自己的兴趣和愿望，而应该巧妙结合招聘职位的要求来进行阐述，从而给招聘人员一种感觉，即你心目中的理想工作与你正在应聘的工作相差无几。

如果应聘人员描述的理想工作与正在应聘的工作相去甚远，招聘方会认为此人对该工作缺乏兴趣和热情，对单位也欠缺诚意，今后的实际工作中自然也不会有投入的热忱，进而将其在面试中判定出局。

（四）你有什么特长

面对这个问题，应聘人员应大方明了地向招聘方展示出自己所具备的各类特长技能，如外语、计算机、普通话的等级考核情况，以及汽车驾驶证、相关职业资格证书等。此外，音乐、美术、体育等方面的爱好或特长也是加分项。最好还能列举几件关于你特长展示的具体事例，这样既显得轻松自然，又透露出自信。关于特长的叙述要实事求是，切莫哗众取宠、胡编乱造。

（五）你认为你在哪些方面还有待提高

招聘方是想通过此类问题了解你的缺点，应聘人员无须回避，在回答时可从宏观着手，说一些普遍性问题，如我刚毕业，实践经验不足，因此有待在实际工作中磨炼自己等。不宜说得过细，过于具体，更不要为了显示自己的坦诚而刻意夸大自己的不足。

（六）如果应聘成功，在工作上你打算（准备）怎么办

招聘方试图通过此问题考察应聘人对未来工作的打算和规划，考察对方是否有志向、有规划、有上进心，并由此判断对方追求的目标与招聘方的期望是否相符合。应聘人可以通过自己对该单位的了解，结合应聘岗位的具体工作要求，阐述一下自己在今后的工作中会如何充分运用所学的专业知识开展工作，如何更好地发挥才智、发扬努力奋斗的精神等等。这些计划和打算不用讲得太细致，充分表达出要做好这份工作的决心即可。

（七）你受过挫折吗？若有,请谈谈你是如何渡过难关的

面对此类问题,最好不要说"我至今还没有失败过"之类的答案。因为缺乏挫折经验,会让用人单位觉得此人欠缺磨砺和考验,心态可能不够成熟,工作中一旦遇到问题,抗压能力可能会较差。事实上,坎坷曲折是人生的常态,尤其在当今这个竞争激烈的时代,优胜劣汰更是一种大众认可的法则。所以,这一问题的关键并不在于会不会失败、有没有受过挫折,而在于如何对待失败、战胜挫折。这才是招聘方提问的真正意图,他们渴望了解应聘人是否具有直面失败、战胜挫折的勇气和方法。

（八）公司准备聘用你,你有什么困难尽管提

招聘方提这个问题,是想了解应聘者是否是一位潜在的麻烦制造者。虽然对方让你有困难尽管提,但是应聘者千万不要顺水推舟,说出一大堆困难来。相反,应聘者应该向招聘方传递出明确的信息:我识情知趣,顾全大局,即使遇到困难,也是一个不怕困难、勇于克服困难的人。比如可以这样回答:我目前没有困难,即使遇到困难,我也会尽最大努力自己克服。贵单位一直以来都以关怀员工、为员工考虑周到而著称,我相信今后也会如此。

（九）你希望得到多少薪水

求职面试,终究会谈到这个问题,所以最好事先有心理准备,以免突然被对方问及而措手不及,尴尬万分。一般来说,招聘方没提到这个问题时,应聘者不宜主动提薪水问题。招聘方一旦问及,应聘者不宜把薪水要求固定在某一个具体数字上,更不要好高骛远,说出远超过对方承受能力的数字,使自己没有回旋的余地。应聘者给出一个预期薪水的大概范围即可,一般以自己能接受的最低数目,到希望获得的最高数目为区间,如3 500元到4 000元之间。

（十）你的性格怎么样？请简单说一说

应聘者回答此类问题时,可以适当发挥,阐明自己为人处世的原则、工作生活上的态度和精神等。比如可以这样回答:我认为自己是个热情开朗的人,处世态度积极向上,具有良好的沟通能力和团队精神。对待工作,我充满干劲,拼搏进取。即使遇到困难,也能保持对工作的热情。

二、回答问题时的礼貌要求

面试时,应聘者要措辞文雅,彬彬有礼,表现得落落大方,从容得体;要姿态平和,不卑不亢;既充分尊重对方,不自以为是,不狂妄自大,又要注意切勿谄媚逢迎;要态度诚恳,谦虚朴实,严谨沉稳。这些都会给招聘人员留下美好的印象,取得良好的面试效果,增加成功的砝码。

面试过程中,招聘人员有时会提出一些刁钻古怪的问题,或是表现出对应聘者的挑剔和不满,有时甚至还会出现令应聘者难堪的局面。此时应聘者一定要保持冷静的心态和

理性的思考,切不可因感觉受到"冒犯"而生气发怒,更不能因一时的冲动而大动肝火,出言不逊乃至以吵闹收场。一般来讲,招聘人员是绝不会故意为难应聘者的,如果出现以上情况,很可能正是预先设计好的一种"战术",意在测试应聘者的临场应变能力和心理承受能力。若应聘者听完提问后火冒三丈,反唇相讥,那就恰恰中了招聘方设计的"圈套"。同样,有些应聘者就某个问题与面试人员纠缠不休,非要争论出个是非对错,也绝非明智之举,即使你理由充足,也应心平气和地表明自己的立场。如果争论太激烈,反而会弄巧成拙,显得自己偏执幼稚,意气用事。

面试结束,应聘者要适时告辞。一般情况下,何时提出告辞,应视招聘方的举动而定,最好不要在招聘方未告知的情况下单方面提出。一般来说,在面试的所有问题回答完毕后,招聘方对应聘者说"那今天就先谈到这里吧,请回去等候消息(通知)",这时应聘者方可告辞离开。

如果应聘者自行直接上门联系工作,那么何时告辞的主动权就在应聘者一方。因为是应聘者主动拜访,从礼节上讲,用人单位不方便主动结束面试。这时应聘者自己就应表现出"眼力",如果对方通过一定的言行举止流露出"到此为止"的意愿,应聘者应主动提出告辞。

告辞的时候不要忘记道谢。应聘者要记住,无论面试的结果如何,有无录用的希望,在告辞时都应向对方表示衷心的感谢。这最能体现一个人的修养,而且有时希望就存在于意想不到的点滴细节的表现之中。对方若是起身相送,应聘者一定要再三请对方留步,握手告别。

三、回答问题时的说话技巧

回答各种问题是求职应聘的关键,睿智的思维、良好的心理素质、高超的语言技巧,都应该在这个关键环节得到淋漓尽致的展现。

(一) 简明扼要

文豪契诃夫有句名言,"简洁是天才的姐妹"。说话简明扼要才能给人留下思路清晰、精明干练的印象。应聘者在面试时,要用尽可能简短的语言,传达尽可能丰富的信息。无论是自我介绍还是回答问题,都要做到言简意赅,重点突出,详略得当。切忌絮絮叨叨,繁复冗长,"眉毛胡子一把抓";或答非所问,离题万里。

(二) 诚信坦率

应聘者求职时要学会扬长避短,尽量展示自己的优势,但这有一个前提,即诚信。诚信是中华民族自古推崇的美德,也是衡量一个人品性的重要标尺,面试也是如此。一个坦率诚信的应聘者,长远来看,成功的概率会更高。一些求职者为争取好工作而弄虚作假,或涂改专业成绩,或伪造证书、美化资历,或隐瞒过往的某些经历等,首先在人格品行上就没有过关。用人单位一旦了解真实情况,肯定不会予以录用。还有些人求职简历"包装"过头,含有大量"水分"甚至完全是无中生有的杜撰内容,以致自己都搞不清、记不住,应聘面试时自然一上阵便破绽百出。不执着于所谓完美,而是实实在在,坚持把诚信放在首位,反倒能给用人单位以良好的印象。

(三) 随机应变

求职应聘,机会稍纵即逝。如何提问,怎样回答,没有一定之规,关键在于灵活应变、机智对答。

1. 主动出击法

有些用人单位在招聘时,会有意识地采取某些方式,考验应聘者是否具有主动出击、积极获取机会的能力。有些应聘者也许遇到过这样的情况,即招聘方有时并不急于提问,而是面带微笑地看着自己。应聘者千万不要因此紧张忐忑,不知所措,而应积极求变,打破僵局,如主动介绍自己的基本情况,并逐渐将重点转移到自己擅长或精通的专业领域,展现出灵活敏捷、心理素质过硬的优势,做到化被动为主动。

2. 天马行空法

有时候,招聘方会问一些天马行空的怪异问题,对此,应聘者可以打破常规思维,创造性地去思考答案。例如,招聘方问:"你该如何称出一架飞机的重量?"应聘者答:"这要看你用中式还是西式的方法了。假如是中国人,可能会从中国古代'曹冲称象'的故事中得到启迪;假如是西方人,可能会拆下零件来分别过磅。当然,发明一种特大型的吊秤也并非不可能。"

3. 灵活发挥法

面试中如果招聘方提出一些近乎游戏或玩笑式的、过于简单的问题,应聘者大可不必局限于问题本身,而应就问题进行发散性思考,灵活发挥。例如,招聘方问:"请问一加一等于几?"应聘者给出了妙答:"请问您是说哪一种场合中的一加一? 在我看来,如果拥有团队精神,那么一加一大于二;如果没有团队精神,彼此拆台,那么一加一小于二。所以一加一等于几,这要视情况而定。"这位应聘者的回答就跳出了"一加一等于二"的思维樊笼,展现了思维的灵活开阔以及一定的思想深度。

除此之外,应聘者面试时谈话的语速、音量及语气语调等,对于面试的效果都有微妙的影响。应聘者回答问题时不宜语速太快,也不宜过慢,速度要适中,口齿要伶俐,吐字要清晰,也应根据招聘人员的反应来调整自己的语气语调。应聘者还要注意把握谈话分寸,不要过分咨询工作时间的长短,或工资奖金的多少;不要总是强调自己的困难;不要显得锋芒毕露、个性十足;更不要试图与招聘人员套近乎,这样只会弄巧成拙。应聘者的回答内容也应随机应变,招聘方感兴趣的地方尽量详尽解答,不感兴趣的地方就简略一点,同时还要充分体现出自己对该单位的兴趣和向往,并且展现出自己诚恳、踏实与谦逊的品质。

总之,拥有良好的语言表达能力和高超的语言沟通技巧,对于应聘者在求职面试中展现自身的魅力、修养底蕴和综合素质均具有重要意义,我们应该高度重视并加以训练,从而为求职应聘增加制胜砝码。